D1870793

Reginald Földy

Das Arche Noah Syndrom

Reginald Földy

Das Arche Noah Syndrom

Nicht alle haben Platz

Wirtschaftsverlag
Langen Müller / Herbig

© 1997 by Wirtschaftsverlag Langen Müller/Herbig in
F. A. Herbig Verlagsbuchhandlung GmbH, München
Alle Rechte vorbehalten
Schutzumschlag: Marianne Hartkopf, München
Schutzumschlagmotiv: Archiv für Kunst und Geschichte, Berlin
Satz: Fotosatz Völkl, Puchheim
Druck: Jos. C. Huber KG, Dießen
Binden: R. Oldenbourg, Heimstetten
Printed in Germany
ISBN 3-8004-1336-1

Für Heidi

In Bewunderung ihrer Hoffnungskraft

INHALT

Da sah Gott auf die Erde, und siehe, sie war verderbt …
Da sprach Gott zu Noah: Das Ende allen Fleisches ist bei mir beschlossen, denn die Erde ist voller Frevel von ihnen …
Mache dir einen Kasten von Tannenholz …
… dreihundert Ellen sei die Länge, fünfzig Ellen die Breite und dreißig Ellen die Höhe …
denn siehe, ich will eine Sintflut kommen lassen … alles, was auf Erden ist, soll untergehen.
Aber mit dir will ich meinen Bund aufrichten, und du sollst in die Arche gehen mit deinen Söhnen, mit deiner Frau und mit den Frauen deiner Söhne.
Und du sollst in die Arche bringen von allen Tieren, von allem Fleisch, je ein Paar, Männchen und Weibchen, daß sie ein Leben bleiben mit dir …
Und Noah tat alles, was ihm Gott gebot.

1 Mose, 6/12–22

VORWORT

Der Vorhang hat sich längst gehoben. Auf dem Spielplan steht ein Untergangsepos von biblischer Wucht. Die »Leitmotive« sind geblieben: Selbstvertreibung aus dem Öko-Paradies. Der Brudermord von Kain an Abel – nach dem Streit um Land und Hab und Gut. Der Erlöser am Kreuz. Daneben die beiden Schächer. Gesmas, ohne Reue, wendet den Kopf weg vom Gekreuzigten (schwarze Vögel umkreisen sein Haupt), und Dismas wendet sich ihm zu (zwei Engel schweben über ihm). Sind wir erlösbar? Mit dem Zwiespalt in uns: Jeder ist Adam und Eva. Kain und Abel. Gesmas und Dismas. Zugewandt und abgewandt. In schwerer Wendezeit. Haben wir die Kraft, die »Arche« der Rettung zu bauen? Die Flut steigt. Aber »Noah« ist auch in uns. Schaffen wir den neuen »Bund des Regenbogens«?

In einer Welt des atemberaubenden Fortschritts, an der Wende zum dritten Jahrtausend, einer Welt, die mehr Antworten gibt, als wir Fragen stellen können, ist die Suche des Weges schwerer geworden. Zu verwirrend ist es, in der Kunstwelt virtueller Realitäten gültige Markierungen zu finden. Zu groß ist die Aufgabe, Ordnung im Chaos zu schaffen – getrieben vom Ticken der Zeitbombe.

Die verwirrende Vielfalt neuer Frontbildungen: Arm gegen Reich. Hochtechnologie gegen Bio-Logik. Überfluß hedonistischen Wohlstands gegen Hunger, Seuchen und Gewalt. Organspende und extrakorporale Befruchtung gegen Millionen Hungertote. Neue Stämme der Macht – gleichzeitig das Sterben der Institutionen. Das Ende der Arbeit und des nationalen Sozialstaats versus jobloses Wachstum und neue Lenkungsstrukturen.

Es sind zu viele Fronten. Dazu noch zu wenig Rüstzeug zur Sinnsuche nach zukunftstragenden Fortschrittsstrukturen. Eine Bildungspleite gewaltigen Ausmaßes wurde von egalitären Einebnungsutopisten hinterlassen und eine leistungsentfremdete »Nichtarbeitskultur« pragmatisierter Sozialschläfer. Eine von läppischem Quotenquatsch eingeschunkelte Infotain-Gesellschaft der Televoyeure lernte das Wegschauen von echten Problemen des Lebens. Längst ging das Augenmaß für Wertehierarchien verloren, seit nur mehr der Daumen an der Fernbedienung liegt.

Dieses Buch will nicht spekulativ in das um Jahrhundertwenden obligatorische Trendsurfen von Zukunftspropheten einschwenken, sondern »diagonales Bewußtsein« schaffen, mahnend und kündend zugleich, im Geiste eines für uns alle verpflichtenden Zeitapostolats. Und es will Lösungsansätze prognostizieren, um die »nachhaltige Gesellschaft« von morgen als einzig lohnendes Ziel gehobenen Strebens festzuschreiben. Wissensevolutiv sind wir dazu befähigt – an der Schwelle zu einer völlig neuen postvirtuellen Realität unserer unterwegs zum Homo sapiens suprasapiens befindlichen Spezies.

Karl Kraus sagte über einen Zeitgenossen bissig: »Er ist nicht nur fähig, sondern zu allem fähig.« Das waren die Menschen bisher leider im allgemeinen. Künftig sind ihnen allerdings Grenzen gesetzt. Zu allem Fähige finden keinen Platz mehr in der »Zukunftsarche«.

Reginald Földy

DIE SINTFLUT DER KÖPFE

Wo bleibt der »Bund des Regenbogens«?

In den Mythen zahlreicher Völker der Welt lebt die große Flut, die über die Menschheit hereinbrach, bis heute fort. Seit über zweitausend Jahren ist die Geschichte von der Arche, die auf dem Berg Ararat landete, festes Glaubensgut. Schon Jahrhunderte früher war der wundersame Neubeginn des Menschengeschlechts in vorchristlichen Kulturen wie bei den Hebräern, Armenieren, Syrern und Völkern Mesopotamiens tief verwurzelt.

In der Bibel nimmt der dramatische Bericht der Weltenrettung durch Noah im Gottesauftrag immerhin fünf Kapitel der Genesis ein, während die Erschaffung der Welt, die Geschichte von Adam und Eva, die Vertreibung aus dem Paradies und die Bluttat Kains nur vier Kapitel umfassen. Die Gewichtigkeit der Botschaft, daß nur Noah der geplanten Vernichtung allen irdischen Lebens entgehen sollte, weil er Gnade vor dem Herrn fand, wird dadurch unterstrichen, daß Gott mit Noah einen »Bund« schloß: Er sollte die Arche zimmern, von den nach den jüdischen Religionsgesetzen reinen Tieren sieben Paare, von den unreinen aber nur ein Paar mitnehmen. Vor Ausbruch der Sintflut erhielt Noah die Weisung, in die Arche zu gehen.

Als die gewaltigen Wassermassen der Sintflut, die die gesamte Erde bedeckten, nach einhundertfünfzig Tagen zurückgingen, blieb die Arche auf dem Berg Ararat liegen. Noah konnte, als drei entsandte Tauben ihm kündeten, daß der Boden der Erde nun zu betreten sei, mit Mensch und Tier die rettende Arche verlassen.

Gott erneuerte nach der Errettung den »Bund« mit Noah. Die Menschen erhielten Speisengebote und den Auftrag, Blutvergießen untereinander zu verhindern und zu vergelten. *Zeichen dieses Bundes ward der Regenbogen,* der in der Malerei der christlichen Jahrtausende als Symbol gottgewollten Friedens weiterlebte.

Ebenso wie in der Bibel wird im babylonischen Gilgamesch-Epos die wundersame Errettung eines Utnapischtim vor der Sintflut in einer Arche kundgetan, und auch in einer griechischen Sage wird vom Prometheus-Sohn Deukalion berichtet, der »auf großen Wassern umhergetrieben« wurde und nach neun Tagen auf einem Berg landete.

In der haggadischen Tradition des Judentums wird besonders der Rolle Noahs als »Gerechtem« gedacht. Um die Erdbewohner zu ermahnen, von ihrem schlechten Weg abzukehren, verzögert er den Bau der Arche um einhundertzwanzig Jahre mit dem Argument, die von ihm gepflanzten Zedern, die dem Bau der Arche dienen sollten, heranwachsen zu lassen. Über die Geduld Gottes beim verzögerten Bau der Arche berichtet auch der 1. Petrusbrief, in dem die *Sintflut als Antitypos zum Taufwasser* dargestellt wird.

Im Koran, der Noah unter die Propheten einreiht und ihn damit mit Abraham, Moses, Jesus und Mohammed gleichsetzt, erleidet auch er das Schicksal vieler Propheten, denen die Menschen nicht Glauben schenken wollten. Mit orientalischer

Buntheit wird die Geschichte von Noahs Arche ausgeschmückt und dabei berichtet, daß sie in drei Stockwerke geteilt gewesen sei. Im Untergeschoß waren die Vierfüßler untergebracht, darüber die Menschen, oben die Vögel. Als letztes Tier, so die Legende, betrat der Esel die Arche. Obwohl Noah sah, daß sich an den Schwanz des Tieres Ibris, der Teufel, geklammert hatte, nahm er den Esel in die Arche auf und ermöglichte damit, daß der Teufel seinen Weg in die Welt nach der Flut fand.

In den mittelalterlichen Weltchroniken, die spätantiken Vorbildern folgten, brach mit Noah, der Weltzeitalterlehre folgend, ein neuer Abschnitt an, der die Infantia, die Kindheit der Menschheit, beendete. In den Lehren der Kirchenväter erscheint die Arche Noah als Sinnbild der Kirche, die *archetypisch* durch das Meer der Welt fährt, Noah selbst als Vorgestalt Christi, als Mahner der Menschheit und Künder eines gottgewollten Weges.

Natürlich lebte das Arche-Motiv nicht nur in den Mythen der Völker fort, sondern beflügelte auch Künstler aller Zeitalter. In der Literatur bewegte die Gestalt des Noah nicht nur das frühe Epos, sondern auch die Dichter des Mittelalters und der Neuzeit. Als exemplarisch für die beiden letzten Jahrhunderte gelten Lord Byrons Versdrama »Heaven and Earth« (1823) und E. Barlachs Drama »Die Sintflut« (1924). Bei Byron wirft Noahs Sohn Jafet die leidenschaftliche Frage auf: »Warum muß ich überleben, wenn alle untergehen?« Barlach kehrt in seinem Drama die biblische Tradition um: Ein die Welt als Bettler durchirrender Gott sucht in der Flut einen letzten Ausweg. Auch in der Musik hinterließ das Arche-Drama zahlreiche Spuren. Sie führen von barocken Werken bis zu jüngeren Themenbearbeitungen, zu W. Burkhard, der die

A-capella-Kantate »Die Sintflut« 1955 vollendete, zu Benjamin Brittens geistlichem Spiel »Noye's fludde« (1957) oder zu Strawinskys Opernoratorium »The flood«, das 1963 in Hamburg aufgeführt wurde.

Als Motiv bildnerischer Darstellungen ist die Arche Noah in vielen frühen Fresken, Sarkophagplastiken, Mosaiken, Genesiszyklen, Kathedralenfassaden und Deckengemälden lebendig erhalten. Michelangelos Deckenfresko in der Sixtinischen Kapelle und Raffaels Freskenzyklus in den Loggien des Vatikans zeigen packend metaphorisch die Bilddramatik einer untergehenden Menschheit.

Diesen Bildern können wir uns wohl nicht verschließen, aus dem Gefühl heraus, wieder in einer *transitorischen Zeit* zu leben, einer Übergangszeit, die zur Wendezeit für die Menschheit werden könnte. Apokalyptische Visionen werden vor unseren Augen lebendig, wenn wir in eine Welt voller Brudermord, Naturschändung und sozialer Entkoppelung blicken. In unserer »Sintflut«, die am Horizont steht, müssen wir die prophetische Warnung der Schöpfung vor Ökokollaps, Sozial-Crash, Reproduktionshybris und Ressourcenraub erkennen.

Das »Raumschiff Erde«, in dem sich eine entsolidarisierte Ego-Society von den »Schiffbrüchigen« der Dritten und Vierten Welt abwendet, findet auf dem suizidalen Kollisionskurs, auf dem es sich befindet, keinen Berg Ararat zu sicherer Landung und Neubeginn. Damit aus dem Übergang kein vorgezeichneter Untergang wird, müssen wir die einzigen zwei möglichen Wege und Auswege klar erkennen: Entweder wir gestalten das »Raumschiff Erde« zu einer für uns alle bewohnbaren »Arche« um, oder wir müssen mit Raumschiff-Archen extraterrestrische Fluchtpunkte ansteuern.

AUF DEM DACH DES ARARAT

Die Quelle des heiligen Jakob

Die Bildmetapher läßt sich dramatisch fortsetzen: Am 25. August 1982 kämpfte sich ein einsamer Bergsteiger gegen den eisigen Wind am verschneiten Ararat enttäuscht talwärts. James Irwin, der knapp elf Jahre zuvor als Mitglied der Apollo-15-Mission auf der kraterübersäten, unwirtlichen Mondoberfläche gestanden hatte, war um eine Illusion ärmer.

Der Blick vom Mond zum blauen Planeten Erde hatte in ihm den Wunsch geweckt, nach seiner Wiederkehr ein frühzeitliches »Raumschiff« – die Arche Noah, die vor mindestens viertausendvierhundert Jahren von ihrem »Terronauten« Noah verlassen worden war – am Berg Ararat aufzufinden. Für die Expedition Oberst Irwins blieb es enttäuschte Vision. Und zudem doppelt schmerzhaft, denn beim Abstieg über ein abschüssiges Schneefeld wurde er von herabstürzendem Geröll schwer verletzt. Sein Enthusiasmus wurde dadurch nicht gedämpft, und er nahm sich vor, die Arche weiterhin zu suchen, als eine Botschaft Gottes. Auch die Hochtechnologie des Raumflugs konnte seine Glaubensdemut nicht ändern. Er erklärte: »Gott, der auf der Erde wandelt, ist wichtiger als der Mensch, der seinen Fuß auf den Mond setzt.« Er starb 1991 als einer der vielen, die vergeblich nach der Arche suchten.

Ist es nur Gleichnis, Legende oder doch eis- und steingewordene Wirklichkeit? Seit Jahrhunderten haben abenteuerlustige Wanderer, Gläubige und Forscher auf dem Ararat nach der verschollenen Arche gesucht. Aus recht unterschiedlichen Motiven. Die einen wollten die historische Wahrheit der Bibel beweisen, die anderen trieb der Reiz des »Wunders« auf den unwirtlichen Gipfel. Sie wollten wissen, was ein hochseetüchtiges Schiff einige tausend Meter über dem Meeresspiegel zu suchen hatte. Immerhin hatte die Arche ja nach den Angaben der Genesis beachtliche Maße: siebenundzwanzig Meter Breite, sechzehn Meter Höhe und hundertsiebenundsechzig Meter Länge. Skeptiker bezweifeln die Seetüchtigkeit eines solchen »schwimmenden Hauses«.

Trotzdem waren die vielen positiven Berichte von Bergsteigern nicht zu überhören. Sie alle sprachen von einer im Gletscher des Ararat eingefrorenen großen Holzkonstruktion, es wurden sogar Balken der »Arche« zu Tal gebracht. Einer der ersten Arche-Sucher war, historisch verbürgt, ein babylonischer Priester namens Berossos, der im dritten Jahrhundert vor Christus zur Arche gewandert war, um sich ein wenig von der pechartigen Substanz zu besorgen, die, laut Genesis, Noah zur Abdichtung der Holzkonstruktion verwendet hatte. Von der magischen Kraft dieses Arche-Pechs wurde bis ins Mittelalter berichtet. Die Schwierigkeiten der Arche-Sucher kann man sich vor Augen halten, wenn man bedenkt, daß der Gipfel des Ararat fünftausendeinhundertfünfundsechzig Meter über dem Meeresspiegel liegt.

In der um 400 nach Christus verfaßten Geschichte Armeniens des Faustus von Byzanz, findet sich ein Hinweis, daß der heilige Jakob von Nisibis Gott gebeten hatte, die von Noah erbaute Arche des Heils erblicken zu dürfen. Gott soll den durstigen Pilger auf seinem harten Weg zum Gipfel, sein Gebet erhörend, mit einem aus dem Berg springenden Wasserquell gelabt haben. Auch noch in unseren Tagen zeigen Einheimische Ararat-Suchern die »Jakobsquelle«. Ein Engel des Herrn soll den heiligen Jakob von der weiteren Suche abgehalten und ihm ein Stück von der Arche als Reliquie mitgegeben haben.

Bis zur zweiten Hälfte des siebzehnten Jahrhunderts scheinen nach der erfolglosen Wallfahrt des heiligen Jakob nur wenige Arche-Sucher den mystischen Berg bestiegen zu haben. Erst zu Beginn des neunzehnten Jahrhunderts brachen immer wieder zahlreiche Expeditionen von Naturkundlern und Archäologen auf, um den legendären Landungsplatz zu suchen. In bunter Folge brachen dann auch Diplomaten, Militärs, Priester mehrerer Religionen und natürlich auch eine Reihe von Alpinisten auf, um den doppelten Gipfelsturm zu wagen.

Den sehr lebendigen Schilderungen so mancher Ararat-Heimkehrer wurde nicht allzuviel Glauben geschenkt, obwohl einige behaupteten, die Arche nicht nur gesehen, sondern sie auch betreten und vermessen zu haben, einige brachten sogar »authentische« Holzstücke mit. Neues Interesse weckte 1939 der in einer kalifornischen Zeitschrift publizierte Bericht eines russischen Piloten namens Vladimir Roskowitzki, der den Auftrag gehabt hatte, Höhenflugtests durchzuführen und türkische Truppenbewegungen in der Nähe des Ararat zu beobachten. Mit Sauerstoffflaschen ausgerüstet, hatte er das Bergmassiv in großer Höhe umflogen. Sein Kopilot habe geglaubt, bei der zweiten Umkreisung einen halb aus dem Eis ragenden riesigen Schiffsrumpf zu erkennen. Das Objekt soll etwa die Größendimension eines modernen Schlachtschiffs gehabt haben.

Für neue Aufregung sorgte ein im Jahre 1972 aus siebenhundert Kilometer Höhe von einem NASA-Satelliten aufgenommenes Foto, auf dem eine schiffsförmige Masse nahe dem Gipfel des Ararat zu erkennen war. Passionierte Arche-Sucher erklärten sofort, es habe die für die Arche Noah richtige Größe und Form; NASA-Experten hingegen halten es für eine natürliche geologische Formation. Das wohl faszinierendste Fundstück brachte Fernando Navarra vom Ararat zu Tal: ein Stück Holz, das Spuren von Bearbeitung zeigte. Archäologen in Kairo schätzten das Alter des Holzes auf ungefähr fünftausend Jahre – eine Zeitspanne, die mit der aus der Bibel errechneten Datierung der Sintflut um etwa 2350 vor Christus übereinzustimmen schien. Spätere Untersuchungen nach der Radiokarbonmethode in England ließen für Navarras Proben ein Alter von rund eintausendzweihundert Jahren als wahrscheinlicher erscheinen.

In der Zwischenzeit gibt es eine ganze Reihe von Piloten, die bei Überfliegungen des Ararat auf zwei Drittel Höhe des Berges ein Objekt mit den Konturen eines Schiffs sahen, das auf einem Felssims neben einem Abgrund ruht. Phantom oder Wirklichkeit? Es erscheint seltsam, daß heute, im Zeitalter der Raumsonden, die selbst die Oberflächen fremder Planeten und ihrer Monde präzise dokumentieren, kein authentischer Beweis – aber auch kein Gegenbeweis – gefunden werden kann. Vielleicht sollten wir uns mit dem Glauben des heiligen Jakob begnügen, oder mit dem Resümee, das Oberst Irwin nach dem Scheitern seiner Ararat-Expedition zog: »Es war eine spirituelle Reise nach innen, mithin das herrlichste Abenteuer überhaupt.«

DIE FLUTSAGEN DER VÖLKER

Der »siebenköpfige Drache« war ein Komet

Während also die Suche nach der Arche eine offene Frage bleibt, stellten die beiden Geologen Alexander und Edith Tollmann in ihrem aufsehenerregenden Buch »Und die Sintflut gab es doch« fest, daß in diesem Bereich die Erkenntnis vom Mythos zur historischen Wahrheit führte. In der Geologie hat sich der Kenntnisstand über Abläufe und Wirkungen der Einschläge kosmischer Körper auf unserem Planeten wesentlich vertieft.

Wir sehen sehr wenige »Narben«, vergessen dabei aber gerne, daß ein Großteil unserer Erde von Meeren bedeckt ist, was ihr die Bezeichnung »der blaue Planet« eintrug. Die durch Raumsonden erkundeten Oberflächen anderer Weltenkörper zeigen hingegen ein charakteristisches pockennarbiges Gesicht, das, wie wir alle wissen, vom Einschlag zahlloser Meteoriten herrührt.

Auch auf unsere Erde geht ohne Zweifel ein Dauerregen kosmischer Geschosse nieder. Kleinere Objekte verglühen in der Atmosphäre unseres Planeten, größere Objekte bleiben, da sie zumeist in die Weltmeere abstürzen, unentdeckt. Obwohl im Mythenschatz der Völker eine Vielzahl von Sintflut-Schilderungen bewahrt wurde, fehlte weitgehend die wissenschaftliche Hintergrundklärung. Ende des vergangenen Jahrhunderts versuchte der Wiener Geologe Franz Eduard Sueß eine Art geologische Bibelinterpretation, indem er die Sintflut als eine Mischung von Seebeben und Orkanen in der Region um Mesopotamien interpretierte.

Die Flutsagen der zahlreichen Völker – wobei immer wieder die Parabel vom riesigen »Fisch« ein drastisches Bild vom Flutdrama vermitteln will – ließen zumeist die offensichtlich zahlreichen Erlebnisorte des Schreckgeschehens außer Kalkül. Die Entwicklung der menschlichen Hauptrassen läßt aus heutiger Sicht eine viel frühere Besiedelung der Kontinente voraussetzen, als wir noch vor wenigen Jahrzehnten glaubten. Darin liegt es wohl begründet, daß die »Sintflut-Erinnerung«

in so verschiedenen Völkern an so verschiedenen Weltpunkten weiterlebte.

Heute wissen wir, daß der Einschlag eines gewaltigen Kometen, der sich der Erde mit rasender Geschwindigkeit von Südosten her näherte, die damalige, bisher wohl größte Katastrophe der Menschheit auslöste. Der Kern des Kometen hatte ursprünglich einen Durchmesser von mehreren Kilometern, zerbarst jedoch in sieben Hauptfragmente und zahllose Trümmer, bevor er auf der Erde aufschlug. In den Mythen wird das Ereignis als »siebenköpfiger Drache« dargestellt, der sieben brennende Sterne und einen feurigen Schweif gebar. Sowohl in den babylonischen als auch in den indischen Mythen wird von der großen Schlange oder den sieben Weltuntergangswolken gesprochen.

Der Impakt-Zeitpunkt läßt sich heute – mit einer Fehlerdifferenz von nur wenigen Jahren – auf den Herbstbeginn vor neuntausendfünfhundertfünfundvierzig Jahren festlegen. Die sieben Hauptstücke des Kometen fielen ins Meer, und zwar südlich Australiens in die Tasmanische See, ins Südchinesische Meer, in den Indischen Ozean, in den Südpazifik bei Feuerland, in den östlichen Pazifik vor Mittelamerika und in den Zentralatlantik in der Nähe der Azoren sowie in den Nordatlantik westlich von Skandinavien.

Durch die Tatsache, daß alle Einschläge der sieben großen Bruchstücke im Meer erfolgten und somit die Krater am Grund der Ozeane liegen, erfolgte die Ortung ausschließlich aufgrund geologischer Indizien. Der starke Fallout in Südostaustralien, der mit nordwestlicher Streurichtung von Fort Campbell bei Melbourne rund zweitausend Kilometer am Kontinent hinaufreicht, hinterließ zahllose Tektiten, deren Alter mit nicht ganz zehntausend Jahren recht präzise feststellbar ist. Gleiche Struktur und gleiches Alter weisen die Tektitenfunde von Vietnam auf, die ein sicheres Indiz für einen eigenen Einschlag in diesem Bereich darstellen.

Sowohl in indischen Mythen als auch in der Edda wird neben gleißendem Licht auch von Blutregen gesprochen, was auf eine Rotfärbung des Meeres durch Salpetersäure hinweist. Der Impakt in der Nähe der Azoren im Mittelatlantik läßt den »Untergang von Atlantis« in neuem Licht erscheinen. Der Aufschlag des am weitesten fliegenden Fragments, das mit einiger Verzögerung im Ostpazifik einschlug, hatte vermutlich gewaltige Wirkung auf beide Teile Amerikas. Die riesige Flutwelle überrollte die westamerikanische Gebirgskette, und man nimmt heute an, daß der Einschlagkrater im Meeresboden einen etwa einhundert Kilometer großen Durchmesser haben könnte.

Unter den Festlandkratern, die vor rund zehn Jahrtausenden entstanden, ist neben dem einhundert Meter großen Morasko-Krater in Polen, dem einhundertachtundsechzig Meter großen Odessa-Graben in Texas und dem etwa zweihundert Meter messenden Merewether-Krater in Labrador der Einschlag von Köfels im Ötztal in Tirol der beststudierte. Der Impakt verwüstete ein drei mal fünf Kilometer großes Gebiet. Der Köfelskrater ist nicht nur der größte, sondern gleichzeitig auch der am besten erforschte Krater des Sintflut-Kometeneinschlags. Mitte des vergangenen Jahrhunderts fanden Geologen eigenartige Gesteinsschmelzen bei Köfels. Sie wurden als Bimsstein bezeichnet und galten als Produkt aktiven Vulkanismus. Erst 1936 erkannte der Wiener Geologe Franz Eduard Sueß die Aufschmelzprodukte, die Nickeleisen enthielten, als Material extraterrestrischer Herkunft!

Die großen Einschläge produzierten unter wohl ohrenbetäubendem Lärm eine gewaltige Staub- und Dampfsäule.

Weltweit entstanden als unmittelbare Folge Impaktbeben, die vierhundertmal stärker waren als die heute üblichen Erdbeben. Die Erdoberfläche bewegte sich dabei wie eine wogende See. Berge brachen in Stücke, tiefe Spalten öffneten sich, die Landschaft zeigte ein anderes Gesicht. In vulkanischen Zonen gab es Rieseneruptionen, und noch vor der Flutwelle kam ein Hitzeorkan, der so gewaltig war, daß auch große Flüsse völlig austrockneten. Den Nachbeben, der Druckwelle, dem Hitzesturm, den Giftgaswolken und dem Säureregen folgte die Sintflut: Eine kilometerhohe Wasserwand raste von den Ozeanen her weit in die Kontinente hinein. Am stärksten muß die Wirkung in den Ländern am Pazifischen und Indischen Ozean gewesen sein. In Südasien bildete der Himalaja eine Stauwand, und auch die hohen Gebirge Afghanistans bremsten die Flutwelle und verschonten Innerasien von der Meeresflut.

Extrem stark getroffen wurde der amerikanische Doppelkontinent von seiner pazifischen Seite her. Durch die zeitlich abgestufte Folge der Einschläge in die Weltmeere erfolgten mehrere Flutwellen, und, was die Sache noch schlimmer machte, über weite Teile der beiden Amerikas raste *kochendes* Meerwasser.

Die Kometenaufschläge waren von einer einwöchigen Impaktnacht gefolgt. Auch hiervon waren die verschiedenen Zonen der Welt unterschiedlich betroffen. Die lang anhaltende Dämmerung führte in nördlichen Gebieten zu einem dreijährigen Winter und in gemäßigten Breiten zu sehr strengen Folgewintern. Insgesamt änderte sich das Erdklima nach dem Kometeneinschlag durch eine starke Temperaturerhöhung, die mehr als vier Jahrtausende anhielt. Die Temperatur lag schließlich bis zu viereinhalb Grad Celsius über der heutigen Durchschnittstemperatur.

SCHÖPFUNGSGESCHICHTE »NEU«

Die Wiedergeburt der Erde nach der Sintflut

In den frühen Berichten über die Sintflut gibt es große Unterschiede über deren Dauer. In der Genesis selbst heißt es, daß die Flut vierzig Tage über die Erde kam: »Und die Wasser nahmen zu und stiegen hoch über die Erde, daß die Arche über die Fläche des Wassers dahinfuhr.« Aus einer um etwa 550 vor Christus entstandenen »Priesterschrift« erfahren wir, daß die Wasser einhundertfünfzig Tage stiegen, dann wieder fielen, so daß am ersten Tag des zehnten Monats die Spitzen der Berge sichtbar wurden. In einem noch früheren Bericht, der etwa aus dem achten bis neunten Jahrhundert vor Christus stammt, heißt es: »... und es kam der Regen über das Land 40 Tage und 40 Nächte, und es kam die Flut 40 Tage auf das Land ...« Der jawistische Bericht hält fest, daß die Regenfälle vierzig Tage andauerten; Noah verblieb aber noch drei Wochen in der Arche, bis das Wasser abgeschwollen war. Daraus ergibt sich eine wahrscheinliche Gesamtdauer von einundsechzig Tagen.

Eine wesentlich längere Wirkungsdauer als die Sintflut hatte – außer den großen klimatischen Änderungen, die über Jahrtausende anhielten – die im Zuge des Impakts verstärkte Bildung radioaktiver Elemente wie des Kohlenstoff-Isotops ^{14}C beziehungsweise des Wasserstoff-Isotops Tritium. Es ist also anzunehmen, daß die erhöhte Radioaktivität das Leben beeinträchtigen konnte. Die Entstehung von Stickoxyden und Salpetersäure in bedeutenden Mengen baute darüber hinaus für längere Zeit die Ozonschicht in der hohen Atmosphäre radikal ab. Wie heute, allerdings in viel stärkerem Maße, stieß daher die harte UV-Strahlung der Sonne unvermindert zur Erdoberfläche vor. All das kann, wie wir heute wissen, Keimschädigungen, Mißgeburten und Krebs hervorrufen.

Durch die Messung des Radiokarbongehalts in Holzresten (C14-Methode) kann man die Katastrophe ziemlich genau datieren: Die »Radiokarbon-Uhr« zeigt den Impakt-Zeitpunkt an: vor neuntausendfünfhundertfünfundvierzig Jahren. Das danach herrschende deutlich wärmere Klima bewirkte eine Vegetationsumstellung unter Begünstigung wärmeliebender Baum- und Strauchsorten.

Für die wenigen Überlebenden der Sintflut – die Menschheit ging damals haarscharf an der völligen Ausrottung vorbei – muß die schlammbedeckte, verwüstete Erde einen trostlosen Anblick geboten haben: Die Berge waren geborsten, ganze Landstriche versunken, die Bäume geknickt, überall lagen die Leiber von Menschen und Tieren. Nur eine kleine Zahl von Menschen – symbolisch ausgedrückt »eine Arche voll« – blieb erhalten. Weit voneinander getrennt, in schrecklicher Einsamkeit. Vor der Sintflut, so wird geschätzt, gab es maximal fünf Millionen Menschen auf der Erde, danach dauerte es mehrere tausend Jahre, bis diese Zahl wieder erreicht war.

Paläontologische Forschungen weisen darauf hin, daß das gleiche Schreckensereignis auch radikale Auswirkungen auf die größeren Landsäugetiere hatte. Drei Viertel der Säuger mit mehr als einhundert Kilogramm Gewicht verschwanden völlig. In diesen Reigen der Verschwundenen ist sicherlich auch das Mammut einzuschließen. Nicht nur durch die Flut selbst, auch durch den ihr folgenden »Sintfrost« änderten sich die Lebensbedingungen vieler Tiere drastisch. Die Datierung der Funde des sibirischen Mammuts fällt in diesen Zeitraum.

Noch eine faszinierende Erkenntnis verdanken wir der Forschungsarbeit von Edith und Alexander Tollmann: Über den

Realhintergrund des Schöpfungsberichts der Bibel zerbrachen sich die Wissenschaftler der verschiedensten Disziplinen schon lange den Kopf, denn aus den kosmischen Entstehungsschritten des Weltalls sind die sieben Äonen nicht erklärbar. Überraschenderweise aber entsprechen sie annähernd einer »Neuschöpfungsgeschichte«, die mit dem Tage nach einem Sintflut-Impakt beginnen würde …

Der Impakt hatte die »Himmelslichter« ausgelöscht, die Erde war wüst und leer, aus den Tiefen des Ozeans tauchten die (überlebenden) Tiere auf, die Vegetation eroberte langsam wieder das Land. Die Schilderung der Genesis könnte also sehr wohl eine Neuschöpfungsgeschichte nach dem Tage Null des »Weltuntergangs« gewesen sein!

Das letzte kosmische »Großereignis« vor dem Zusammenstoß der Erde mit dem Sintflut-Kometen vor nicht ganz zehntausend Jahren war der »Dinosaurier-Impakt«, der vor sechsundsechzig Millionen und vierhunderttausend Jahren die Apokalypse über unseren Planeten hereinbrechen ließ. Ein im Durchmesser mindestens zehn Kilometer großer Asteroid traf am Nordrand der mexikanischen Halbinsel Yukatan ungebremst die Erde. Der Aufprall des Weltenkörpers mit seiner Masse von mehr als einer Milliarde Tonnen entspricht in seiner energetischen Wucht etwa fünf Milliarden Hiroshima-Bomben! Die Aufschlagexplosion ließ bei einer Temperatur von etwa einhunderttausend Grad Celsius im Kernbereich die Aufprallmasse sowie die Erdkruste des Einschlaggebiets verdampfen und in einem Umkreis von über eintausend Kilometern eine Schock- und Hitzewelle entstehen, die gewiß tödlich war. Die gewaltigen Dampf- und Staubmengen wurden bis zu einhundert Kilometer hoch in die Ionosphäre geblasen.

Der mittelamerikanische Aufschlagpunkt war präzise ermittelbar, da in den letzten Jahren immer mehr Auswurfmaterial auf Kuba, den Inseln der Karibik und im östlichen Mexiko gefunden wurde. Da der Ozean im mexikanisch-karibischen Becken heute etwa vier bis fünf Kilometer tief ist und es vermutlich auch damals war, muß man auch bei der Flutwelle, die durch den Impakt bewirkt wurde, eine vier bis fünf Kilometer hohe Woge annehmen. Selbst in fünftausend Kilometern Entfernung von der Einschlagstelle muß die Wasserwoge noch einhundert Meter hoch gewesen sein.

Durch den Staubteppich in den hohen Atmosphärenschichten kam es nach dem Dinosaurier-Impakt zu einer lange dauernden Abkühlung der Erde um vierzig Grad auf etwa minus zwanzig Grad Celsius! Für Landtiere mit mehr als fünfundzwanzig Kilogramm Körpergewicht bedeutete das den absoluten Tod. Überall auf der Erde waren riesige Schneefelder entstanden, die weiteren langfristigen Wärmeverlust brachten. Dieser Impakt-Winter, so meint die NASA, entspräche ungefähr dem nuklearen Winter, der durch eine atomare Katastrophe ausgelöst werden könnte. Der Gedanke liegt bedrohlich nahe, daß in den Auswirkungen der Unterschied zwischen kosmischen und von Menschen gemachten terrestrischen Katastrophen äußerst gering sein könnte. Durch die Addition von uns bewirkter Schäden bewegen auch wir das »Raumschiff Erde« auf gefährlichem Kurs.

DER »GOLDENE SCHUSS« AUS DEM KOSMOS

Ein sehr reales Risiko

Durch neuere Forschungen weiß man, daß unser Planet besonders in seiner Frühzeit vor etwa 4,1 bis 3,8 Milliarden Jahren von nahezu zehntausend Einschlägen getroffen wurde, die Krater mit einem Durchmesser von mehr als sechzehn Kilometer verursachten. In dieser Frühphase der Erdentwicklung schwirrten viel größere »Geschosse« um uns herum als heute. Damals traf ein Riesenasteroid unseren Planeten und kippte die Erdachse um dreiundzwanzigeinhalb Grad. Dadurch entstand, im Unterschied zu den meisten anderen Sonnenplaneten, auf der Erde kein gleichmäßiges Klima, sondern ein durch wechselnde Jahreszeiten geprägtes.

Gegenwärtig müssen wir mit etwa viertausendzweihundert Asteroiden rechnen, die die Erdbahn kreuzen könnten. Trotz dieser großen Zahl ist die Impakt-Gefahr relativ gering. Das Risiko, daß ein *Asteroid* mit mehr als einem Kilometer Durchmesser auf der Erde einschlägt, besteht etwa alle zweihundertfünfzigtausend bis sechs Millionen Jahre, während die Wahrscheinlichkeit des Einschlags eines über zehn Kilometer großen Objekts alle vierzig Millionen Jahre angenommen wird. Der Aufschlag eines global lebensbedrohlichen Raumobjekts könnte geologisch gesehen alle fünfundvierzig- bis einhunderttausend Jahre erfolgen. Der Einschlag eines bis zu einen Kilometer großen *Kometen* ist lediglich einmal in einer Million Jahren zu erwarten, der Einschlag eines Kometen mit mehr als zehn Kilometern Durchmesser nur alle einhundert Millionen Jahre.

Da aber laufend neue Asteroiden entdeckt werden und neue

Kometen aus den Tiefen des Alls auftauchen, hat die NASA »Space Guard Survey« entwickelt: sechs Teleskope erfassen die »Durchfahrt« von Asteroiden oder Kometen mittels Leuchtsensoren. Durch ein Computersystem werden Asteroiden und Kometen voll identifiziert, und ihre Geschwindigkeit wird registriert.

Man meint, daß man in einem Zeitraum von etwa fünfundzwanzig Jahren fünfundneunzig Prozent der Asteroiden mit einem Durchmesser von mehr als einem Kilometer erkannt und ihre Umlaufbahn berechnet haben wird. Von der Erkennung und Ortung bis zur Umlenkung ist es angeblich nur noch ein kurzer Schritt. Mit ferngesteuerten thermonuklearen Bomben plant man, die sich rasant der Erde nähernden Objekte vom Kollisionskurs abzulenken.

Bedrohungen aus dem Kosmos sind, wie Lorenzo Pinna, einer der angesehensten Wissenschaftsjournalisten Italiens, in seinem Buch »Fünf Hypothesen zum Untergang der Welt« festhält, eben nur eine der fünf Möglichkeiten des Weltuntergangs. Szenario 1 beherrschen unsichtbare Feinde, wie etwa HIV-1- und HIV-2-Vieren, die eine weltweite Aids-Epidemie mit vielen Millionen Infizierten auslösten. Es ist ziemlich sicher, daß der Aids-Virus seit mehr als dreißig Jahren existiert, vielleicht schon seit Jahrhunderten auf die Stunde seiner »großen Aktivierung« wartete. Der »Aids-Impakt« erfolgte offensichtlich, weil sich die Menschheit in ihrer Expansion, durch gestörte Umweltbeziehung, entfremdenden technologischen Fortschritt und globale Mobilität geradewegs ins Zielfernrohr der schlummernden Seuche begeben hat. Promiskuität und Massentourismus potenzierten einander, und eine Angriffsnische war da.

Auf heimtückischen Schleichpfaden (zum Beispiel in Blutkonserven) schlich das Virus, jede Mimikry nutzend, in die Welt. In Afrika und Asien, wo Krieg und Gewalt, aber auch Massenprostitution Vorschub leisten, setzt sich die neue Pest unserer Tage besonders fest. Konstellative Faktoren begünstigen die Ausbreitung – etwa Drogensucht. Die meisten Opfer stehen in der Blüte der Jugend. Ein Faktor, der das Risiko einer *Jahrgangsschneise* des Todes besiegeln könnte, zumindest drastisch erhöht.

Die Front der unsichtbaren Angreifer wurde mittlerweile noch wesentlich größer. Neben den Viren, die äußerst mutationsfreudig wurden, sind es vor allem Bakterien, Protozoen und eine Legion von Pilzen, aus denen sich das Heer der Mikroangreifer rekrutiert. Sie haben eine größere Überlebenstradition als wir, denn vor drei Milliarden Jahren, als es weder Pflanzen noch Tiere, geschweige denn Menschen gab, war die Erde ein Planet der Bakterien. Sie waren imstande, auch unter lebensfeindlichsten Bedingungen ihr biochemisches Potential voll zum Tragen zu bringen. In der bevölkerten Welt vervielfachten sich natürlich ihre Möglichkeiten, da es genug Wirtsorganismen gab.

Um den modernen Begriff des *Overkill-Potentials* in diesem Zusammenhang zu gebrauchen, muß man sagen, daß auch heute noch, oder besser gesagt nach dem »Gleichgewicht des Schreckens« des atomaren Wettrüstens im kalten Krieg, die Overkill-Potentiale von Mikroorganismen eine wesentlich größere Gefahr darstellen als atomare Konflikte. Eine »Generalprobe« für eine Seuchenexplosion lieferte im Jahr 1350 die Pest. Mindestens ein Drittel, vielleicht sogar die Hälfte der damaligen Bevölkerung Asiens und Europas fiel ihr zum Opfer. Wenn man die Zahl der damals in der Alten Welt lebenden Menschen mit etwa vierhundert Millionen ansetzt, so kamen mindestens einhundertdreißig Millionen in der ersten Pestwelle, die vierzig Jahre dauerte, um.

Es gibt so etwas wie eine »Archäologie der Krankheitskeime« – allerdings muß man sich da auf Zeitchronisten verlassen. Das erste Auftreten einer Epidemie, das dokumentiert ist, war im sechsten Jahrhundert nach Christus die »Pest des Justinian«, der etwa einhundert Millionen Menschen zum Opfer fielen. Der lange Zeitraum zwischen dieser ersten verbrieften Großepidemie und der zweiten großen Welle im vierzehnten Jahrhundert löschte die »biologische Erinnerung« im Immunsystem der Menschen, so daß auch das zweite Auftreten verheerende Folgen hatte.

In früheren Zeiten begünstigten schlechte hygienische Voraussetzungen epidemische Ausbreitungen. Ratten und Flöhe waren die besten Wegbereiter der Pest. Und natürlich auch die große Umstellung der Menschen vom Nomadenleben zur Seßhaftigkeit; die Mikroorganismen nahmen das mit Freude zur Kenntnis und paßten sich den neuen Möglichkeiten an. Zu den Großseuchen kamen in der Vergangenheit auch schon Malaria und parasitäre Erkrankungen – die auch heute, trotz des gewaltigen Fortschritts der Medizin, wieder im Zunehmen begriffen sind.

Therapieresistente Mutationen, die immer häufiger entstehen, stellen eine Art Gegenstrategie der äußerst flexiblen Mikroorganismen dar. Mit großer Freude meldete die Weltgesundheitsorganisation nach einem Jahrzehnt konsequenter globaler Impfaktivitäten die Vertreibung der Pocken vom Antlitz der Erde. Schon sprang ein naher Verwandter, das Herpes-Virus, in die Bresche. Zu einem gewaltigen Prozentsatz ist mittlerweile die Erdpopulation mit Herpes durchseucht. Aber auch hämorrhagische Viren starteten ein offensives Verhalten. Sie werden, ob ihrer zahlreichen Varianten, nach den Orten des Auftretens benannt: Ebola, Marburg, Lasser, Rift Valley, Hunter etc.

DAS KILLERBILLARD

Virus mir – so ich dir …

Das System funktioniert in den meisten Fällen mit im wahrsten Sinne des Wortes tödlicher Sicherheit: Das Virus braucht einen Gesunden, den es krank macht, und Kranke, die weitere Gesunde anstecken, also die viralen Chancen vervielfältigen. Die Zahl der infizierbaren Personen spielt dabei eine bedeutende Rolle. Also sind im »globalen Dorf« mit seinen Massengesellschaften die »Chancen« einer Ansteckung außerordentlich groß und steigen mit jeder Zunahme der Population steil an. Denken wir doch an die Ausbreitungswolken der weltweiten Grippeepidemien, die jährlich um den Globus laufen, wobei das simple Grippe-A-Virus immer neue Grippeviren als »Weggefährten des Schreckens« mitnimmt.

Eine wachsende Weltbevölkerung bringt für Epidemien logischerweise wachsende Chancen. Gewissermaßen den »Modellfall« eines apokalyptischen Szenarios finden wir auf anderer Ebene: Der Engländer Thomas Austin, ein Freund des Wildkaninchens, setzte 1859 in Australien vierundzwanzig Wildkaninchen in ein Gehege. Einigen dieser Tiere gelang es, aus dem Gehege zu entwischen, und nur achtzig Jahre später hatten sich die Wildkaninchen über halb Australien verbreitet und eine Population von sechshundert Millionen erreicht!

Aus dem Jagdgehege des Mister Austin war eine nahezu biblische Landplage geworden. Die Kaninchen vernichteten Felder, Weiden und Wälder. Professor F. Fenner, ein sehr bekannter Virologe der Universität Canberra, entwickelte eine nationale Gegenstrategie: Er importierte das Myxomatose-Virus und brachte eine Epidemie in Gang. Sie »griff« ebenso verheerend wie zuvor die Ausbreitung der Kaninchen: Die Sterblichkeitsrate der infizierten Tiere betrug 99,8 Prozent – die Krankheit war also auch todsicher. Nur zwei von tausend Kaninchen kamen lebend davon. Nach sieben Jahren kam die Epidemie zum Erliegen, aber es gab noch immer einhundertzwanzig Millionen Kaninchen. Durch Anpassung war es den gesund gebliebenen Kaninchen gelungen, der Seuche zu trotzen, so daß sich die Sterblichkeitsrate von beinahe hundert auf fünfundzwanzig Prozent reduzierte.

Bei der hohen Fortpflanzungsquote der Gesunden blieb noch immer eine ansehnliche Population erhalten. Dieses Szenario könnte in ähnlicher Form auf die menschliche Weltpopulation übertragen werden, wenn etwa ein »Super-Ebola«-Virus gänzlich neuer Art die Weltszene betreten würde.

Dennis Gabor hatte in den sechziger Jahren die atomare Selbstvernichtung an die erste Stelle der Selbstzerstörungsgefahren der Menschheit gesetzt, dann kam für ihn die Populationsexplosion, gefolgt von der zunehmend schlechten Proportion zwischen Freizeit und Arbeit (»Trilemma«). Im dritten Punkt waren seine Visionen weniger prophetisch, denn Freizeit ist bereits drei Jahrzehnte später ein für viele höchst unfreiwilliger Faktor, bewirkt durch explodierende Arbeitslosenzahlen.

Mittlerweile hat die Gefahr eines atomaren Weltkriegs rapide abgenommen, aber trotzdem bleibt noch ein Restrisiko:

atomare Waffen in den Händen von aggressiven Gruppen statt von Staaten sowie die Verstrahlung der Welt durch das sich drastisch erhöhende Pannenrisiko in Atomkraftwerken, die technisch auf einem katastrophal schlechten Stand sind.

Das Risiko ist eigentlich sogar größer als früher, denn interkontinentale Angriffs- und Vergeltungsschläge mit Atomraketen bedurften eines sehr gewichtigen punktuellen Auslösers, während das Risiko heute flächiger und auf eine größere Zahl von Risikofaktoren verteilt ist. Der Zerfall der Sowjetunion machte aus dem *Atompoker* der beiden Supermächte ein *Roulette der kleinen Ganoven.*

Die Risikoverteilung erhöhte also die Gefahr eines planetaren Selbstmords – zumindest in den Dimensionen des Sintflut-Impakts. Wir brauchen keinen Feind aus dem Weltall, der uns vernichtet, und auch nicht die »unsichtbaren Feinde«, die Killerviren, sondern verfügen über recht handfeste Ressourcen zur Selbstvernichtung.

Das »Raumschiff Erde« hält seinen kosmischen Kurs – durch den »Autopiloten« Himmelsmechanik gesteuert. Pilotenfehler sind also nicht zu erwarten. Weniger gut scheint es um die Disziplin der »Passagiere« bestellt zu sein. Von den weit über fünf Milliarden, die mit dem »Jumbo« Erde im Raum unterwegs sind, haben rund eineinhalb Milliarden ein First-class- oder ein Business-class-Ticket. Es sind dies die Bewohner der industrialisierten Wohlstandswelt. Sie genießen opulente Menüs, verbrauchen extrem viel Energie und sorgen permanent für eine fortschreitende Zerstörung der Ökosysteme. Sie werden im Schnitt siebenundsiebzig Jahre alt, vermehren sich aber gottlob in angemessenen Grenzen.

Die Economy- und »Zwischendeck«-Passagiere der Dritten und Vierten Welt reisen weit weniger komfortabel und verschwenden weniger Ressourcen, die Zahl der »blinden Passagiere« nimmt gefährlich zu. Die drei Milliarden der Economyclass verhungern zwar nicht, aber sie düsen zum Teil mit Minimalkalorien durch das All. Daß sie im Schnitt nur sechsundsechzig Jahre alt werden, ist aus ihrer Perspektive ein Vorteil.

Die eine Milliarde »Unterklasse-Passagiere« lebt weit unter dem Kalorienstandard, unter extrem schlechten hygienischen Bedingungen in Elendsquartieren, leidet unter Trinkwassernot und zeugt meist sechs Kinder im Schnitt pro Familie. Neunzig Prozent der Kinder unseres Planeten werden in Notstands-Entwicklungsländern geboren.

Sollte die Menschheit die Zehn-Milliarden-Grenze erreichen, werden acht Milliarden in übervölkerten, unterentwickelten Zonen leben. Geht die Entwicklung ungebremst so weiter, dann könnte sich die Weltbevölkerung im Jahre 2100 zwischen zehn und vierzehn Milliarden »stabilisieren« ...

DIE HORRORVISION DER MEGAMETROPOLEN

Hallo Nachbar – auch schon tot?

Die Prognose ist ungünstig: Wächst die Weltbevölkerung schneller, als Naturressourcen, Wirtschaft, Ausbildungs- und Arbeitsplätze es erlauben, dann multiplizieren wir uns in die Katastrophe, da die Disproportion zwischen Kopfzahl und Bewältigungschancen drastisch zunimmt. Immer mehr Menschen und immer schlechter qualifizierte kämpfen um in der Relation immer geringere Arbeitsplatzchancen. Umweltzerstörung, Armut und Überbevölkerung nehmen immer mehr

Menschen gefangen in einem unentrinnbaren Teufelskreis. Massenelend und hohe Kinderzahl, Bildungsnotstand und Frauenentrechtung wachsen in unheilvollen Dimensionen.

Mit der exponentiellen Vermehrung der Menschheit nimmt auch das Seuchenrisiko exponentiell zu. Die Ernährungschancen für so drastisch steigende Populationsdichten hinken infolge der nur linearen Zunahme an Nahrungsmitteln auch bei stark steigender Produktion immer kräftig nach. Wir haben ein paar »Versuchsgelände« für nahezu unlebbare Lebensumstände vor Augen: Bangladesch als Armenhaus der Welt und Mexico City als Warnblinkleuchte für das Chaos explodierender Metropolen. Im Schnitt drängen sich in Bangladesch rund siebenhundertachtzig Einwohner auf einem Quadratkilometer zusammen – mehr als auf jeder anderen vergleichbaren Staatsfläche der Welt. In dreißig Jahren wird sich die Zahl verdoppelt haben: Zweihundertfünfzig Millionen Menschen werden dann das Dreistromland »überschwemmen«. Beim Erreichen einer derartig katastrophalen Dichte tritt zumeist eine verheerende, paradoxe Reaktion ein. Dann fliehen nämlich die »überschwappenden« Menschenmassen, die auf dem Land weder genug Platz noch Nahrung finden, in Panik in städtische Elend-Agglomerationen. In Städte, die diesen Namen nicht verdienen, weil sie *»Ameisenhaufen« des Todes* sind.

Die Hochrechnung der Bevölkerungsentwicklung läßt erwarten, daß in den nächsten dreißig Jahren Europa annähernd auf dem momentanen Stand der Kopfzahlen bleibt, in Lateinamerika »nur« rund dreihundert Millionen mehr leben werden, in Nordamerika etwa einhundert Millionen mehr, während der Anstieg in Afrika rund eine Milliarde und in den armen asiatischen Staaten etwa 1,4 Milliarden Menschen betragen wird.

China, die »Tigerstaaten« sowie die technologiegestützten Wohlstandsländer Ostasiens lassen eine relativ bescheidene Zunahme um nur vierhundert Millionen Menschen erwarten. Immerhin bringt das innerhalb von nur drei Jahrzehnten ein Anwachsen der Erdbevölkerung um rund drei Milliarden Menschen – eine katastrophale Aussicht deshalb, weil die Schwerpunkte der Kopfzahlexplosion in den Problemzonen Afrika und Asien liegen.

Die »Sintflut« der Köpfe scheint sich als das gewichtigste Problem im Rahmen des »Selbstmordprogramms« der Menschheit darzustellen, wie Gordon Taylor, ein englischer Biologe, es schon vor zwanzig Jahren in seinem Bestseller über die Zukunft oder den Untergang der Menschheit formulierte. Er wies warnend auf die Ressourcenverknappung der Erde hin, wenn nicht auf Dauer ein sich selbst erhaltender Kreisprozeß in Gang gebracht werden kann: totales Recycling, wie es von der Raumfahrt vorexerziert wird. Denn: Wir leben unter einer relativ dünnen Atmosphäre von etwa zwölf Kilometern Höhe, und nur rund ein Achtel der Gesamtfläche der Erde ist zum Bewohnen wirklich geeignet.

Wohin also mit den vielen Menschen? Woher ausreichend Wasser und Nahrung nehmen, und wohin mit der Verschmutzung? Wie die Apollo-8-Astronauten bei ihrer Fotodokumentation der Erde vom Weltall aus feststellten, liegen gewaltige Smogschlieren über den großen Ballungszentren der Kontinente. Zwischen fünfzehn und zweiundzwanzig Tonnen Schmutz fallen auf jede Quadratmeile der amerikanischen und japanischen Großstädte.

Das Schlimmste aber an diesen beängstigenden Entwicklungstendenzen ist nicht das Faktum selbst, sondern die Art, wie wir darauf reagieren. Besser gesagt, nicht reagieren. Während der Countdown gnadenlos läuft, sitzen wir an Konferenztischen und diskutieren die stufenweise Rücknahme der Öko-Entgleisungen, ziehen aber dabei alle Register im wahrsten Sinne des Wortes »beschränkter« nationaler Perspektiven. Das heißt, wir stecken unsere Köpfe in den Sand kleinkarierter Landkarten, die im Lichte der globalen Entwicklung immer anachronistischer werden. Wir erkennen offensichtlich nicht, oder wollen es nicht erkennen, daß jeder Aids-Tote in Afrika, jedes Atomopfer in Tschernobyl und jedes smogasthmatische Kind in Amerika der »Nachbar« von nebenan ist. Die elektronischen Massenmedien pumpen uns zwar das gesamte Weltleid Tag für Tag in unsere Wohnzimmer, aber wir bestimmen verhängnisvollerweise selbst, was für uns »Wirklichkeit« ist und was wir bloß als »Film« einstufen.

Nicht erkennen und dementsprechend auch nicht reagieren zieht fatale Konsequenzen nach sich. Die vergleichende Verhaltensforschung fand heraus, daß Tierpopulationen eine Art »Dichte-Thermostat« eingebaut haben und selbstregulativ sind; der Mensch hingegen hat sich durch sein Herausnehmen aus schöpfungsbiologischen Abläufen in eine überaus zweifelhafte »Sonderstellung« hineinmanövriert.

Während sich fast jede Tierspezies bei Übervölkerung des Reviers selbstregulierend durch Fortpflanzungsstillstand, infolge von Nebennierenerkrankungen und Immunschwäche kräftig dezimiert, ist dem Menschen die offensichtlich naturgewollte Fähigkeit zur natürlichen Dichteregulation abhanden gekommen. Ja, er reagiert sogar geradezu paradox, da in den Elendsvierteln der überquellenden Millionenstädte der Dritten Welt die höchste Fertilitätsrate herrscht. Ein »programmierter Selbstmord«?

Hasen etwa, die als besonders fortpflanzungsfreudig gelten,

akzeptieren anstandslos eine Revierdichte von einhundertfünfundzwanzig Tieren pro Hektar. Bei fünfhundert Tieren pro Hektar jedoch sinken die Fortpflanzungsraten drastisch, und die Mortalität nimmt gewaltig zu. Genauso reagieren Mäuse oder Ratten bei zu dichter Käfighaltung. Nur der Mensch, das »gefährlichste Landraubtier der Erde« – wie ein zynischer Soziologe das formulierte –, reagiert »abartig«.

Dabei wären wir gut beraten, den derzeitigen Bevölkerungsstand der Erde schon als grenzwertig einzustufen. Da eine Regulation der Weltbevölkerung national nicht machbar ist, erscheint in vielleicht nicht allzu ferner Zukunft eine Instrumentierung zentraler Planung notwendig. In den Vereinigten Staaten gibt es bereits eine Organisation, die sich überaus aktiv für das vernünftige Ziel der *Konstanterhaltung der Weltbevölkerung* einsetzt: *Zero Population Grove.* Um nicht ewige Utopie zu bleiben, müßte eine solche *Weltregulierung ethisch vertretbar, ressourcenbegründet, ökoorientiert* und natürlich *humanzentriert* sein. Es sollte eine *Welt der nicht zu vielen, aber dafür viel wissenden Köpfe* und eine *Welt neuer brüderlicher Werte* sein. Ebenso wie man heute weiß, daß Umweltplanung nur global gesehen werden kann, muß auch Bevölkerungsplanung von solidarischer Weltgerechtigkeit getragen sein. Die Umverteilung materieller Werte, die wohl für immer Utopie von Sozialschwärmern bleiben wird, sollte in eine viel gerechtere, weil fördernde *Umverteilung der Möglichkeiten* transformiert werden.

DAS »RAUMSCHIFF ERDE« HAT SCHLAGSEITE

Zum Zurückschrauben allein ist es zu spät

Auf dem Weg in eine bessere Welt von morgen müssen viele Probleme neu überdacht werden und in zukunftsgestaltende Maßnahmen verwandelt werden. Würden wir heute, aus berechtigten ökologischen Gründen, die Verwendung von künstlichen Düngemitteln weltweit aussetzen, ginge der Ernteertrag um vierzig Prozent zurück; und das trotz des Anbaus selektionierter Pflanzen und trotz Bewässerung. Die genetische Selektion hat »egoistische« Pflanzen hervorgebracht, die sich brutal gegen Mitbewerber durchsetzen. Sie beanspruchen überproportional viele Nährstoffe und übervorteilen damit die anderen.

Mit einfachem »Zurückschrauben« – der These vieler naiver Grüner – können wir die notwendigen Ziele nicht erreichen. Sie sind nicht gering, denn innerhalb von vierzig Jahren müßten wir unsere Ernten verdoppeln, nur um den Bevölkerungszuwachs auszugleichen, und nicht etwa, um ein Schlemmerparadies zu schaffen. Erschwert wird die Angelegenheit noch dadurch, daß nicht nur mehr hungrige Mäuler dasein werden, sondern auch drastisch weniger Land zum Anbauen; denn durch den wachsenden Treibhauseffekt wird ein Abschmelzen von Gletschern und Polkappenteilen den Meeresspiegel um etwa dreißig Zentimeter bis zu einem Meter anheben, wodurch viel jetzt genutztes und bewohntes Land im Meer versinken wird.

Nicht aufrechterhaltbar erscheint auch der derzeitige Energieverteilungsschlüssel. Die First-class-Passagiere des Raumschiffs Erde verbrauchen zweiundachtzig Prozent der globalen

Energie, obwohl sie nur zweiundzwanzig Prozent der Gesamtbevölkerung ausmachen. Die achtundsiebzig Prozent der Economy- und Zwischendeck-Passagiere verbrauchen nur achtzehn Prozent. Das Beibehalten dieses Ungleichgewichts erscheint theoretisch und praktisch unmöglich, denn entweder die Luxusbewohner der Erde reduzieren drastisch ihren Bedarf und die anderen Erdbewohner geben sich mit bescheidenen Zusatzressourcen zufrieden, oder, was ein »Worst Case Scenario« wäre: die nachwachsenden Entwicklungsländer dampfen über Schornsteinindustrien den Wohlstandsländern in deren »Paradiese« nach. Das würde doppelten Schaden bringen: die rasante Verknappung der sich nicht regenerierenden Naturressourcen und gleichzeitig eine tödliche Schändung der Biosphäre.

Ob es uns gelingt, in Science-fiction-Manier unsere Hochtechnologie-Entwicklung so rasch voranzutreiben, daß wir die Entwicklungsländer ohne »Nachindustrialisierung« schrittweise auf unsere Lebensstandards anheben können, erscheint höchst zweifelhaft. Dazu brauchen wir weniger Köpfe, mehr Mittel und sich nachhaltig erneuernde Ressourcen.

Wie schwierig dieses Ziel zu erreichen ist, darüber berichten ausführlich Donella und Dennis Meadows in »Die neuen Grenzen des Wachstums«. Auch sie verweisen auf die tödliche Verbindung von Armut und Bevölkerungswachstum. Einerseits bewirkt Armut Bevölkerungswachstum, da in vielen unterentwickelten Ländern noch eine große Kinderzahl im Sinne eines Arbeitskräftezuwachses als familienerhaltend angesehen wird und auch im Licht der Altersversorgung eine nicht so rasch ersetzbare Rolle spielen wird, andererseits führt die einmal in Gang gesetzte, sich zwischen Bevölkerungswachstum und Armut drehende Spirale unrettbar abwärts. Denn nicht ernährbare Menschen helfen nicht bei der Arbeit, die nicht mehr vorhanden ist. Die Frage der Altersversorgung stellt sich erst gar nicht, da durch Unterernährung, Seuchen und Ökodebakel eine drastische Verkürzung des Lebensalters zu erwarten ist.

Sehr interessant erscheint der von den Meadows entwickelte Ansatz zu einem erfolgreichen Zukunftsszenario: das »Überschwingen« zur *nachhaltigen Gesellschaft* ohne Zusammenbruch des vorherigen Systems. Bisher gab es, so die beiden Forscher, zwei Menschheitsrevolutionen: die landwirtschaftliche und die industrielle. Wenn wir von zehn Millionen Menschen vor rund achttausend Jahren ausgehen, so waren das bereits für die damalige Zeit zu viele. Denn sie waren Nomaden, also die Natur ausbeutende »Weiterzieher«. Als die Sammlerreviere allmählich knapp wurden, begannen Gruppen der umherziehenden Jäger und Sammler, Tiere zu domestizieren und genießbare Pflanzen anzubauen.

Die Seßhaftigkeit war für die Menschen von damals wahrhaft revolutionär. Sie mußten nicht mehr ihren geringen Besitz über weite Strecken umherschleppen, sondern konnten erst in Höhlen, dann behaust leben und Besitz anhäufen. Dabei entwickelten sich aus primitiven »Dienstleistungsspezialisten« Berufe: Töpfer, Werkzeugmacher, Musiker und Priester. In den achttausend Jahren von der ersten, nämlich der landwirtschaftlichen Revolution bis zur zweiten, der industriellen Revolution, wuchs die Kopfzahl aus unserer heutigen Perspektive recht langsam: von zehn Millionen auf achthundert Millionen weltweit. Als etwa um 1750 nach Christus die bebaubaren Landflächen knapp wurden und auch nicht mehr ausreichend Energie bereitgestellt werden konnte, stellte man vor allem in England vom knapp gewordenen Brennholz auf die reichlich vorhandene Kohle um.

Das war der Beginn der industriellen Revolution. Der Kohleabbau erforderte Bergbau und erste Industrialisierungen und führte schließlich auch über die Dampfmaschine zu rasant erhöhter Mobilität. Mobilität der Fertigung und Mobilität der Fortbewegung. Der Übergang von der landwirtschaftlichen Phase zur Industrialisierungsphase war mühevoll, begleitet von harter Arbeitsfron und Kinderarbeit. Um die Fabriken häuften sich Schmutz und Abfälle. Entmutigend und entwürdigend. Aber es war ein Anfang. Der Sprung von damals in unser Zeitalter der vollautomativen Fertigung, der Gentechnologie und der Raumfahrt ist für eine bloß zweihundertjährige Entwicklungszeit unvorstellbar groß. Die Weite dieses Evolutionssprungs in eine neue Welt läßt uns Mut fassen bei dem Gedanken, daß wir eben jetzt zu einem weiteren so gewaltigen Sprung ansetzen müssen: zum Sprung in die »Nachhaltigkeit«. Das »Raumschiff Erde« hat sonst nicht die geringste Chance auf Überleben.

ERKENNTNISSPRUNG INFORMATION

Das neue Zauberwort: die nachhaltige Gesellschaft

Auch diese Revolution ist wie ihre Vorgängerinnen nicht planbar. Da es eine stark evolutiv geprägte Revolution ist, ist die Entwicklung noch weit weniger vorhersehbar. Gewiß ist, daß die Menschheit den riesigen Schritt zur Informationsgesellschaft geschafft hat. Die unbeschränkten Freiheitsgrade globaler Information ermöglichten erst die Instrumentierung weiterer Erkenntnissprünge. Sehr zu Recht wurde festgestellt, daß heute eine wesentlich größere Zahl imaginativer Faktoren diese tragen wird: Visionen, neue Perspektiven, geänderte gesellschaftliche Empfindungen und natürlich die zyklische Gleichheit und Ungleichheit der Aktion von Milliarden Menschen.

Das plötzliche Kippen des politischen Weltklimas durch Glasnost ist ein exemplarisches Beispiel. Neue Systeme schieben eine Widerstandsbarriere vor sich her, besonders dann, wenn sie mit tiefverankerten Denk- und Handlungsabläufen verknüpft sind. Der Salto mortale rückwärts der gegenwartsenttäuschten und zukunftsskeptischen ehemaligen kommunistischen Reformländer ist kennzeichnend für solche Sperren. Genauso wie in der politischen Dimension herrscht abwehrender Skeptizismus auch in gesellschaftlichen und wirtschaftlichen Bereichen. Denken wir doch an den ungeheuren Widerstand von fast zwei Angestelltengenerationen gegen die Einführung des Computers in den Arbeitsprozeß. Das waren nur kleine Schritte, verglichen mit den tiefgreifenden strukturellen Grundsatzänderungen zu einer nachhaltigen Gesellschaft von morgen. Die *»Sustainability«*, wie *Nachhaltigkeit* in der Originalbezeichnung heißt, ist ein Umschaltprozeß, der mit einem direkten Übergang von der Ära der Dampflokomotive in die Ära der durch Ionenmotoren angetriebenen Raumschiffe vergleichbar wäre.

Nachhaltigkeit umfaßt viele Ebenen: *neue Rechte* und *Gemeinschaftssinn* ebenso wie *materielle Versorgung und Sicherheit für alle, Erfüllung durch Arbeit* – nicht nur durch Erwerbsarbeit –, sich *selbst erneuernde Energiequellen* und *wirksame Recyclingsysteme, Fortschrittstechnik,* gekoppelt an *strikte Emissionsbestimmungen, regenerative Landwirtschaft,* auf *Toleranz begründete interkulturelle Harmonie,* neue *Wissenschafts- und Kunstblüte, interdiziplinäres Systemverständnis* als fundamentales Ziel der Bildungswissenschaften, *Dezen-*

tralisierung von Macht und Führungsgruppierungen, Politik der *Wertebewahrung,* Akzeptanz des Prinzips *gewaltfreier Konfliktlösung, Medien als Vermittler einer komplexen Welt* und nicht als Ideologieträger und Infotain-Jukeboxen, *Kulturoffenheit* und *eine neue brüderliche Solidarität.* Das alles fällt unter *nachhaltige neue Gesellschaft.*

Jede dieser Maximen wird in jeder Entscheidung von morgen verankert sein müssen.

Voraussetzung für die globale Durchsetzbarkeit dieser Systemänderung ist das *Bekenntnis zu einer totalen Netzwerkstruktur des guten Willens.*

Dies aber sollte raum- und zeitübergreifend verankert sein. Wir müssen uns dabei nur ein Beispiel an der *»Biologik« der Natur* nehmen; sie produziert umweltverträglich und entsorgt über vorbildliche Recyclingsysteme. Denken wir nur daran, wie kristallklar und rein das Wasser aus Kalkalpen sprudelt, die in Wirklichkeit Bio-»Müllberge« ungezählter Meereslebewesen sind. Wir sollten uns an der Natur und ihrer perfekten Integration ein Beispiel nehmen.

Wie der Physiker Martin Urban, Ressortleiter für Umwelt, Wissenschaft und Technik bei der »Süddeutschen Zeitung«, in der Publikation »Zeitbombe Mensch« sehr plastisch schildert, arbeitet die Natur mit Materialien, von deren Supereigenschaften wir nur träumen können: Chitin beispielsweise, das im Panzer der Insekten vorhanden ist, weist eine höhere Festigkeit als der beste Stahl auf.

Aber nicht nur die Materialeigenschaften sind vielen unserer Hochtechnologieprodukte bei weitem überlegen. Die Natur – und das ist ein wesentlicher Faktor wirklicher Überlebensstrategien – arbeitet gewissermaßen bei »Zimmertemperatur«. Davon können wir mit unseren hochenergetischen, Ressourcen verschwendenden, thermoaktiven Fertigungsprozessen nur träumen.

Ein neuer Zweig der Technik, die *Biomimetik,* befaßt sich damit, Werkstoffe zu entwickeln, die biologischen Vorbildern entsprechen. Eine zweite neue technische Disziplin, deren Aufgabe es ist, Produkte kleiner, noch leistungsfähiger und dennoch weniger komplex zu gestalten, ist die *Adaptronik.* Ein Beispiel für gelungene Verfahren in dieser Richtung stellen etwa Brillengläser dar, die ihre Lichtdurchlässigkeit »adaptronisch« regulieren.

Vor allem aber können wir von der Natur die Adäquanz eingesetzter Mittel im Verhältnis zum Erreichten lernen, wie das etwa bei den sich selbst regulierenden Populationssteuerungen der Fall ist. Chinesische Wissenschaftler kamen jüngst zu der Erkenntnis, daß das gewaltig große »Reich der Mitte« unter Berücksichtigung natürlicher Bedingungen und Ressourcen sowie tolerabler Umweltbelastungen heute maximal neunhundertfünfzig Millionen Menschen verkraften kann! Das heißt, daß in der Gegenwart die rote Grenzmarkierung des Warnbereichs weit überschritten wurde.

DAS »CROWDING« GEHT UM

Rivalitätskämpfe im Dichtestreß

Ressourcenpotentiale regieren die Welt von morgen, daher sind Krisenzonen von morgen schon heute rechnerisch auszumachen.

Paradebeispiel ist das Wasser – ein »Rohstoff«, der künftig sicher wesentlich gewaltigere Krisen als seinerzeit das Öl auslösen wird; es ist nicht sonnen-, sondern wasserklar, daß im Nahen Osten drei Konfliktzonen in Entwicklung begriffen sind: die Versorgungszone des Jordan, in deren Bereich Syrien, Israel, Jordanien, der Libanon und das Westjordanland zunehmend verzahnt sind; das Nilbecken mit den Anrainerstaaten Ägypten, Sudan, Äthiopien und Uganda; und schließlich der Krisenherd um die Bewässerungssysteme von Euphrat und Tigris, an denen die Osttürkei, aber auch Syrien und der Irak hängen.

Nach der Jahrtausendwende wird die Türkei in ihrem südostanatolischen Bewässerungsprojekt (GAP) ein Netz von zweiundzwanzig Staudämmen, neunzehn Kraftwerken und zahlreichen Bewässerungssystemen besitzen. Damit hat sich die Türkei ein gewaltiges Druckmittel gegenüber Syrien und dem Irak geschaffen, Ländern, die am »Dauertropf« von Euphrat und Tigris hängen.

Dieses Modell läßt sich weltweit extrapolieren. Denn schließlich werden bereits in dreißig Jahren dreieinhalb bis vier Milliarden Menschen in Ballungsräumen wohnen, in Räumen, die zu explosiv wachsen, um mit der Wasserversorgung nachzukommen. Die Ausgangslage für Besserungen ist eher trist, denn bereits heute müssen 1,2 Milliarden ohne sauberes, gefahrlos trinkbares Wasser auskommen. Im Lebensbereich von 2,2 Milliarden Menschen gibt es heute schon keine Abwasserentsorgung! Das sind tatsächlich trübe Aussichten mit hoher ökologischer Sprengkraft.

Der wachsende Mangel an Lebensnotwendigem und an Begehrtem wird im zunehmenden Dichtestreß der Milliardenpopulationen zu aggressiven *Rivalitätskämpfen* führen. Eine weitere Verstärkung stellt bei zunehmender Dichte die zu *niedrige Interaktionsdistanz* dar, denn wir haben für unser soziales Wohlgefühl in der Gruppe und der Masse strikte Distanzsensoren.

Das Erleben zunehmender Einengung wird mit dem neuen Begriff »Crowding« bezeichnet. Längst hat sich mittlerweile die Struktur der Massenpsychologie, wie Le Bon sie entwickelt hatte, in grundlegenden Aspekten gewandelt: Unter dem Förder- und Forderdruck massenmedialer Kommunikation ist eine Art Homogenität von Bedarfs- und Anspruchsfeldern entstanden. Ein tödliches Agens in der Realisierbarkeit von Massenwünschen. Hermann Broch hat in seiner beklemmenden *»Massenwahntheorie«*, die er im amerikanischen Exil entwarf, die Dramatik der »Unentrinnbarkeit« sehr dicht erfaßt. Diese Unentrinnbarkeit wird zum sozialen Grundklima der explodierenden Riesenstädte in den Entwicklungsländern.

Verschlimmert wird die Situation noch dadurch, daß sich die suburbanen Zonen benachbarter Kolosse verflechten und damit »Stadtlandschaften« ohne Fluchtweg entstehen. Angesichts des Count-Up der Zeitbombe Mensch erscheint es hoch an der Zeit, Gegenvisionen zu diesem apokalyptischen Horrorszenario der Entwicklung in die Wege zu leiten. Damit der programmierte Massensuizid einer ins Verderben wachsenden Menschheit noch in letzter Minute verhindert werden kann – dies entspricht einer »Umschaltphase« für Mentalitäten, Dogmen und Handlungen von maximal fünfzig Jahren –, müßten Theologie, Wissenschaft, Wirtschaft und Politik einen neuen *»Bund des Regenbogens«* beschließen.

Ohne geregelte *Familienplanung unter Ächtung der Abtreibung*, ohne *neue Methoden der Nahrungsmittelproduktion mit Hilfe der Genbiologie*, ohne *durchgreifende ökologische Supratechnologie* führt der Weg der Menschheit durch ein Nadelöhr der Selbstvernichtung. Das Entree in diese Phase ohne

Gewähr auf Ausgang könnte bei einer Zehn-Milliarden-Population um das Jahr 2050 beginnen.

Gegenwärtig leben, bei einer Weltbevölkerung von rund sechseinhalb Milliarden Menschen, zur gleichen Zeit mehr Einwohner auf der Erde, als in der gesamten Geschichte der Menschheit insgesamt Menschen existierten! Die Weltstadt Berlin hat vier Millionen Einwohner. Genau um diese Kopfzahl vermehrt sich die Weltbevölkerung alle vierzehn Tage! Dieser tatsächlich permanent wachsende Druck setzt Handlungsbedarf, und zwar ehe noch unmenschliche Regulative, faschistoide Lenkungsstrukturen oder gar das Gesetz des Dschungels an die Stelle ethisch begründeter Handlungsmaximen, die sowohl die innere wie die äußere Lebensgestalt einer Welt der Zukunft mit Zukunft gestalten könnten, treten.

Die Sintflut vor rund zehntausend Jahren, ist, wie berichtet, als apokalyptische Erinnerung in den Mythen vieler Völker festgehalten. Wenn man dem Wortbegriff etymologisch nachgeht, so entstand der Wortteil »sint« aus dem althochdeutschen »tina«, was gleichbedeutend war mit »immer«, »andauernd«, »umfassend«. Erst im dreizehnten Jahrhundert wurde das erste Begriffsglied »sint« umgedeutet zu »Sünd« – »Sündflut« als Strafe für die sündige Menschheit. In der metaphorischen Umkehr des Gedankens könnten wir folgende Deutung erhalten: Die Sünde der heutigen Menschheit scheint eine Sünde gegen die Menschheit von morgen zu sein.

ARBEITSLOS

Das Ende der Solidarität

Es ist zu befürchten, daß Politologen und Soziologen sich von der – vollmundig definierten – »Gesellschaft« als generellem Systemmodell verabschieden müssen, denn neben vielen anderen beunruhigenden Veränderungen scheinen wir uns rasant in eine – wie Trendpropheten es schick formulieren – extrem differenzierte *»Segmentgesellschaft«* aufzuspalten. Milieus, Szenen und Netzwerke bestimmen die *fluktuierende Identität* der Menschen von heute. Das Zerbrechen ehedem festgefügter Blöcke begleitet mit beunruhigendem Poltern die großen Brüche unserer Zeit: das sich anbahnende *Ende der Politik* und das Sprengen der linearen *Arbeitswelt.* Der Schritt von der Mentalität des »anything goes« früher postmaterialistischer Ansätze zum »nothing runs« des heutigen *resignativen Postmodernismus* war für die kurze Zeit der Entwicklung zu weit angesetzt. *Aus dem die Zeit prägenden Kampf um Gleichberechtigung der Geschlechter erwuchs im Brutschrank des Egalitarismus versinkender Diktaturen und unfinanzierbarer Sozialstaaten eine lähmende Gleichberechtigung der Nichtchance.*

Die Entwicklung der Industrie und ihrer Produktivität zu einer *Fertigung ohne Menschen* versetzte uns nach der *strukturellen Arbeitslosigkeit* der *Lean-Production-Phase* in die noch viel brutalere *Disqualifikations-Arbeitslosigkeit.* Kaum ist, außer extrem hoch qualifizierten Solisten, das breite Dienstleistungsspektrum der Arbeiter-, Angestellten- und Beamtenheere von ehedem gefragt. Immer stärkere Automation der industriellen Produktion und des Handels durch Roboter und elektronische Kommunikation läßt *Fließbandarbeit von ehedem und auch Fließbandverwaltung auf der Halde unfinanzierbarer Arbeitslosigkeit landen. Die Verteilungskämpfe um immer knapper werdende Arbeitsressourcen* menschlichen Einsatzes werden drastisch zunehmen.

In einer *Wendezeit der Widersprüche und paradoxen Gleichzeitigkeiten* darf es uns nicht wundern, daß am Horizont bereits der Schatten von *»Jobless Growth«* steht. Denn wachsen wird weiterhin alles – ohne Zweifel: die Kopfzahl der Menschheit ebenso wie die Kapazität produktiver Fertigung. Die *Dissonanz zwischen Bedarf, Bedürfnis und Bedürfnisdeckung* wird extrem zunehmen. Wird die Politik der Zukunft solchen Zerreißproben gewachsen sein? Wird sie überhaupt imstande sein, die inneren Spannungen im »Netzwerk der Dissonanzen« auszugleichen?

Populismus und Legislaturdenken der Politiker, deren größter Handlungsbedarf meist in der Wiederwahl besteht, ließen immer häufiger an die Stelle von Schlüssen Kurzschlüsse treten. Das Auseinanderdriften explodierender Information und implodierenden Handlungsspielraums führte dazu, daß die Demoskopie zum Dauerkorrektiv des Regierens wurde und sich damit in eine *Dämonoskopie* verwandelte.

Als besonders gefährlich und brisant, im Lichte der heutigen Entwicklung, erwies sich die jahrzehntelang treuherzig weiterbeförderte *Arbeitsplatzlüge.* Sie beruhte auf der Fehleinschätzung, daß jeder Mensch seinen Beruf bloß auswählen, sich dann darin ausbilden müsse, und schon existiere seine Berechtigung, ihn ein Leben lang auszuüben. Im Handumdrehen war daraus ein schutzwürdiger Arbeitsplatz geworden – ungeachtet von Markt, Bedarf und Qualifikation. Die *Aufrechterhaltung dieser Sozialutopie* kostete die fortgeschrittenen sozialstaatlichen Demokratien *Budgetentgleisungen bis an den Rand des Staatsbankrotts.*

Heute sind wir so weit, daß ein beständig zunehmender Teil der explodierenden Weltbevölkerung vermutlich überhaupt keine Erwerbsarbeit haben wird. Steigende Kopfzahlen bei beständig sinkendem Arbeitsplatzangebot müssen zum immer stärkeren Auseinanderklaffen der Schere führen und nicht, wie das manche Politiker treuherzig versprechen, zu einer möglich erscheinenden künftigen Stabilisierung.

Es bedarf keiner großen prophetischen Gaben, um feststellen zu können, daß sehr wahrscheinlich ein immer größerer Teil der Weltbevölkerung von der dauernden Erwerbsarbeit ausgeschlossen bleiben wird. Mit der wachsenden Menschenzahl werden ökologische Entgleisungen, Hunger und Zwänge gewaltig zunehmen. Sehr wahrscheinlich wird die zunehmende Perfektion *elektronischer Steuerungsprozesse* auch die Menschen erfassen und in *Partizipanten* und *Ausgegliederte* polarisieren.

Alle Arbeitsformen, die es je gab, werden in dem recht dissonanten *»Ensemble der neuen Arbeit«*, wie es Rolf Schwendter nannte, zusammengefaßt sein: primitiver Landbau, extrem gesteuerte quartiäre Dienstleistung, edle Manufakturen neben Roboterproduktion von Massenware und genmanipulierten Biomaterialien.

Nichts wird mehr über längere Zeiträume die ruhige Gewißheit des Beständigen haben. Leerlauf und Unterforderung werden ebenso wie Streß und Überforderung eine kontinuitätsberaubte *Momentpersönlichkeit* schaffen. In Phasen der gesicherten Erwerbstätigkeit wird der einzelne ganz den Lifestyle des Konsumerismus leben können, während in »Freisetzungsphasen« die Unfreiheit billiger Quartiere und karger Speisezettel dominieren.

Das ist die Rechnung, die für die traurige *Fehleinschätzung des Gewichts von Leistung und Nichtleistung* sowohl den staatskommunistischen als auch den staatskapitalistischen Systemen heute präsentiert wird. Auf der einen Seite waren es die »Helden der Arbeit«, die dem leistungsentfremdeten System dienten, und auf der anderen Seite war es die im *Verteilstaat* sich rasant ausbreitende *Nichtarbeitskultur* privilegierter Subventionsempfänger.

Natürlich darf man alle diese Entwicklungen nicht nur aus der Perspektive Europas sehen, wo sowohl das Jahr 1945 als auch das Jahr 1989 Zäsuren der Entwicklung für die Arbeitswelt brachten. Immer waren es Neuanfänge unter veränderten Vorzeichen. Nach '45 war es der *Wohlstand des Fleißes* in der Nachkriegsära und 1989 die große Hoffnung auf eine freie Lebens- und Arbeitswelt. Viele dieser Hoffnungen haben sich nicht – oder noch nicht – erfüllt, manche werden sich offensichtlich nie erfüllen. Denn die Welt ist in Bewegung geraten wie nie zuvor.

DIE NEUE VÖLKERWANDERUNG MACHT HEIMATLÄNDER »KOPFLOS«

Das gleichzeitige Auftreten *zweier divergierender Trends,* nämlich der *Regionalisierung* einerseits und der *Globalisie-*

rung andererseits, hat die Arbeitswelt einer extremen Zerreißprobe unterzogen. Dazu entstand, aus berechtigten, aber oft falschen Hoffnungen genährt, über die Trümmer alter Nationalstaaten hinwegschreitend, eine gewaltige *neue Völkerwanderung.* Ihre Ströme ließen die Brüche ethischer Gruppen aufreißen und brachten infolge der Massenauswanderungen den verlassenen »Heimaten« einen empfindlichen Verlust an ausgebildeten Fachleuten und lebenserfahrenen Begabten.

Die nun schon fast zwei Jahrzehnte währende *Evakuierung der Tüchtigen* wird von der Zeitschrift »Economist« sehr treffend als *»Brain-drain«* – als *Hirnabfluß* – bezeichnet. Europa hat eine traurige Tradition darin, derartige Bewegungen zu stimulieren, denn ob Hirnabfluß durch unfreiwillige Emigration oder durch freiwillige Migration bewirkt wird, ist in der Auswirkung ziemlich gleichgültig. Der aus alten Bindungen herausgelöste Mensch gerät zusehends in *Welt-* und *Wertekonflikte,* denn *Bindungen erlauben Gewißheiten,* sind die *Substanz sozialer Solidarität.*

Nur wer sich als Ich im Wir einer Gemeinschaft geborgen fühlt, kann die *Freiheit integrierter Identität* voll ausleben. Denn das ist die klare und einfache Freiheit der Bindungsfähigkeit, und nicht jene »doppelte Freiheit« des Lohnarbeiters, die Max Weber ironisch definiert als »Befreiung von der traditionellen Schollenbildung« und »vogelfrei« sein am Arbeitsmarkt. Heute werden Menschen aus den Sicherheiten der Industriegesellschaft in die Turbulenzen der *Weltkrisen-Gesellschaft«*, wie Ulrich Beck es formuliert, entlassen. Die bedingt höchst unterschiedliche globale und persönliche Risiken, vor allem die Ablösung industriegesellschaftlicher Lebensformen der klassischen Familie durch jene der *Selbstinszenierung.*

Die fällt natürlich jenen schwer, die am Dauertropf des Sozialstaats hingen und damit eine Konditionierung ichbezogener Lebensweisen erfuhren. Die »wohlerworbenen Rechte« hatten nur allzuleicht den Platz der wohlunterlassenen Pflichtaufgaben eingenommen. Die antrainierte *Vollkasko-Mentalität* trug ein übriges zu dieser Entwicklung bei. Der Sprung von der Massenbeschäftigung zur Massenarbeitslosigkeit traf viele unvorbereitet. Auch die Dimension erschreckt: In amerikanischen Unternehmen werden jedes Jahr mehr als zwei Millionen Arbeitplätze abgebaut. Die geschaffenen neuen Jobs sind meistens nur zeitlich befristet und schlecht bezahlt. Beides entspricht der Entwicklung des neu entstehenden Bedarfs.

Wurde in den ersten Phasen der Industrialisierung menschliche Muskelkraft durch Maschinen ersetzt, hat die neue Entwicklung viel gefährlichere Dimensionen, denn Computerprogramme verdrängen zunehmend den menschlichen Verstand. Es ist daher fast jener Weg vorgezeichnet, den der Wirtschaftsnobelpreisträger Wassily Leontif prophezeit: daß der Mensch als wichtigster Produktionsfaktor im Verschwinden begriffen ist, genauso wie einst das Pferd durch die Einführung des Traktors in der landwirtschaftlichen Produktion entbehrlich wurde.

Die Produktivität der Industrie steigt heute unaufhaltsam an, während gleichzeitig die Beschäftigung abnimmt. Von 1979 bis 1992 stieg in den USA die Produktivität um fünfunddreißig Prozent, während die Zahl der Beschäftigten im gleichen Zeitraum um fünfzehn Prozent abnahm.

Viele Wirtschaftsfachleute und natürlich auch viele Politiker setzen darauf, daß in der postindustriellen Gesellschaft in zunehmendem Maße der Dienstleistungbereich die vielen Millionen auf der Straße stehenden Dienstnehmer aufnehmen wird. Das sind trügerische Hoffnungen. Auch im Dienstleistungsbereich werden in zunehmendem Maße Menschen durch automative Technik und Computerleitungen ersetzt. Die »Financial Times« teilt diesen Skeptizismus: »Wir steuern, wenn alles so weiterläuft auf eine Arbeitslosenrate von 20–25 % zu«.

Der Mensch ist drauf und dran, den Wettlauf mit der von ihm geschaffenen Technik zu verlieren. *»Lean Structures«* in den Konzernmultis sind, wie die Erfahrungen zeigen, kein leeres Wort geblieben. Asea Brown Boveri, ein Monsterkonzern der Elektrotechnik und des Maschinenbaus, hat durch Neustrukturierungen fast fünfzigtausend Beschäftigte freigesetzt und dabei – was den Aderlaß zu rechtfertigen scheint – gleichzeitig den Umsatz um sechzig Prozent gesteigert!

Welcher Zukunft wir entgegengehen, hängt von der Stabilisierungskraft ab. Es ist wie das Werfen einer Münze. Auf der einen Seite könnten Millionen Menschen durch technologischen Fortschritt kürzer arbeiten und mehr Freizeit genießen, auf der anderen Seite könnte er auch zu einem kräftigen sozialen Rückschritt führen und damit zu weiter drastisch wachsender Arbeitslosigkeit und sozialen Unruhen.

Der materielle Wohlstand im reichen Teil der Welt nimmt bei beiden Szenarien deutlich ab, denn die Welt wird immer globaler auch in Wirkungen und Auswirkungen – ganz nach der Physik »kommunizierender Gefäße«. Und wir, im nördlichen Wohlstand, werden ohne Zweifel unsere nicht mehr anonymen Konten plündern müssen, um uns von der Not des Südens freizukaufen. Mit ein paar Geldscheinen für die Dritte-Welt-Hilfsaktion wird es dabei wohl nicht getan sein. Die von den Politikern in sozialen »Schönwetterreden« so häufig im Mund geführte »gerechte oder ausgewogene Umverteilung« wird sich nicht im Rahmen der Beschaulichkeit von Wohlstandspfründen abspielen, sondern eine Umverteilung des grausamen Sogs sein.

Das in Diagrammen plastisch dargestellte Nord-Süd-Gefälle – wirtschaftlich interessierten Zuhörern von Seminaren als leichtes Gruselbild mitgegeben – wird Lebendigkeit erhalten, aus dem Gefälle wird ein Sog. In die »Arche Noah« der Wohlstandsnationen wird gehörig Wasser einbrechen. Eine Karibik-Kreuzfahrt für Chartertouristen wird das wohl nicht werden.

MC-JOBS AUF DEM VORMARSCH

»Man weint nicht über den Tod eines Kanarienvogels, wenn der Gerichtsvollzieher im Hause ist«, lautet ein süffisanter Spruch mit viel Wahrheitsgehalt. Den Gewerkschaftern, die angesichts der Dimensionen des globalen Dammbruchs in der Arbeitswelt ratlos sind, sollte man ihn ins Stammbuch schreiben. Wie wäre es mit der *Umverteilung* der Arbeit, um damit *Schattenarbeit* und die *Sozialarbeit* ans Licht zu bringen? Wie wäre es mit Grundeinkommen plus Leistungsprämie? Oder wollen wir alle in schlechtbezahlten »Mc-Jobs« das selbst in Gang gesetzte Inferno zu überdauern versuchen?

Wo man hinschaut, Beweise gegen unsere Arbeitspraktiken. Amerika hat seinen Fortschrittsvorsprung fast verloren. Die einst gefeierte Fließbandtechnik – sie war die Grundlage ökonomischer Großserienfertigung – ist heute längst obsolet geworden. Die Schwachpunkte in Produktionsketten sind nämlich die Menschen, die mittlerweile mit computergesteuerten Maschinen längst nicht mehr mithalten können. Beruhte die amerikanische Unternehmensphilosophie einst auf einer *»Just in Case«-Produktion*, wo Pannen oder Fehler nur behoben wurden, wenn sie auftraten (was große Ersatzteillager und Bereitstellungstechniken erforderte), sind die Japaner mit ihrer *»Just in Time«-Produktion,* die auf *exakter Qualitätskontrolle und lebendigem Krisenmanagement* beruht, den Amerikanern längst davongesegelt.

Laut einer MIT-Studie, die General Motors und Toyota miteinander verglich, braucht Toyota nur sechzehn Arbeitsstunden und weniger als einen halben Quadratmeter Montagefläche pro Auto im Jahresschnitt (mit einer Fehlerquote von fünfundvierzig Montagefehlern pro hundert Autos). Bei General Motors waren einunddreißig Arbeitsstunden und ein dreiviertel Quadratmeter Montagefläche nötig, die Zahl der Fehler betrug einhundertfünfunddreißig!

Die schlanke Fabrik der Zukunft hat die auf Funktionen und Ablaufstrukturen beruhende Produktion der bisherigen Systeme umgestellt auf extrem ökonomische *synergetische Prozesse.* Das Infragestellen klassischer Unternehmensabläufe geht auf Kosten der Beschäftigten. Nicht nur viele Arbeitnehmer werden aus den Gehaltslisten produktiver Unternehmer gestrichen, sondern auch überflüssig gewordene Berufszweige.

Die Verlagerung vieler Abläufe auf externe Zulieferer wird das bunte Berufsbild früherer Fertigungsbetriebe – bleiben wir beim Beispiel der Automobilbranche – um viele Facetten, etwa um Mechaniker, Schlosser, Spengler, Lackierer, Polsterer, ärmer machen. Statt der gewohnten Buntheit von ehedem wird in die heute ganz anders, eher wie Labors aussehenden Werkshallen der Typus des »Prozeßsteuerers« Einzug halten. Und an die Stelle der Gestaltung von Abläufen wird deren *Überwachung* treten. Die schrecklichen Vorteile mehren sich noch, denn die Fabrik ohne Menschen hat weniger soziale Probleme, sie kennt keine Arbeitszeitverhandlungen, automative Prozesse verzichten auf Urlaubsanspruch und was da sonst noch auf der Kostenseite zusammengefaßt wird.

Auch der Bauer, der archaische »Typ des Erdarbeiters und Erdbearbeiters«, wird das Fürchten lernen. Gentechnologische Durchbrüche werden im Verein mit hochtechnologischen Bearbeitungsprozessen zu Produktivitätszuwächsen und gleichzeitig zu Arbeitseinsparungen führen, die für uns heute noch unvorstellbar sind. Ob wir, die *»Agronauten«* der Jahrtausendwende, die mit Wettersatelliten online verbunden sein werden, allerdings die Vernetzung mit den armen Bauern der Südhemisphäre schaffen, ist eine andere Frage. Dissonanzen, Spannungen, Konflikte wird es genug geben. Das sich zuspitzende Hauptproblem dabei wird das Auseinanderklaffen von Überproduktion und Armut einerseits, von Unterbeschäftigung und fehlendem existentiellem Sinn andererseits sein.

Ganz ohne Frage: Wir sind mit großen Schritten unterwegs in eine *dritte industrielle Revolution.* Wir hatten von der weiteren Entwicklung sowohl der produktiven Fertigung als *auch des Dienstleistungsbereichs,* von dem so mancher hoffte, daß er das Auffangbecken für die von der Industrie freigesetzten Millionen Arbeitslosen werden könnte, andere Vorstellungen. Nehmen wir den Bankschalter zum Beispiel: In ihrer Phase des »Nahversorgungswahns« vervielfachten die Geldinstitute ihre Filialen im Straßenbild, hatten aber nach wie vor nur wenig mehr als rund halbtägige Öffnungszeiten für Service; Bankautomaten, vierundzwanzig Stunden am Tag zugänglich, bieten hingegen viel kürzere Bearbeitungszeiten und kosten nur einen Bruchteil dessen, was ein Bankangestellter kostet, der im Schnitt dreißig Stunden in der Woche arbeitet, bis zu zweihundert Vorgänge am Tag erledigen kann und je nach Bank und Erdteil acht- bis zwanzigtausend Dollar plus Sonderleistungen verdient, Urlaub, Krankenstände und Kaffeepausen nicht einbezogen. Der Bankautomat erledigt bis zu zweitausend Vorgänge am Tag, also zehnmal so viele, arbeitet einhundertachtundsechzig Stunden in der Woche, mehr als fünfmal länger als ein Bankangestellter, und verursacht extrem geringe Betriebskosten.

In nur einem Jahrzehnt haben amerikanische Banken einhundertneunundsiebzigtausend Angestellte, das waren siebenunddreißig Prozent ihrer Beschäftigten, entlassen und durch Automaten ersetzt. Ein brutaler Schnitt. Ist er das Aufbruchsignal für den Beruf des Bankangestellten überhaupt? Macht ihn das dritte Jahrtausend, das am Horizont steht, zum »Dinosaurierberuf«?

Gleiche Perspektiven gelten natürlich auch für das Versicherungswesen. Und vor allem auch für die öffentliche Verwaltung. Die Wirtschaftswissenschaftler Wassily Leontif und Faye Duchin sind der Meinung, daß die Umstellung der Büroarbeit von Papier auf EDV rund fünfundvierzig Prozent der Sekretariatsarbeiten und zwischen fünfundzwanzig und fünfundsiebzig Prozent aller sonstigen Bürotätigkeiten überflüssig machen wird. Dabei handelt es sich keineswegs nur um Routinearbeiten, sondern auch um qualifizierte Entscheidungsfragen.

Intelligente Maschinen, so stellt Jeremy Rifkin in seinem großartigen Buch »Das Ende der Arbeit« schlüssig fest, arbeiten sich in der Unternehmenshierachie immer weiter nach oben und übernehmen auch typische Managementaufgaben, beispielsweise die Auswahl von Bewerbern. Ein System namens »Resumix« speichert täglich vierhundert Bewerbungen in einer Datenbank, die wesentlich kleiner als ein Aktenschrank ist. »Resumix« arbeitet mit räumlicher Texterkennung und Wortauswahl, erfaßt Ausbildungsweg, Fähigkeiten und Kenntnisse des Bewerbers sowie seine bisherigen Anstellungen und entscheidet mit einem Suchprogramm, für welches Berufsfeld der Bewerber am ehesten geeignet ist. Praxiserfahrungen haben erwiesen, daß »Resumix« bei seinen Erstellungen *mindestens* ebenso richtig liegt wie menschliche Personalchefs – nur wesentlich schneller arbeitet.

»DOKTOR ROBOT« GEHT AUF THERAPIESTATION

Aber nicht nur in der Verwaltungsarbeit des Dienstleistungssektors sind computergestützte Systeme im Vormarsch. Vor allem im Handel hat es gewaltige Veränderungen gegeben. Computer sind nicht nur im Kassenbereich zur Selbstverständlichkeit geworden, sie vernetzen auch Lagerhaltung, Sortimentierung und Auslieferung miteinander. Stark reduzierte Crews überwachen die Abläufe und regeln den »Flow«. Auch im Einzelhandel greift die Veränderung schnell um sich. Idealexempel: Im »Robotmusic-Store« im amerikanischen Minneapolis gibt es einen einzigen Angestellten – einen zweihundert Kilogramm schweren Roboter. Auf Tastendruck wählt er jede der fünftausend vorrätigen CDs an, um sie dem Kunden zuzuspielen. Sagt der Kunde ja, läuft über Videoschirm der Kauf ab. Roboterarme holen die CD aus dem Regal und liefern sie mit Quittung dem Kunden aus.

Aber auch im angewandten Wissenschaftsbereich breiten sich Robotverfahren aus. Der an der University of California entwickelte »Robodoc« hat sich bei Hüftgelenksoperationen blendend bewährt. Unter seiner Steuerung, in vielen Fällen sogar von ihm selbst ausgeführt, verlaufen Knochenbohrungen unschlagbar präzise. »Doktor Robot« ist daher als begehrter Assistent bei schwierigen Operationen nicht mehr wegzudenken. Japanische Elektroniktechniker gingen in ihren Visionen noch einen Schritt weiter: Sie sind dabei, Konzepte eines *biomativen Krankenhauses* zu entwerfen. In diesem Krankenhaus werden durch sich selbst steuernde Computerabläufe sowohl diagnostische Verfahren als auch therapeutische Schritte voll substituiert. Fortschrittstraum oder Alptraum, wenn statt der nur auf ein Läuten hinkommenden Nachtschwester der Überwachungscomputer von sich aus den Patienten diagnostisch überwacht, medikamentös behandelt, umbettet oder mit Sauerstoff versorgt –, das ist die Frage.

Der *Kampf um knapp werdende Arbeitsplätze* wird also in Zukunft nicht nur zwischen Menschen ausgetragen, sondern auch *zwischen Menschen und Maschinen.* Im Dienstleistungsbereich selbst könnten maschinell nicht zugängliche Dienstleistungen sogar boomen. Wer einen gutbezahlten Job in der Wirtschaft verloren hat, sieht sich oft genötigt, mehrere kleine schlechtbezahlte Jobs zu übernehmen: mit Hunden Gassi gehen, Gartenarbeiten machen und – hoffentlich nicht –, wie der amerikanische Ökonom Edward Luttwak prophezeit, nicht nur Schuhe, sondern auch Zähne putzen: »Mc-Jobs«, wie sie in Amerika heißen, weil eben das Jobben bei McDonald's prototypisch ist, bringen im Schnitt karge vier Dollar pro Stunde. Wer flexibel genug ist und wem kein Job zu eintönig und kein Lohn zu gering ist, der wird auch in härtesten Krisenzeiten erwerbstätig bleiben. Meistens ein trauriger Zwang, aber ein seelisch gesünderer Weg. Wie Sozialberater in aller Welt feststellen, nehmen viele Langzeitarbeitslose einen »Mc-Job« an, um den »Draht zur Welt der Arbeitstätigen nicht zu verlieren«.

Wie eine schweizerische Studie zeigte, erhöht Langzeitarbeitslosigkeit die innere Bereitschaft zur Flexibilität und damit die Bereitschaft, auch Lohnverluste und hierarchischen Abstieg in Kauf zu nehmen. Da die Zahl der Arbeitsplätze in der Industrie wohl noch lange über die Jahrtausendwende hinaus rückläufig sein wird, prophezeien amerikanische Ökonomen weiterhin den drastischen *Rückbau des Sozialstaats* und fordern sogar eine möglichst rasche *Deregulierung der Märkte.* Die Maximen »weniger Staat«, »mehr Konkurrenz« und »offene Weltmärkte« führen zwar in einer Art *»Turbo-Kapitalismus«* zu besserem Durchatmen, zu »fett« werdenden Großunternehmen, aber sie fördern auch die »Mc-Jobs«-Entwicklung.

In den USA ist heute bereits jeder achte Erwerbstätige *»working poor«*, was soviel bedeutet wie *Vollzeitarbeit mit einem Minimaleinkommen unterhalb des Existenzminimums.* Das kann wohl auch nicht der richtige Weg sein! Was immer in den Köpfen spukt, darin sind sie sich wohl alle einig: Es gibt nicht zu wenig Arbeit auf der Welt, sondern nur immer weniger Arbeit von der bezahlten Sorte.

Auch Europa stellt sich um. So empfahl Siemens-Nixdorf-Chef Gerhard Schulmeyer in einem »Standard«-Interview den »kulturellen Wandel«. *»Unternehmen sind keine Beschäftigungsinstitute, die von den Gewerkschaften durchgesetzte Arbeitszeitregelung ist entwürdigend, zu teuer gewordene Arbeitnehmer können wohl künftig nur Taxi fahren.«* Seine Vision von »Culture Change« orientiert sich daran, daß die europäische High-Tech-Industrie, um überleben zu können, wohl die *amerikanischen Rahmen- und Arbeitsbedingungen* wird annehmen müssen. In einer Radikalkur wurde die Zahl der Mitarbeiter bei SNI von zweiundfünfzig- auf siebenunddreißigtausend reduziert. Bei gleichbleibenden Personalkosten, was soviel bedeutet wie *bessere Bezahlung für wenigere.* Für weniger Köpfe, die durch gesteigerte innovative Bedingungen und *Befreiung von administrativen »Diktaten« wettbewerbsbehindernder Arbeitsplatzbedingungen Leistungs-Output* ganz anderer Dimension schaffen können.

Hier muß wohl Europa nicht nur in Silicon Valley Maß nehmen, sondern sogar an der indischen 4,2-Millionen-Stadt Bangalore, die mit rasanter High-Tech-Zukunft ihren *Low-Tech-Armenhausmief* hinter sich ließ und heute als das Silicon Valley Indiens gilt! Das ist wohl exemplarisch dafür, daß die *dritte industrielle Revolution* – die, wie man sieht, auch *unter Umgehung der Schornsteinindustrie-Entwicklung der Dritten Welt* vor sich gehen kann – *einer neuen Elite von Wissensarbeitern extrem gute Jobs* und dem Rest der Bevölkerung wohl lang dauernde *technologische Arbeitslosigkeit* bescheren wird. Die Einkommen arbeitender Menschen werden drastisch auseinanderdriften und sich zwischen *Spitzenwohlstand und Elendsgrenze* polarisieren.

»POWER UNITS« NACH HONGKONGER MUSTER IN WIRTSCHAFTSWÜSTEN

Der Historiker Paul Kennedy stellt die Frage, ob ein Land wie Indien »die Belastung aushalten kann, auf globalem Niveau konkurrenzfähige High-Tech-Enklaven mitten unter Hunderten von Millionen verelendeter Landleute aufzubauen«. Die Frage scheint berechtigt angesichts der Auswirkungen im hochindustrialisierten Wohlstandsland Amerika, wo zwischen den neuen *Eliten der Symbolanalytiker,* der *abrutschenden Mittelschicht* und der *zunehmend verarmten Arbeiterschicht* bereits Gräben aufreißen. Um wieviel größer muß die Unruhe in Indien sein, wo der Großteil der Bevölkerung noch nicht einmal die erste industrielle Revolution durchgemacht hat. Kann es sich die Gesellschaft von morgen leisten, Inseln der Prosperität in ein Meer von Armut zu setzen?

Darüber wird man noch viel nachdenken müssen, denn die Wirtschaftsexperten Chinas und der ehemaligen Sowjetunion sind sich mit westlichen Systemanalytikern darin einig, daß es ziemlich aussichtslos erscheint, die beiden Riesenreiche aus technologischem Rückstand und großflächigen strukturellen Schwächen der Produktions- und Distributionssysteme vom Stand weg mit einem Riesensprung auf Fortschrittsstandard zu heben. Daher sieht man sich nach *alternativen Szenarien* um.

Ein sehr brutales, aber vermutlich das wirksamste Szenario sieht das *Verfallenlassen bisheriger großflächiger Substrukturen* vor und die *Implantation von »Power Units« an infrastrukturell strategisch guten Plätzen der Riesenreiche.* In der Realität hieße das, Kraftzentren à la Singapur und Hongkong zu schaffen und von diesen Power Units ausgehend Entwicklungsschlingen, wie bei wuchernden Pflanzen, in das unterstrukturierte Land hineinwachsen zu lassen, bis die Ausläufer einander berühren und an den Schnittpunkten neue Power Units groß werden, die dann Arbeitskräfte aus dem Umraum ansaugen und Dienstleistung verbreiten.

Schaurig-dynamisch ist dieses Bild, das zum Prototyp der Sanierung von *Nachholwirtschaften* in unterentwickelten Ländern werden könnte.

Der Vorteil dieser Kraftimplantate wäre die Vermeidung improvisierter, ressourcenausbeutender, frühindustrieller Produktionsformen mit sehr rasch anwachsender globaler Öko-Brisanz für die Menschheit. Die Power Units bringen als *Bei-*

spiel kontrollierten Wachstums von Anfang an einen hohen Standard in automativer Produktion, elektronischer Dienstleistung und ökologischer Verträglichkeit in die Zukunft ein.

Das materialistische Weltbild des zwanzigsten Jahrhunderts hat rücksichtslosem, ausbeutendem industriellem Denken Vorschub geleistet. Der Raubbau an der Natur hat zur Erschöpfung der Rohstoffe, zur Verschmutzung der Umwelt und zur Vergiftung der Biosphäre unseres Planeten geführt. Ellen Durning vom World Watch Institute resümiert nüchtern: »Seit der Jahrhundermitte hat sich der Pro-Kopf-Verbrauch von Kupfer, Energie, Fleisch, Stahl und Holz fast verdoppelt, die Zahl der Autos hat sich vervierfacht, der Plastikverbrauch verfünffacht, der Aluminiumverbrauch versiebenfacht. Und die Zahl der Flugreisen pro Person ist um das 33fache gestiegen.« Die *rücksichtslos reicher werdenden* und die *hoffnungslos ärmer werdenden* Gruppierungen der Menschheit geraten damit zusehends, wie Toynbee prophetisch feststellte, in *zunehmende »Benützerkonflikte«*. Das bedeutet Krieg zuerst um Öl für die Prosperität und nach der Verelendung Krieg um lebensrettendes Wasser.

Längst gehört eigentlich auch der *Mensch unter Artenschutz* gestellt, denn das »globale Revier« beginnt für die Menschheit eng zu werden unter dem Eindruck der *Vergrößerung der Wüsten und der Verkleinerung der Oasen.* Das Thema »Welt der Arbeit«, die zweite große tickende Zeitbombe für die Menschheit neben der Überbevölkerung der Erde, ist durch »Reparaturmentalität« nicht neu gestaltbar. Der Kampf um jeden gefährdeten Arbeitsplatz ist menschlich gesehen ein Drama, systemlogisch gesehen aber die unausweichliche Konsequenz zu später oder gar nicht durchgeführter Umstellung arbeitsstruktureller Voraussetzungen weltweit.

Für einen gesättigten Markt zu produzieren, ist verhängnisvolle Fiktion – dem Bild vergleichbar, als würde man einem davonfahrenden D-Zug in die verkehrte Richtung nachzulaufen versuchen ... In diesem Sinne ist *permanentes Krisenmanagement* gefordert. *Flexibilisierung* darf eben nicht als Seminarthema nachgebetet werden, sondern sie muß gelebt, besser noch *vorausgelebt* werden.

Dazu gehört es, sich von den *Denkgrenzen alter Nationalstaatlichkeit* zu verabschieden. Die Welt verändert sich mit extremer Geschwindigkeit in Richtung *gleichzeitig regionaler und globaler Strukturierung.* Der alte Spruch *»act local and think global«* hat damit an visionärem Gewicht gewonnen. Wenn wir *Solidarität*, also das, was uns verlorenging und was wir neu erobern müssen, zum Maßstab dieser Entwicklung machen, dann können wir diese neue Solidarität nur im *Nahbereich regionaler Schicksalsgemeinschaften* und in der *globalen Solidarität eines neuen Weltbürgertums* finden.

Es wird in Zukunft nichts geben – man muß kein Prophet sein, um dies festzustellen –, das nicht auf beiden Ebenen *zukunftsverträglich* sein muß. *Das Beziehungsband zwischen uns und den Menschen unserer Umgebung und der Menschheit in ihrer Gesamtheit muß stärker werden. Die Welt als unteilbar Ganzes: eine sehr lebendige Einheit vieler verschiedener Lebensformen. Dieses Schöpfungsgesetz sollten wir demütig akzeptieren.*

Dann funktioniert das Leben im »Revier« des Nahbereichs ebensogut wie in der globalen Dimension unseres planetaren »Raumschiffs«. Dazu brauchen wir aber neben dem *»Revierdenken« noch ein »Brevierdenken«, den Weg zu einer höheren Ebene eines gemeinsam verbindlichen Weltethos.*

DER »DRITTE SEKTOR« – DIE NEUE HOFFNUNG

Höherer Lebenssinn ist auch *die Eintrittskarte in die neue Welt des »dritten Sektors« der Arbeit: in den Non-profit-Bereich.* Der Prozeß ist bereits im Gange und hat das Leben von Hunderten Millionen Menschen verändert. Es ist *tröstlich, daß die Bereitschaft zu sozialem Engagement so wächst,* denn immerhin »explodieren« die freiwilligen Vereinigungen in allen Teilen der postindustriellen Welt. In Frankreich wurden allein innerhalb eines Jahres dreiundvierzigtausend neue, auf freiwilligem Einsatz beruhende Hilfsorganisationen gegründet, in England verwalten Wohlfahrtsorganisationen ein Aktionsbudget von siebzehn Milliarden britischen Pfund, das sind vier Prozent des Bruttosozialprodukts! In Deutschland gab es Anfang der neunziger Jahre mehr als dreihunderttausend Freiwilligenorganisationen.

Während in den letzten Jahren die Beschäftigung kräftig sank, stieg sie im dritten Sektor an. Fast ein Drittel aller Nonprofit-Organisationen ist an Kirchen und religiöse Vereinigungen gebunden. In Japan zeigt sich eine ähnliche Entwicklung. Aber auch in den Staaten des ehemaligen Ostblocks gewinnen die NGO's (Non Governmental Organizations) für die Übergangsentwicklungen eine bedeutende Rolle. *Der dritte Sektor wird – das zeigt die Tragödie des Niedergangs der Effizienz öffentlicher Administrationen – mit lokalen Problemen um vieles besser fertig als der private und öffentliche Sektor.* Auch in Asien, Lateinamerika und Afrika breiten sich nichtstaatliche Organisationen aus. Es vollzieht sich hier auf der sozialen Ebene ein ähnlicher Wandel wie bei der Vision von »Power Units«, die großflächige wirtschaftliche Wüstenzonen neu zum Erblühen bringen sollen. *Der dritte Sektor wächst in das Vakuum, das der Rückzug staatlich gelenkter und marktwirtschaftlicher Strukturen in lokalen Bereichen hinterläßt.*

Jeremy Rifkin formuliert großartig: »Die Politiker predigen uns den großen Exodus ins postmoderne Zeitalter, in eine neue Welt aus Glas und Silikon, mit globalen Kommunikationsnetzwerken und Datenautobahnen, erweitert durch Cyberspace und virtuelle Realitäten, eine Welt unaufhaltsam wachsender Produktivität und unbegrenzter materieller Reichtümer, bestückt mit automatischen Fabriken und elektronischen Büros. Man erzählt uns, alles was es bräuchte, um Zutritt zu dieser neuen wunderbaren Welt zu erhalten, seien ein wenig Umschulung und Fortbildung. Wir müssen uns nur die richtigen Fähigkeiten aneignen, dann würden wir einen der schönen Arbeitsplätze in den glänzenden Geschäftszentren des dritten industriellen Zeitalters bekommen …«

Nicht alles davon ist Lüge. Aber vieles davon »virtuelle Wahrheit«. In Wahrheit sind nämlich die Regierenden ziemlich ratlos, wie man das *Planieren der Hierarchien* und das äußerst inhumane *Abwerfen von »Menschenballast«* (wie Sandsäcke aus einem Heißluftballon) in der Wirtschaft in der »realen Realität« beantworten könnte. Wir müssen sehr achtgeben, daß die Folgen der dritten industriellen Revolution nicht deren Erfolge weit in den Schatten stellen. Wie wir aus der Geschichte wissen, hat *nichts mehr politische Sprengkraft als brachliegende Arbeit.* Um neben der Sintflut der Köpfe auch noch die Sintflut technologischer Veränderungen zu überstehen, müßten wir die in einem fast *menschenlosen Marktbereich* erwirtschafteten Mittel aus den *Produktivitätszuwächsen* zu einem nicht geringen Teil in den dritten Sektor umlenken.

Die *Ausweitung freiwilliger Arbeit* wird zu finanzieren sein und die aus dem Staatsbudget ausgelagerte *soziale und kulturelle Arbeit* ebenso. Inwieweit diese Umschichtungen auch für den Bildungssektor gelten, bleibt abzuwarten. Sicher ist, daß in den vorhandenen überholten Bildungssystemen durch die an sich gerechte Verbreiterung des Bildungszugangs *im Vergleich zum Input-Aufwand der Output sich relativ bescheiden* ausnimmt. Das gleicht einem Kaffeeautomaten, in den man Tausende Silbermünzen einwerfen muß, um eine Tasse relativ dünnen Kaffees zu erhalten ...

Es geht hier nicht vordergründig um einen Ideologiestreit, obwohl man versucht ist, den Rückbau des Sozialstaats als einen Triumph reaktionär-konservativer Ideologen anzusehen. In Wirklichkeit handelt es sich um die teuer erkaufte Erkenntnis, daß egalitär ausgerichtete, unselektive Schüttsubventionen einen mageren Return on Investment bringen. Die Natur lehrt uns das an anschaulichen Beispielen: Wale müssen Tonnen von Meerwasser durch ihre Barten seihen, um die nötige Menge Krill (Plankton-Mikrowesen) aufzunehmen. Sie sind daher um vieles mehr Untergangsbedrohungen ausgesetzt als die rasch beweglichen, punktuell agierenden Haie.

Auf das Bildungs- und Ausbildungswesen umgelegt, heißt das, daß wir *im Vergleich zur notwendigen Massenfinanzierung zuwenig hochqualifizierte Studienabgänger produzieren.* Fast noch schlimmer ist der unkontrollierbare »Randeffekt« – daß wir in der Relation zur Gesamtbevölkerung *eine immer breitere deklassierte Unterschicht* produzieren, *die oft nicht einmal in der Lage ist, bestehende Bildungsangebote wahrzunehmen.*

Damit sind aber die Komplikationen noch nicht zu Ende, denn eine immer größere Zahl der durch Disqualifikation

»Ausgegrenzten« wird auch noch verdächtigt, als *Sozialschmarotzer* ein Madenleben zu führen. Nicht die Arbeitslosen sind das Problem, sie sind die Betroffenen. Das Problem ist infolge der viel zu spät einsetzenden Reaktion auf den unerwartet schnellen Umbau der Arbeitswelt von Politikern und Ökonomen »hausgemacht«. *Gewerkschaftliches Beharrungspoltern* über eine im wahrsten Sinne des Wortes *vorsintflutliche Arbeitsplatzsicherung* stellt eine genauso dramatische Fehlleistung dar.

Seit 1992 – als der soziale Dammbruch vehement einsetzte – hatten fast alle international zu Rate gezogenen Experten und deren Gutachten darauf hingewiesen, *daß ohne beschleunigte, Erwerbsarbeit umverteilende Arbeitszeitverkürzung, ohne Umstellung auf eine vehement aktive Arbeitmarktpolitik nichts läuft, so daß die Förderung auf die Restrukturierung von Arbeit zu legen ist und nicht auf eine zunehmend unfinanzierbare Arbeitslosigkeit.* Das von Politikern vielzitierte »Recht auf Arbeit« gehört dringend ergänzt durch ein materiell und rechtlich abgesichertes *Recht auf zeitlich begrenzte Nichtarbeit.*

»BETONIERTE BILDUNGSWELT« KENNT KEIN DIVERGENTES DENKEN ...

Im Sozialbereich gilt die gleiche Problematik wie im Gesundheitsbereich, in dem erst die *vorausblickende Gewichtung auf Präventivmedizin explosive Kosten der »Reparaturmedizin«* hintanhalten wird. Im Bereich der Arbeitslosigkeit gebührt der *»Hilflosigkeitszuschuß«* jenen Instanzen, die glauben, in zunehmender Flut *notdürftige Sandsackreparaturen* vornehmen zu können. Arbeitslosigkeit kann man wirkungsvoll nicht nach ihrem Entstehen bekämpfen, sondern nur vorher. Sogar nur um vieles vorher, wie man mit einem klaren Blick auf *überholte Bildungsstrukturen* sagen muß. *Unsere Schul- und Ausbildungssysteme sind auf einen linearen Lebensweg programmiert.* Sie gehen davon aus, daß wir in den Pflichtschulen eine gewisse Allgemeinbildung erwerben und dann in den Stufen der höheren Ausbildung sowie im Rahmen einer beruflichen Orientierung zusätzliches, »gerichtetes« Wissen erwerben müssen. *Schul- und Bildungssysteme sind nur auf konvergentes Denken ausgerichtet,* das heißt, wir werden dazu angehalten, Fragen, die sich uns stellen, mit der »einzig richtigen Antwort« – die gut benotet wird – zu beantworten.

In Wirklichkeit aber sollten wir schon längst, wie es auch Robert Jungk feststellte, auf *divergentes Denken* geschult werden. Jenes Denken, das in uns die Frage nach möglichen Antworten zuläßt. Unser Hirn wird also angefüllt, oder vielleicht noch dramatischer »zugeschüttet«, mit Fakten, die wir fast mechanisch reproduzierend »aufsagen« können müssen. Dabei weiß jeder Pädagoge, daß die Mechanik des Lernens eine kräftig ansteigende »Vergessenskurve« bewirkt. Prüfungslernen anstelle von Einprägungslernen und Verständnislernen läßt vierzehn Tage nach bestandener Prüfung fast achtzig Prozent des Wissens löchrig werden.

Viel zu lange zu opportunistischer Gefügigkeit dressiert, halten wir in und an vorgegebenen Bahnen fest. Wir werden dazu auch herzlich eingeladen, denn *Bürokraten und Technokraten haben das System gekapert und klammern sich an erstarrte Strukturen.* Zentralisierte bürokratische Verwaltungskolosse sind gewissermaßen die Garantie dafür, daß ein einmal eingeschlagener Kurs auch konstant beibehalten wird. Wir begehen nur leider dabei den fundamentalen *Fehler, den Bug unseres Schiffes für den Kompaß zu halten.* Das ist gewissermaßen *eine Garantie für den falschen Kurs.*

Die *gebahnte Arbeitswelt* nach der *gebahnten Ausbildungsschiene* stört in den meisten Fällen sehr wichtige Bewegungskräfte, nämlich die *innere Motivation der Leistung und der arbeitsteiligen Identität.* Aus Solidarität ist daher mittlerweile ein fixierter, verkrusteter Begriff geworden anstelle einer pulsierend gelebten *Miteinander-füreinander-Kultur.* In den meisten arbeitsteiligen Organisationen blockiert Klischeeverhalten die Entwicklung in Richtung kooperatives Selbstmanagement. Dieses erfordert natürlich einen Menschen, der Initiative und Verantwortungsfreude zeigt, seine Arbeit selbst strukturiert und damit in einer Welt, die zunehmend Mensch, Computer und Maschine integriert, sich schnell ändernde Erfolgschancen wahrnehmen muß. Erfolgschancen sind *in zunehmendem Maße aufleuchtende und wieder verlöschende Nischenchancen.* Dazu braucht man *Mobilität, Flexibilität und schnelle Reaktivität.*

Es ist logisch, daß *unbewegliche Arbeitsorganisationsformen* daher *immer störungsanfälliger* werden und überall dort, wo der Mensch durch die Form der Arbeitsteilung und durch immer wiederholtes und wiederholbares Verhalten sich gewissermaßen selbst mechanisiert, die typischen Einbruchsvoraussetzungen für automativen Ersatz geschaffen werden. Die klassische hierarchische Struktur, in der jeder einen Vorgesetzten und jeder einen Untergebenen hat, war noch am Beginn und am Höhepunkt der industriellen Ära angemessen. Heute aber, nach dem Kahlschlag im mittleren Management, sind die gewohnten Vorgesetzten gewissermaßen abgeschafft und durch sich frei ändernde, kontinuierliche Beziehungen, die jeder einzelne herstellt oder löst, ersetzt worden.

Das verlangt natürlich Reife und Qualifikation. Und darüber hinaus die Erkenntnis, daß die Bildungsgrundlagen der siebziger und achtziger Jahre nicht jene des neuen Jahrtausends sein können. Zu sehr hinken längst fällige Reformen unseres Bildungssystems dem Zeitbedarf nach. Viel zuviel Gewicht liegt auf reproduktiven Qualitäten und viel zuwenig auf produktiven. Wir sind auf *»Handlungswerkstätten«* und nicht auf *»Denkwerkstätten«* programmiert. Unser Bildungssystem differenziert nicht zwischen Speicher- und Vernetzungswissen, es betoniert unser Hirn mit Lerninhalten zu und leistet damit den Hierarchiebetonierern alten Schlages Vorschub.

»NETWORKING« – DIE ARBEIT OHNE ALTE HIERARCHIEN

Die Informationsgesellschaft ist längst an die Stelle der alten Bildungsgesellschaft getreten. Wir haben das aus dem Zuschauersessel zur Kenntnis genommen, aber nicht instrumentiert. Synchron zum Bildungswesen hängen auch noch große Teile der Wirtschaften an den alten *Gesetzen der Produktionsgesellschaft,* während wir in Wirklichkeit schon längst mitten in der *postindustriellen Gesellschaft* gelandet sind.

Wir aber verhalten uns wie Eisenbahner, von denen einmal treffend gesagt wurde, daß sie gerne »liegende Schienen entlang träumen«. Unsere Bürokraten tun das mindestens genauso konsequent. *Die »Verschwörung der Kleinkarierten« in allen Ebenen der Hierarchien* hat kreative Potentiale gefährlich heruntergedimmt. Es ist erwiesene Tatsache, daß die *Innovationskultur stets im Schatten der Organisationsunkultur* steht. Wir leben in einer extrem neuerungsorientierten und revolutionär umstellenden Zeit. Da kann es einem wohl einen gewaltigen Schreck einjagen, daß, wie Arbeitsablaufuntersuchungen ergaben, gut *drei Viertel aller Manager kaum fünf Prozent ihrer Zeit dem Thema Ideenfindung* widmen, hingegen ein besonders hohes Zeitbudget dem säuberlichen Setzen ihrer Unterschrift auf Routineschriftstücke …

Für Rolf Werth ist es daher sonnenklar, warum etwa die Japaner innovativ die Nase weit vorne haben: Sie leben nicht wie wir in einer *»Beschwichtigungskultur«* (möglichst lern- und konfliktfrei), sondern sie leben eine *Kultur, die auch Radikalität der Veränderung* integriert. Dabei leben wir in einer radikalen Umstellungsperiode, wie etwa in der Renaissance, als neue Glaubensbilder, Ideen und naturwissenschaftliche Perspektiven dramatisch die Welt veränderten. Später kamen durch Aufklärung und Reformation kontrollierende und ordnende Prinzipien zum Tragen, die noch immer in unserem tiefsten Inneren wirken. Utopieverlust und Technokratielähmung weisen uns aber darauf hin, wie notwendig eine neue Radikalisierung des Aufbruchs zum besseren Weg ist.

Wir müssen also wieder *durchlässig werden für sich selbst reguliernde Prozesse* – **und dürfen nicht nur an geordneten Abläufen hängen**. Nach der *»technotronen Phase«* der Industrialisation müssen wir, auch die Zweite, Dritte und Vierte Welt einschließend, eine produktive und gleichzeitig geistige *Symbiose mit den Kreisprozessen der Umwelt* suchen. Es wird uns einfach nichts anderes übrigbleiben, als zur Kenntnis zu nehmen, daß lebenswerter Fortschritt nur aus behutsamem Umgang mit allen Ressourcen ableitbar ist. Dazu gehören Humanressourcen ebenso wie Umweltressourcen. Der Weg aus dem Weltdebakel, das durch Machtkapitalismus und Machtkommunismus ohne Rücksicht auf Globalressourcen zu planetarer Gefährdung geführt hat, *ist ein Weg humanistischer Selbstbesinnung.*

Damit naht das *Ende der Schraubenköpfe,* wie Jakob Steuerer treffend die grundlegende Reorganisation der Arbeit nannte. Kleine, effizient koordinierte Einheiten ersetzen obsolet gewordene Firmenkolosse, und *das »Netzwerk« wird Leitbild der neuen Gesellschaft.* Das Netz hat außerordentlich große Systemvorteile, denn es besitzt rasche Umleitungen, falls einmal ein Ablauf nicht funktionieren sollte. *Macht im Netz ist charakterisiert durch Schnelligkeit, Kompetenz, Leistungsfreude und nicht durch Hierarchiegewalt. Ein großer Teil der neuen Arbeit wird daher »Net-working«* sein, mit allen Freiheitsgraden und hoher Flexibilität untereinander verbundener, aber nicht gefesselter Menschen. Kleine, wendige Einheiten werden von einem zentralen Netzknoten effizient koordiniert. Damit wird das *Netz zum Symbol dezentral ablaufender, aber zentral synchronisierter Prozesse.* Mit unendlich mehr Freiheitsgraden, als das bisher in der Arbeits- und Produktionswelt üblich war. »Netzwerke« erlauben viel raschere Umstellungen und Verbindungen, äußerst *wandelbare strategische und taktische Allianzen* – wie es eben der Augenblick und die Aufgabe erfordern. Die mobile, informationsgeprägte Gesellschaft von heute evaluiert damit *neue Verhaltensweisen in der »Net-world« von morgen.*

Der Leiter des Olivetti International Education Center in Haslemere/Surrey, England, Helmut Karner, stellt in seinem Essay »Willkommen in der neuen Welt der Arbeit« fest, daß sich die Beurteilung der Effizienz von Arbeitsstrukturen gewaltig geändert hat. Relativ lange hielten sich die Thesen von Adam Smith, der 1776 nachgewiesen hatte, daß man Arbeit in möglichst viele kleine Schritte zerlegen kann, womit Produzieren effizienter, schneller und billiger wird. Frederik Taylors *Scientific Management* (1912) hat dieses System weiter detailliert.

Mit der Erfindung des Fließbands durch Henry Ford nahm die Industrie dann im wahrsten Sinne des Wortes einen geregelten Verlauf in Arbeitsschritten. Das blieb die Grundlage unternehmerischer Organisation bis in die letzten Jahrzehnte unseres Jahrhunderts. Eine deutliche Wandlung erfolgte in den siebziger Jahren, in denen Alfred Chandler die *Struktur der Strategie* hintanstellte. Die achtziger Jahre standen ganz im Zeichen des Erfolgs – der gewissermaßen alles rechtfertigte. Erfolg aber macht Unternehmen und Organisationen fett, blind und ressourcenverschwendend.

Man war geneigt, alte Strukturen aufrechtzuerhalten, Kopfzahlen beständig zu vermehren – obwohl die Entwicklung in eine andere Richtung wies. In satter Selbstgefälligkeit vergaß man häufig, daß das Unternehmen bei vollen Bezügen aller Beschäftigten eigentlich schon tot war. Zulagen, Prämien, Biennalsprünge, auf zu viele Köpfe verteilt, beschleunigten das Sterben radikal. Besonders schlimm war das für *»Dinosaurierindustrien«* mit gewaltigen Anlagevermögen. Sie wußten oft erst, nachdem es passiert war, daß die Zukunftsentwicklung sie ersatzlos gestrichen hatte.

Karner hat ein plastisches Beispiel dafür: Wirft man einen Frosch in heißes Wasser, wird er extrem schnell versuchen, zu entkommen. Gelingt das nicht, ist er tot. Er weiß das offensichtlich. Setzt man ihn in kaltes Wasser und erhitzt es langsam, stirbt er still und leise – ohne es zu merken. Die Metapher ist grausam. Aber naturgegeben. Wenn *»Emergency Systems«* ausgeschaltet sind, gibt es keine lebensrettende Warnphase. Das wurde auch schon vielen Flugzeugen zum Verhängnis ...

WAS FORD VON MAZDA LERNTE: 4000 PROZENT PRODUKTIVITÄTS-STEIGERUNG

Heute hat man in der Unternehmensphilosophie eine brüske Kehrtwendung gemacht: Wandlungsfähigkeit wird zum Wert und zum Kriterium. Wer sich rascher umstellt, rascher Bedarf und Nichtbedarf orten kann, siegt. In diesem Sinne sollte Überlebenstraining klassische Managementseminare ersetzen. In der tradierten Pyramidensituation ist der an der Spitze zu weit weg vom Boden, und es dauert viel zu lange, bis durch alle Hierarchien – die meist äußerst undurchlässig sind – Entscheidungen von oben nach unten durchdringen.

Die flachere, horizontale Organisation ist reaktiver, aber immer noch eine Kommandostruktur. **Vernetzte Organisationen** hingegen ermöglichen – in kleinere Geschäftsbereiche aufgeteilt – rascheres Agieren und Reagieren, während die Rückbesinnung auf den Kunden zu Beginn der neunziger Jahre neue Prioritäten setzte: Die Organisation ist an Prozessen orientiert, beginnt mit Input und endet in einem effizienten Output. Ein *»Prozeßleader«* führt die prozessualen Schritte, und alle haben die Zufriedenheit des Kunden im Auge.

Das gilt natürlich in gleicher Weise für produzierende Unternehmungen und Dienstleistungsunternehmungen wie auch für öffentliche Verwaltungen. Dort dürfte die Umstellung am schwierigsten sein, denn der »Kunde« – der Bürger – hat nach alter Bürokratienmeinung die Wunscherfüllung des Administrators (Staat, Gemeinde etc.) im Auge zu behalten. Der aber denkt in den seltensten Fällen prozeßorientiert.

Prozeßorientiert sind im Grunde auch Konzepte wie *Total Quality Management und »Just in Time«- oder Lean Manage-*

ment. Aber die Prozeßstufen sind selten grenzüberschreitend, über alle Funktionen hinwegreichend. Ford hatte in einer der amerikanischen Fabriken des Konzerns 500 Mitarbeiter im **Bestellwesen** beschäftigt. Auf Veranlassung der Fachabteilung wurde durch die Einkaufsabteilung bestellt. Diese Bestellung durchlief verschiedene innere Hierarchieebenen. Der Lieferant lieferte ans Lager, von dort wanderten die Papiere wieder durch mehrere Abteilungen bis hin zur Lieferantenbuchhaltung. Diese zahlte, belastete die Fachabteilungs-Kostenstelle – womit der gesamte Ablauf über sieben Abteilungen lief ...

Als Ford ein Aktienpaket von Mazda übernahm, sah man sich den dortigen Betrieb an und zog daraus spektakuläre Schlüsse: Als erstes erfährt der Zulieferer, was produziert werden soll und was dann zu welchem Zeitpunkt – auf Kommission – zu liefern ist. Dann werden die angelieferten Komponenten eingebaut, und nach der Endkontrolle druckt der Computer nach der Teileliste die Schecks an die Lieferanten aus. Das bedeutete, daß **mit nur 125 Mitarbeitern zehnmal so viele Transaktionen durchführbar sind. Die Produktivitätssteigerung nach der Umstellung betrug satte 4000 Prozent!**

Ungezählte, erfolgsbelegte ähnliche Maßnahmen unternehmerischer Umstellungsbereitschaft bestätigen und verstärken gleichzeitig den Trend zu Aufgabenstraffung unter Nutzung schlankerer personeller Strukturkonzepte. Hinter dieser sachlich klingenden Formulierung verbirgt sich – im Endergebnis – die *brutale Konsequenz einer breitflächigen, weitreichenden personellen Abbaupolitik.* Bisher hat der Staat lediglich eine zuordnende und keine ordnende Rolle gespielt: Er hat gewissermaßen als *»Abstandshonorar« für die Ausgliederung* aus dem Arbeitsprozeß die *Finanzierung der Arbeitslosigkeit* und verschiedener – meist wieder hinter die Entwicklung zurückfallender – *Umschulungsmöglichkeiten* übernommen. Nicht ein Funken an fundierten Lösungsansätzen zu sozialen Innovationen der neuen Arbeit, zu bewußten Schritten aus der klassischen Arbeitsgesellschaft, zu neuen, begehbaren, weil realistischen Wegen. Vor allem offen gelassen sind die vielen wünschenswerten Möglichkeiten des Arbeitswechsels durch die Kombination von Erwerbsarbeit, Eigenarbeit und **Qualifizierung in selbstbestimmter und nicht erzwungener Flexibilität.**

Der Druck der Märkte beschleunigt sinkende Preise, steigende Qualität und *eskalierende Dauerarbeitslosigkeit. Die »Automatisierung« der Arbeitswelt ist laut Heinz-Dieter Haustein unausweichlich.* Die Chance auf größere Selbständigkeit ist nur für jene Beschäftigtengruppe durchzusetzen, die über *implizites Wissen* verfügt bzw. über Kenntnisse und Fertigkeiten, die nicht ohne weiteres ersetzbar sind durch Robotnik und Computerisierung. Aber auch für sie nimmt die Zahl stärker fremdbestimmter Abhängigkeitsverhältnisse in der Arbeitswelt zu, da alternative Wahlmöglichkeiten nicht mehr im erforderlichen Maße gegeben sind.

Ein schmaler Wohlstandsbereich wächst extrem schnell weiter, aber ebenso die Weltarmut. Damit wachsen auch die Spannungen zwischen den einzelnen sozialen Gruppen, und es eskalieren Konflikte und generelle Unruhen. Es besteht ein sehr *deutlicher direkter Zusammenhang zwischen wachsender Gewalt und dauerhafter Massenarbeitslosigkeit,* sozialstaatlicher Krise und dem Weg in die Zweidrittelgesellschaft.

Erich Kitzmüller von der Technischen Universität Graz hat in »Arbeit in einer nachhaltigen Wirtschaft« darauf hingewiesen, daß im offensichtlich mißlingenden »Kampf gegen die Arbeitslosigkeit« die Tendenzen zur Gewalteskalation übersehen werden. Nicht Probleme der Arbeitsgesellschaft sind dafür verantwortlich, sondern die Arbeitsgesellschaft selbst ist Kernpunkt des Problems. Verwandlung der Arbeitsgesellschaft in einen von mehreren schlimmeren Zuständen ist, wie Kitzmüller meint, äußerst wahrscheinlich. Er hat eine *»Huxley-Gesellschaft«* im Auge oder Gesellschaftsformen, in denen neue privilegierte Minderheiten sich über Mehrheiten erheben, die in Zwangsarbeit oder Elends-Subexistenz vegetieren. *Die Chance auf friedlichen Umbau der Arbeitsgesellschaft liegt ausschließlich im Weg zu einer reicheren Pluralität menschlicher Tätigkeitsformen begründet. Man könnte diesen Umbau auch als »neues Teilen« bezeichnen.*

Das Problem der Arbeitslosigkeit wird gerne in den Vordergrund geschoben, ist aber zweifellos nur ein Teil der generellen Problematik des Versagens der Arbeitsgesellschaft. Kitzmüller ortet gleich ein dreifaches Versagen. Da ist zunächst einmal die *Ankettung der Arbeit an die Expansion der Erwerbsarbeit. Das kann keine Zukunft haben.* Die entstandenen Schwierigkeiten wurden repressiv »verdrängt«. Die Gewalt wurde damit fokussiert, indem **das ganze Leben als ziviler Verdrängungskampf organisiert** wurde. Das rücksichtslose Durchsetzen des eigenen Vorteils, das Ausleben von Gier, Neid und Rivalität wurde hochstilisiert zum *systemgemäßen »Überlebenskampf«*. Damit wurde auch gleichzeitig ein *Prozeß der Gewalterzeugung* in Bewegung gebracht: Durch Eindämmung und Kanalisierung entstand eine Mobilisierung von neuen Gewaltprozessen. Sie wurden als **»Steigerung der Produktivkräfte«** konstruiert – unterschieden sich aber im Effekt wenig von Destruktivkräften. Natürlich versuchte die Gesellschaft die Gewaltgenerierung durch gewalteindämmende »Zivilisierung« zu maskieren. Diese Maskierung versagt jetzt. *Kitzmüller hält*

Horrorszenarien für möglich: eine »Neuordnung« durch virtualisiertes Chaos im Sinne der »Huxley-Gesellschaft«, oder eine Gesellschaft, in der Gewalt wieder unsichtbar wird, indem sie durch Genmanipulation, Drogen, Gehirnwäsche und ähnliche »mentale Reinigungsprozesse« einfach Bestandteil einer neuen Alltäglichkeit wird.

DER HOMO OECONOMICUS GEHÖRT NEU »ZIVILISIERT«

In Parenthese dazu hat sich Peter Heintel anläßlich des **Symposiums »Zukunft der Arbeit«**, das Anfang Dezember 1995 im Hernstein-Institut stattfand, in anthropologisch-kulturgeschichtlicher Hinsicht mit der *Mythologie des Sparens* beschäftigt und damit die *Brutaloklaviatur der »ökonomischen Rationalität«* neu gestimmt. Ihm erscheint es kein Zufall zu sein, daß verschiedene religiöse Traditionen oft Reichtum mit Sünde und Schuld verknüpfen und in ihren Glaubensgesetzen das »Nadelöhr« zur Seligkeit so eng errichten, daß wohl ein Reicher kaum durchkommt. Haben wir so viel Schuld angehäuft, daß wir nun »dran« sind? Die Botschaft Gottes an Noah könnte erneut Bedeutung haben.

Auch Heintel sieht, deutlich verknüpft mit der Öffnung der Märkte in der Demontage des alten Nationalstaate, *die »Aufkündigung« des Solidaritätsvertrags* zwischen Menschen, menschlichen Gruppen und Generationen in unsere Zeit einbrechen. Das geschichtsmythologisch verankerte **»freie Spiel der Kräfte«** weist die Verantwortlichkeit entweder einer **»Invisible Hand«** oder einer naturwüchsigen Evolution zu. Diese aber scheint immer weniger zu funktionieren, je mehr *selbst-*

reproduktive Eingriffsentkoppelungen des Menschen laufen, vor allem wenn ein »dominantes System seine innere Logik zum Maßstab aller anderen gemacht hat«, wie Heintel resümiert. Arbeit hatte bisher ein anonymes weltweites Aneinandergebundensein von Menschen ermöglicht, Sanktion und Gewaltmonopole außerhalb der unmittelbaren Lebensräume geschaffen und klare Zeitstrukturen gesetzt. Die Entkoppelung dieser systematischen *»Ultrastabilität«* kann unabsehbare Folgen haben. Der fortschrittliche Sozialstaat sollte es sich daher angelegen sein lassen, Rahmenbedingungen zu schaffen, die Solidarität in quasifamiliärer, konkreter Erfahrung lernbar machen, also den *Homo oeconomicus »neu zivilisieren«*. Neben dem produktiven auch einen menschlichen Arbeitsmarkt schaffen. Unser Bildungssystem versagt auch in dieser Richtung, denn es lehrt uns nicht, soziomorphe und biomorphe Problemstellungen zu differenzieren.

Wir brauchen viel klarere Zielsetzungen für die Arbeit und das Leben der Zukunft, forderte Hans-Peter Studer und setzte einige Schlaglichter auf diese Forderungen: »Wir werden in Zukunft den Teufelskreis durchbrochen haben, noch mehr konsumieren zu müssen, um überhaupt noch Arbeit zu haben, und noch mehr arbeiten zu müssen, um überhaupt noch konsumieren zu können …« Er wies auch deutlich darauf hin, daß Arbeit *künftig nicht mehr nur als Lohnarbeit verstanden* werden wird, denn die Grenzen zwischen Lohnarbeit und nicht entlohnter Arbeit werden gewiß fließender. **Arbeit wird künftig wieder ein natürlicher integraler Bestandteil eines sinnerfüllten Lebens sein, wieder Raum für Freude und Kreativität bieten.** Ohne Zweifel wird die Arbeit der Zukunft weniger arbeitsteilig ausgerichtet sein und vermehrt auch handwerkliche Elemente beinhalten.

Die Visionen von Claudia von Werlhof sehen eine Aufhebung der Trennung von Arbeit und Leben auf uns zukommen sowie eine neue Bewertung von Geld – das vermutlich keine prioritäre und zinstragende Rolle mehr spielen kann. Es wird ein *»nichtkapitalistisches Geld«* geben, das nicht der Akkumulation dient. Ganz neue Wege tun sich auf: etwa die Bildung *innerbetrieblicher Parallelarbeitsmärkte* und die Einsicht, daß Arbeitsmarkt und Arbeitsmarktlogistik nur einen geringen Teil der gesellschaftlich erforderlichen Arbeit überhaupt erfassen. Einkommen und Leistung haben sich extrem auseinander entwickelt – spektakuläres Beispiel sind die Einkommen in der Unterhaltungsbranche, die immer weniger über »Arbeit« legitimierbar sind.

Luise Gubitzer unterstrich im Hernstein-Symposium ein alternatives Tätigkeitsmodell, wonach eine *deutlich erwachende soziokulturelle Logik* all jenen Tätigkeiten, die Menschen und ihre Gesellschaft immer gebraucht haben und brauchen werden – wie Hausarbeit, Kindererziehung, Pflegetätigkeiten –, einen gleichwertigen bzw. höheren Rang gibt und auch eine gleichmäßigere Verteilung zwischen Männern und Frauen zum Ziele hätte. Auch Tätigkeiten jenseits der Arbeitsgesellschaft wie die beziehungsintensiven Tätigkeiten, Hegen, Spielen, künstlerische Entfaltung und Muße müßten Wertzuwachs bekommen. *Der Mensch hat sich selbst aus vielen komplexen Bezügen der Arbeit herausgenommen, aus der inneren echten Motivation der Leistung, der arbeitsteiligen Identität und aus der schöpferischen Lust.* Wir befinden uns im Augenblick an der Bruchstelle zwischen der *nationalen Regulierung der Arbeit* und einer *globalen Deregulierung.* Damit entstehen natürlich gewaltige Unsicherheiten, aber auch – und das sollten wir nicht übersehen – **neue Aufbruchschancen.**

Wenn sich die Menschheit, was zu hoffen ist, zu einer Art höherem Bewußtsein weiterentwickelt hat, wird der globalen Deregulierung ganz gewiß auch eine globale Regulierung auf hohem Niveau folgen. Dazu aber bedarf es einer wesentlichen Erweiterung des Arbeitsbegriffs und, was das Schwierige daran ist, der *Bewirtschaftung unterschiedlicher Wirklichkeitsfelder.* Künstliche Märkte kann man schaffen, das hat das Beispiel Schweden bewiesen, aber wie ordnet man *Mehrwert aus nichtproduktiver Arbeit* ein? Das ist zweifellos eine elementare Frage der Zukunft. Mit der wachsenden Kopfzahl der Menschheit wird sie dringlicher, ja unaufschiebbar. Denn irgendwann einmal wird die produktive Arbeit den kleineren Teil des Zugangs und der Entfaltung bieten im Vergleich zu den heute noch weitgehend nichtinstitutionalisierten Feldern der *sozialpartizipativen Arbeit.* Tröstlicherweise hat sich ein deutlich größer werdendes Veränderungsbewußtsein entwickelt.

Gerade in Zeiten einer Entgleisung der Kopfzahl der Weltbevölkerung gewinnt der Umgang mit »Humanressourcen« zunehmend an Gewicht. Dr. Wolfgang Looss, Gesellschafter der Beratungssozietät für Organisations- und Personalentwicklung Darmstadt, spricht sogar *von »letzten Wettbewerbsvorteilen«.* Er sieht in seinem Szenario kräftige Veränderungen auf uns zukommen. Darunter auch einige mit durchaus tröstlichen Aspekten. So meint er, daß, wenn klassische Technologien aus Kostengründen verlagert werden, die bisherigen hochentwickelten Industrieländer folgerichtig zu *Kompetenzzentren für neue, hochkomplexe technologische und wirtschaftliche Leistungen* werden. Er sieht wesentlich optimistischer, als das allgemein geschieht, bei der Zunahme der Dienstleistungsbranchen nicht nur ein Extremwachstum von »Mc-Jobs«, sondern auch die *Entstehung von Dienstleistungen neuer Art* mit sehr komplexem Zuschnitt. Ein wahrer **»Gesundbrunnen«** entsteht daraus, daß **nahezu alle Organisationen zu verschärftem Qualitäts- und Kostenwettbewerb gezwungen** sind, was gleichzeitig eine Umstellung von Strukturen, Prozessen und Verhalten erfordert. **Neue Arbeitskulturen** müssen die Arbeitskulturen des klassischen Zuschnitts, die auf die Technologie des Industriezeitalters ausgerichtet sind, ersetzen.

ARBEITEN LERNT MAN NICHT AUF LEHRGÄNGEN ...

Unter dem Druck dieser Entwicklungen verändern sich natürlich auch die Humanressourcen. Früher waren Muskelkraft, Fingerarbeit, Kopfarbeit und Kommunikationsarbeit im Unternehmen gefragt und verwertbar. Durch automativen Ersatz und Computerisierung verlagert sich das Schwergewicht auf *Kopfarbeit und Kontaktarbeit,* weil nur so die erhöhte Komplexität bewältigbar erscheint. *»Veränderungsmanagement«* verlangt ganze Personen, die flexibel, motiviert, teamorientiert, konfliktbereit, mobil und bereit zu Identifikation und Risiko sind.

Mit der alten Methodik der *Kommandostrukturen,* die auf Anpassung und Selbstreduzierung bauten, sind die neuen Tugenden nicht zu vereinbaren. Investitionen in die Person, weit über das gewohnte Maß von »Personalführung« und »Personalentwicklung« hinausgehend, werden notwendig werden, um die *Grundqualität Autonomie* zu fördern.

Verändern wird sich dabei vieles: **Zugehörigkeit wird nicht mehr an den Kriterien Arbeitsplatz, Zuständigkeit (Stelle)**

und fixierte Arbeitszeit meßbar sein. Andere Kategorien werden diese alten Kriterien ersetzen: Autonomie, Bezogenheit, Erlebnisqualitäten, Ideen und Ideale, Erfahrung, Emotion und Mitgestaltung.

Erfolg wird natürlich im Team nicht mehr so »teilbar« – zurechenbar –, also auch weniger dauerhaft. Macht wird anders verteilt. Pflichten werden nicht mehr auferlegt von anderen, sondern von den Betroffenen selbst definiert. Personaldaten, Stellenbeschreibungen oder Eignungsprofile werden nicht mehr ausreichend sein, um im Unternehmen eine Idee über die volle Person des Arbeitenden zu vermitteln, denn Leistung und Arbeit müssen situativ viel häufiger neu definiert werden. **Geld wurde bisher meist für Zeit bezahlt,** weil die Arbeitsleistung konstant und einheitlich definiert war.

Jetzt entstehen sicherlich *bald neue Entgeltformen,* die primär bestimmten Qualitäten zuordenbar sind. Daß man nicht »ausgelernt« (wie früher) hat, mit seiner vorbereitenden Ausbildung auf die Arbeit, ist heute jedem klar. **Lernen wird viel tiefer in die Arbeit integriert werden und nicht mehr ausgelagert sein.** Wissen und Erfahrung werden viel experimenteller erworben werden und nicht mehr wie bisher nur auf *»Leergängen«.* Zweck und Inhalt der Arbeit werden neue Bedürfnisse mobilisieren.

Arbeit wird auf diese Weise eine neue und tiefe *»Systemtransparenz«* erringen. Der *Begriff des Reichtums wird nicht allein monetär definierbar* bleiben, sondern zum *Prozeßbeginn erfaßter Möglichkeiten* werden. Wenn wir heute, gekoppelt an den Begriff »Arbeit der Zukunft«, nur allzu häufig den Stoßseufzer »Jede Lösung ist unfinanzierbar« hören, so ist dem entgegenzustellen, daß dies auch auf jede Nichtlösung zutrifft. Es erscheint daher zweifellos rational und emotional klüger, Lösungen zu suchen, die dem ansonsten vorgezeichneten Fazit der »entsolidarisierten Gesellschaft« entgegenwirken.

Man könnte fast sagen, alles ist besser als das auf uns zukommende JEDER GEGEN JEDEN – KEINER FÜR ALLE.

Für den in der Gemeinschaft lebenden Menschen ist der *Grundwert einer konvergierenden Mitte* ebensowichtig wie die Wertauffüllung des als leere Formel gebrauchten Begriffs der »Menschenwürde«. Das »Wohin gehen wir« beruht auf richtungsweisenden Kräften und Bestrebungen. Sonst geht es der ganzen Mannschaft eines Tages so wie dem Münchner Komiker Karl Valentin, von dem die Anekdote berichtet, daß er auf der Straße einen Passanten anhielt und fragte: »Können Sie mir eigentlich sagen, wo ich hin will?«

POLITIK AM ENDE

Unterwegs in die »Rigidokratie«?

Die Zeichen der Veränderung weltweiter Machtfigurationen sind unübersehbar. Der Zusammenbruch des Sowjetimperiums, das Erwachen Chinas, die Selbstfindung Amerikas, die Zerrissenheit der Dritten Welt und die schnell wachsenden **ostasiatischen »Kraftkammern«** wirtschaftlicher Expansion schaffen neue Gravitation in den politischen, wirtschaftlichen, aber auch, vielleicht sogar vor allem, in den *Bewußtseinskraftfeldern* der Menschheit.

Wir erleben ganz einfach zu viel auf einmal: das Ende nationalstaatlicher Hybris durch den Untergang des »tausendjährigen Reiches« nach nur zwölf Jahren blut- und leiddurchtränkter Existenz sowie innerhalb nur weniger Monate das Zerbrechen des Sowjetimperiums, das im Stile des lautlosen In-sich-Zusammenfallens das Bild eines gesprengten Fabrikschlots hinterließ.

Ein Trümmerhaufen scheint uns zu umgeben. Auf der einen Seite zerbrochene Diktaturen, die in trostlosen Landschaften rostender Industrien und total zerstörter kontaminierter Umwelt einen neuen Weg in die Zukunft suchen, und auf der anderen Seite in administrativer Verfilzung erstickende Demokratiestrukturen. Eine satte *Konsumgesellschaft nach dem »großen Fressen«.* Verwirrt durch die *Vergänglichkeit pragmatischer Gewißheiten. Verbogene Sozialutopien wie Protektionismus und Subventionismus* bewirken nach künstlichem »Schwachhalten« der Leistungsstrukturen durch »volle Füllhörner« und dennoch enttäuschte Forderungen nun auch noch Millionenheere von Arbeitslosen. Eine Erfolgskampagne für Politik und Politiker scheint das Debakel nicht zu sein. Zudem gesellte sich ein **rasant aufflammender Rassismus »jeder gegen jeden«** hinzu, der zum Untergangsamoklauf des auf kulturellen Grenzen begründeten Nationenbegriffs führen könnte. Zu lange hatten sich die einzelnen Nationen als *»Abstammungsgemeinschaft«* unseligen Angedenkens mit einem »blutig-romantischen Abwehrmechanismus« umzäunt. Die Vision einer *multikulturellen Gesellschaft* von morgen ist so lange verschoben, bis die heutige Gesellschaft eingesehen hat, daß die **klassische Integration von Einwanderern eigentlich zum Reifekriterium eines Landes** wird. Die verschobene Perspektive wurde natürlich durch das gewaltige Anschwellen der Migrationsströme begünstigt. So kam es, daß das »Fremde», früher Reiz zur Ergründung, heute zum Hindernis versteinert ist. Wie würde wohl unsere Welt aussehen ohne tradierte Irrtümer? Ohne Parteien, Massenbewegungen, Ideologien, die auftauchen und versinken, Diktaturen, die töten oder tot sind, ohne diesen ewigen schmerzhaften Streit um innere und äußere Freiheit?

»Im Bereich der physikalischen Ordnung hat sich alles verändert; in der moralischen und politischen Ordnung muß sich gleichfalls alles ändern. Zur Hälfte ist die Revolutionierung der Welt bereits vollzogen; die andere Hälfte muß folgen.« Ein kluger Satz. Nur leider schon vor 200 Jahren (um 1794) von Robespierre in einer seiner berühmten Reden formuliert, aber an der Geschichte vorbeigegangen. Was hat sich eigentlich, abgesehen von der technologischen Revolution, an dieser Welt geändert? Vielleicht dies: **Je offener das Machbare wurde, desto mehr wurde es von der Macht ergriffen.**

Wenn man, wie jedes aktuelle historische Lehrbuch, das Jahr der Französischen Revolution gewissermaßen als Wasserscheide zur Moderne betrachtet, kann man die vor uns liegende Jahrtausendwende als die *Bewußtseinswende der Postmoderne* bezeichnen. Wir sind eben dabei, uns endgültig aus den alten evolutionsbedingten Wachstumsgesetzen herauszulösen, und befinden uns in einer »Fieberphase«, von der wir noch nicht sagen können, ob sie heilend oder tödlich enden wird. Ratlos stehen die politischen Wunderheiler am Krankenbett hinfälliger Staatsstrukturen. Den Glaubwürdigkeitsverlust teilen Politiker mit Institutionen aller Art. Sie berufen sich daher gerne auf die allgemeine »soziale Desintegration« durch Mobilität, Vereinsamung in der Masse und Entwurzelung der Menschen. Diese Entwicklung mache nicht nur den Parteien, sondern auch den Pfarrern und Fußballpräsidenten zu schaffen.

Es gäbe, so wurde beklagt, **keine mehrheitsfähige gesellschaftliche Kraft mehr** seit dem Zerfall des »Schichtenmodells von gestern«. Während in ganz Europa politische Abenteurer Hochsaison haben, drängen die etablierten Politiker aller parlamentarisch vertretenen Parteien sich kräftig unter dem Schirm einer lauen liberalen Mitte zusammen – von dem sie erhoffen, daß er sie vor dem sozialen desintegrativen Platzregen schützen könne. Das politische Feld, ehemals von marxistisch gespeisten Linksparteien oder christlich-sozialen Rechtsparteien besetzt, ist durch diesen **opportunistischen Zug zur Mitte** entleert und gibt damit linken und rechten

Randgruppen neue Positionen frei. **Die auf dem »Weg der Mitte« ideologieentleerte, rein pragmatische Politik bringt die Bürger zum Gähnen und damit politischen Marktschreiern Gelegenheit, sich alter Parolen zu bedienen.** Je nachdem, aus welcher Richtung die Rufe kommen, geht es um die Sehnsucht nach alter kommunistischer »Stabilität« oder um »völkische Einigung« – die Kampfattrappe zum Heimatgefühl schunkelnder Biederbürger: einem Gefühl, das sie, Chips knabbernd, vor dem Fernseher bei Blasmusikolympiaden wohlig einschlafen läßt.

Man sollte das **Gespenst das Nationalismus,** das umgeht, nicht unterschätzen. Nationalismus ist in jedem Falle, vor allem aber im Zuge der notwendigen Globalisierung und im Licht der *Strukturierung eines verantworteten Regionalismus* kontraproduktiv. Vermutlich sind diese Erscheinungen das Nachbeben einer gewaltigen soziokulturellen Evolution Europas. Die alten Grenzen zwischen dem ehemals byzantinischen Osten und dem lateinischen Westen werden neu gezogen. *Der Multikulturismus ist dabei die Trickkiste der Wendezeit.* Nach dem *Ende des ideologischen Zeitalters* totalitärer Rattenfänger folgte dem Rausch der Ernüchterungskater. Exemplarisch in diesem Sinne ist eine sich breitmachende, wechselseitige Enttäuschung der beiden Teile des wiedervereinigten Deutschland. Dabei vollzieht sich hier vor aller Augen etwas, das als Sinnbild für die Entwicklung der ganzen Welt zeigt, daß nur über bewußten Verzicht der einen die Defizite der anderen auszugleichen sind. **Das Reichen der Bruderhand ist in Zeiten, in denen es um das globale Überleben geht, der einzig richtige und menschliche Weg.**

»KONSUMENTENKULTUR« BEWIRKT MASSIFIZIERUNG

Die Vereinigung Europas ist daher ein »Lehrpfad« dafür, daß eine Völkergemeinschaft und – was immer wichtiger wird – auch eine Stammesgemeinschaft kein Club der Xenophoben sein darf. Fremdenhaß ist ein sozial giftiges Agens, humanökologisch unverträglich für die gemeinsame »Arche«, die uns vor der globalen Katastrophe bewahren soll.

Wo bleiben die »Steuermänner«, die das Schiff durch schwere See manövrieren, die Politiker, die autoritativ, aber nicht autoritär den richtigen Kurs bestimmen? Sie müssen klare Prioritäten setzen können und sich gegen die Lethargie der Wohlstandsgesellschaften durchsetzen, deren größte Sorge dem Zweitwagen und dem Dritturlaub gilt, statt die wirklichen Zeitthemen, wie das Zusammenrücken, die Ökologie oder die Dritte Welt, im Auge zu behalten. Vielleicht liegt diese **Blindheit** anstelle von politischer Umsicht daran, daß, wie Norbert Notarius in einem »Zeit«-Kommentar feststellte, es sich nun rächt, daß Europas Parlamente seit etwa zwei Jahrzehnten vorwiegend von Beamten, Juristen und Lehrern blockiert sind; also von Berufspolitikern, die statt großer Konzepte naturgemäß vorwiegend Einwände produzieren.

Damit verstärkt sich, durch die Massenmedien vervielfältigt, ein **Bild des Mangels an Phantasie,** Instinkt und Kraft. Vorbei sind Glanz und Gloria ehemaliger charismatischer Führungspersönlichkeiten in der Politik. Wie Karl Heinz Bohrer süffisant feststellt, hat »die soziale Absicherung die Endphase politischen Bewußtseins abgelöst und einer **Folklore der Sprachlosigkeit** Raum gegeben«. Themenarmut und Profildefizite lassen vor allem dann, wenn den Parteien das Rückgrat fehlt, die Wähler in Entscheidungszeiten wahllos werden. Über massenmediales **»Zooming«** neigt jedes nicht ausdiskutierte Problem dazu, sich in der öffentlichen Meinung als unüberwindlich zu betonieren.

Pleiten der verstaatlichten Industrien, Debakel der staatlichen Bahnen, hochschnellende Arbeitslosenziffern und herunterschnellende Finanzierungsmittel für flächendeckende Sozialgeschenke lassen Ordnungspunkte sozialer Realität und Rationalität vermissen. Das verfestigt den Eindruck, daß die großen Ereignisse, die im letzten Jahrzehnt die Welt bewegten, an der Erkenntniswirklichkeit mancher politischer Entscheider vorübergingen.

In den Geschichtsbüchern des 21. Jahrhunderts, so meint Christian Werner, werden irgendwann einmal die neunziger Jahre als das Zeitalter des *politischen »Paradoxons«* verbucht sein. Während sich Mega-Ereignisse der Weltpolitik akkumulieren – vom Zerbrechen bis zum Entstehen neuer Reiche –, wird die Innenpolitik vieler Staaten durch die unfreiwillige Komik deftig-läppischen politischen Bauerntheaters von Machtkämpfen und Skandalen beherrscht. **Wir ringen um Vergangenheitsbewältigung, während Welten um uns herum auf Zukunftssuche sind.**

4,5 Milliarden Menschen der *Mangelgesellschaft* starren entgeistert auf die hell erleuchtete Insel der Wohlstandsgesellschaft, inmitten dunkler Meere des Schreckens. Im Licht der politischen Bühne läuft ein suizidales Drama. Es besteht aus den vielleicht letzten Akten: Bruderkrieg und Ökodebakel. Die Melodramatik des Stücks wird vom Gefangenenchor der Migrationsströme beigesteuert. Armut, Elend und Tod scheinen unüberwindliche Barrieren erreicht zu haben.

Das Gründungsmitglied des Club of Rome, Ervin Laszlo,

Philosoph, Systemtheoretiker und Zukunftsforscher, weist darauf hin, daß wir in einer chaotischer werdenden Zeit ein vertieftes Wissen über eine *komplexe Dynamik* und eine tiefere Einsicht in das, was die Welt im Inneren zusammenhält, benötigen. Um vertieftes Wissen aber instrumentieren zu können, bedarf es eines **koevolutionären Managements,** auch in der Politik. Er sieht das Ende des *»Killerwettbewerbs«* auf uns zukommen und die einzige Chance auf globale Bewältigung der Weltprobleme in verstärkter Kooperation.

Volker Hauff wünscht sich eine »neue Ethik des menschlichen Überlebens, da die Dauerhaftigkeit des Fortschritts der Menschheit zu einem ganz wesentlichen Teil davon abhängt, daß wir erkennen, daß wir alle auf einem kleinen und verwundbaren Planeten Nachbarn sind und daß unsere Pflicht, füreinander zu sorgen, eine Verpflichtung auf Gegenseitigkeit ist.«

Divergenzen und Differenzen haben Europas Geschichte, wie Gordon Craig in seinem Essay »Warten auf die Barbaren« schreibt, tief geprägt, denn das heutige Europa ist das Ergebnis einer lang währenden Verfallsphase, in der sich die kultivierten Völker als unfähig erwiesen, ihre Werte – und ihre Grenzen – zu verteidigen. Diese tiefe historische Erfahrung begünstigte einen immer wieder zyklisch wiederkehrenden Kulturpessimismus. Jedes Jahrhundert reagierte darauf in spezifischer Weise. Unserem elektronischen Medienzeitalter blieb es vorbehalten, der unaufhaltsamen Ausbreitung einer *»Konsumentenkultur«,* einer *»Massifizierung«* im Zeitalter der technischen Reproduzierbarkeit Vorschub zu leisten.

Durch **Ersetzen des Unverwechselbaren durch das Beliebige** kommt es zu einem Verlust kultureller Individualität, zu Modeabhängigkeit, Trivialisierung und zu einer **»Zeitgeistig-**

keit«, die das Erstellen kultureller Standards Fernsehproduzenten, Werbeagenturen und Bildungspolitikern überläßt …

Albert Einstein schrieb in den dreißiger Jahren an seinen Freund Max von Laue, Nobelpreisträger für Physik: »Deine Ansicht, daß der wissenschaftliche Mensch in den politischen Angelegenheiten im weitesten Sinne schweigen soll, teile ich nicht … Wo stünden wir, wenn Leute wie Giordano Bruno, Spinoza, Voltaire, Humboldt so gedacht und gehandelt hätten?«

Ähnlich engagiert vermerkte Max Born, ebenfalls Nobelpreisträger: »Heute sind es nicht mehr die Cholera- und Pestbazillen, die uns bedrohen, sondern das traditionelle, zynische Denken der Politiker, die Stumpfheit der Massen und das Ausweichen der Physiker und anderer Wissenschaftler vor der Verantwortung.« Für die wirkliche Krankheit unseres technischen Zeitalters hält Born den *»Zusammenbruch aller ethischen Grundsätze«*. Diese Abwertung der Ethik führt er auf die Länge und Kompliziertheit des Weges zwischen den Anfängen einer menschlichen Betätigung und ihrem Endeffekt zurück.

DIE »OHNE-MICH-MENTALITÄT« ENTREGELT ALLES

Ergänzend muß man allerdings feststellen, daß auch durch das *Fehlen der Familiarität* – das Zurücksinken der Familie als Entfaltungsplattform für Wertvorstellungen und Wertvorhalten – eine Trainingsebene verlorenging. Ähnlich wie im Mikrosystem Familie werden systemische Spannungen und Konflikte auch in einer größeren sozialen Gemeinschaft durch ein Netz gemeinsam verbindender und verbindlicher Regeln abgefedert, wie Horst Petry in seinen psychoanalytischen Essays »Lieblose Zeiten« darlegt.

Soziale Identität und Zugehörigkeit werden in Familie und Gemeinschaft in gleicher Weise über *kollektive Wertordnungen und Normen* vermittelt, über ein großes Arsenal religiöser und weltlicher Elemente wie Glaube, Hoffnung, Freiheit, Gleichheit, Gerechtigkeit. Aus diesem Wegfallen familiärer »Trainingsmöglichkeiten« resultieren auch ohne Zweifel viele Phänomene wie eskalierende Gewalt, Zunahme von Kriminalität und Drogenkonsum, die *Ohne-mich-Mentalität* und andere zeitvariable Aktionsmuster. *»Entregelung«* mitmenschlicher Kommunikation führt zu zunehmender Enthumanisierung. Der französische Soziologe Emile Durkheim bezeichnete den Zusammenbruch gesellschaftserhaltender Regulationsmechanismen als *»Anomie«*.

Ersatz-Trainingsfeld, allerdings im negativen Sinne, ist laut Neil Postman die *»Fernsehkindheit«*, die zu sozialer Isolation, Verhinderung der Ausbildung kritischen Denkens, Reduzierung der kindlichen Erfahrungswelten und auf diese Weise zu hedonistischen Konsumhaltungen führt und zur Verherrlichung aller Formen der Gewalt und damit zur aggressiven Entladung von Frustrationen und zur gewalttätigen Lösung von Konflikten einlädt. Der heutige Mensch ist, wie Neil Postman treffend feststellte, von Kindheit an *»overinformed and overamused«*, mediengeprägt und mediengelenkt. Die unterhaltsamen visuellen Medien geben damit gewissermaßen die in der »Anomie« verlorengegangenen Verhaltensstandards an. **Die Grenze zwischen wirklichem Leben und zugespieltem Leben verwischt sich.**

Der optisch überstrapazierte »Augenjäger« ist in den auseinanderbrechenden gesellschaftlichen Strukturen der *»Ellbo-*

gen-Gesellschaft« dazu übergegangen, in seinem egozentrischen Revier zu jagen. Die **Selbstbedienung am Gemeinwohl** ist für ihn ebenso wie die Gleichgültigkeit anderen Gruppierungen gegenüber Routine geworden.

Soziale Fragen aber neigen dazu, auf der ethisch-moralischen Ebene gestellt zu werden, und kaum einmal wird die Biologie, die Lehre vom Leben und vom Leben in Revieren, dazu herangezogen, diese oder jene Haltung zu erklären. In der anonymen Massengesellschaft neigt der Mensch dazu, Schwächen seiner Mitmenschen zur Herstellung repressiver Dominanzbeziehungen auszunützen. Mitglieder in der anonymen Massengesellschaft sind voreinander auf der Hut, also wenig bereit zur, immer propagierten, größeren Solidargemeinschaft. Wir haben *»fluktuierende Mißtrauensgesellschaften«,* wie sie der Humanethologe Irenäus Eibl-Eibesfeld nennt. Es ist wirklich paradox, daß in der ausgeklinkten Gesellschaft von heute Zoologen mehr über entartetes Verhalten des Menschen auszusagen haben als Soziologen.

Es ist noch ein großer Erkenntnisschritt auf dem Weg zu einer globalen »Solidarität«, die vielleicht einmal in Zukunft verhindern kann, daß an der Grenze des anderen abgewrackte Atomreaktoren dampfen und daß das Müllproblem als »Entlastungsstaffette« in die Dritte Welt betrachtet wird. Wir sind noch weit davon entfernt, eine human zentrierte *Sozioökologie* zu betreiben.

Die *»Politik der Ratlosigkeit«,* die sich in immer mehr Debakeln gleichenden Wahlen demokratischer Systeme offenbart, weist darauf hin, daß wir, hilflos angetrieben von vier globalen »Megatrends«, **Informationsflut, Systemkonvergenz, ökologischem Druck** und **Entwicklungsbeschleunigung,** in eine Dynamik getrieben sind, mit der das in die Jahre gekommene politische System immer weniger Schritt halten kann. In den neunziger Jahren aber ist zur Weltveränderung eine neue *»Supra-Rationalität«* erforderlich; **ein alle Kulturelemente umfassender Kompetenztrend.** Durch den Entzug realisierbarer Alternativen ist auf der politischen Weltbühne den Politikern sehr oft das Wichtigste abhanden gekommen; nämlich der durch Wählerstimmen »zahlende« Zuschauer. Was in Wahrheit gefragt ist, sind nicht mehr weiterhin indifferente, auf die Sachebene hin zentrierte Parteiprogramme, sondern *Life-Service-Ideen, die unsere sozialen Systeme »bewohnbarer« machen.*

Trendpropheten, wie Gerd Gerken oder Peter F. Drucker, empfehlen der Politik, gewissermaßen im Duett, von gefügten Zielgruppen Abschied zu nehmen und sich darauf einzustellen, daß es in Zukunft immer mehr *»fluktuierende Szenen«* geben wird. Während die siebziger Jahre das *Zeitalter der Wünsche* waren und daher charakterisiert erschienen durch viele Sehnsuchtswellen wie die New-Age-Welle, getragen von einer Philosophie der »Es wäre schön«-Leichtigkeit, begannen die achtziger Jahre den Ernst unserer Kultur aufzuweichen. Sie gebaren den *Hyper-Realismus. Ein neuer Wert für Toleranz entstand: die Gleich-Gültigkeit.* Gegen Ende der achtziger Jahre erwuchs ein neuer Imperativ unserer Kultur, der Einstieg in den *Aufbau paralleler Welten* in Form von kybernetischen Simulationen. In den neunziger Jahren schließlich entstand, wie Sorokin feststellte, eine *»integrale Kultur«*, eine **Kultur, die immer mehr Unterschiede produziert und immer mehr Paradoxes** aushält. Die neunziger Jahre brachten den Bazillus des Chaos in die Konzepte der Rationalität und Identität. **Das »Flirrende« und die Nichtlinearität wurden zu neuen Paradigmen.**

»KALEIDOSKOPVERHALTEN« UND WIEDERKEHR DER STÄMME

Es entstand ein völlig neues *»Kaleidoskop-Verhalten«*, indem in der Wirtschaft nicht das Produkt und in der Politik nicht das Programm charakteristisch war, sondern das Verhalten. Was die Konsumenten von Waren und Botschaften heute verlangen, sind, ganz im Zeichen der Informationsgesellschaft, gemeinsam hergestellte Orientierungen durch gemeinsam geprägte Erlebnisse. Überzeugungsimpulse müssen daher in sich das **Paradoxon einer eindeutigen Vieldeutigkeit** enthalten. Der alte, stabile Patriarchalismus von Marken und Aussagen ist mittlerweile so gut wie gestorben.

Mit der zunehmend stärkeren Mobilität – die sich auf wenig »Bleibendes« einläßt – bauen sich, vor allem unter dem Eindruck der *Wiederkehr der Stämme* und eines damit entstehenden »Tribalismus«, neue Rituale auf, und es entstehen Strukturen neuer »Stammeskulturen«. Dieser deutliche Wandel, der auch im sozialen Bereich durch das Aufblitzen und rasche Verlöschen von Zuwendungen und Abwendungen charakterisiert ist, läßt uns erahnen, in welch unterschiedlichen Welten wir in den nächsten Jahrzehnten leben werden.

Der Verlust an »Markentreue« inkludiert heute auch politische Programme. Die Bürger sind mittlerweile gleichzeitig Subjekt und Objekt *postmoderner Ambivalenzen,* Vielheiten und Paradoxa.

Das Faszinierende an diesen neuen kommunikativen Welten ist die begleitende Evolution unserer Hirnleistungen. Die moderne Gehirnforschung weist uns darauf hin, daß das Gehirn immer mehr die lineare Ordnung in seinem Denken verliert und damit auch die Gefügigkeit für »Programmierungen«.

Charakteristisch für die in die Welt von morgen hineinwachsende Jugend ist daher das *»junge Erregungsgehirn«*, das wesentlich mehr Stimulation verlangt in Richtung auf *»virtuelle Ekstase«* als die Gehirne der Industriegesellschafts-Generationen. Wie Wässle beschreibt, organisiert sich das Gehirn kontinuierlich um, hat keine statischen Speicherorte mehr, sondern bewegt sich in einem **permanenten »Flow«.**

Die offensichtliche, evolutionäre und sprunghafte Anpassung an *informative »Überwelten«* erlaubt dem neuen Erregungsgehirn das Treffen von etwa 100 Millionen Detailentscheidungen pro Sekunde – um 25 Prozent mehr als **das alte »Stabilgehirn«.** In eine schlichte Sprache übersetzt, bedeutet dies: Das junge Mitglied der Informationsgesellschaft verlangt Bewegung, Überraschungen. »Produkte« und auch Aussagen werden am ehesten akzeptiert, wenn sie ein hohes Maß an *»Anormalität«* aufweisen.

Für Europäer kommt diese Entwicklung wohl ein wenig überraschend. Wir sind vor der »Sprungevolution« im traditionsgefügten Europa sowohl von Philosophie, Naturwissenschaften und Theologie in stabile Glaubens- und Wissenssysteme eingebettet gewesen. Darin liegt auch der Grund dafür – was uns weiter nicht überraschen darf –, daß mittlerweile **die asiatischen »Power-Länder«** in vielen Entwicklungen die *Tempo-Führerschaft* übernommen haben. Ihr **Kopf-Sprung** (in des Wortes wahrstem Sinne) von der Arbeit auf Reisfeldern in die High-Tech-Revolutionsspitze beruht auf dem historischen Taoismus ihres Denkens, das im Unterschied zu unserem auf »Fließen« programmiert ist.

Für sie ist daher *Anpassung die Voraussetzung für Identität,* während im traditionellen Europa Anpassung eher das Ende der Identität bedeutete. Daher erkannte auch die asiatische

Industrie die eminente Wichtigkeit von **Tempo- und Fragmentierungs-Management** – nämlich mehr Unterschiede in kürzerer Zeit zu schaffen – wesentlich besser. **Tempo-Führerschaft brachte Kostenführerschaft, und beide miteinander brachten Innovationsführerschaft.**

Politische Systeme sind natürlich auf den raschen Wechsel von Spiel- und Standbein nicht eingestellt. Daher bleiben immer mehr große und fundamentale politische Fragen offen, während nur kleine Probleme unter dem Druck von Außensteuerungen (Volksbefragungen, Bürgerinitiativen) politische Weichenstellungen bewirken. Die etablierten politischen Systeme, das gilt wohl für alle demokratischen Länder, haben verfassungsmäßig definierte Grundlagen und sind daran auch gebunden, leiden darunter, daß die Starrheit gesetzgebender Praktiken mangelnde **»Wettbewerbsfähigkeit« mit der Zeitgültigkeit schafft.** Diese Problematik gilt nicht nur für die Politik, sondern auch für viele andere Institutionen, unter ihnen die Kirchen.

Die Diskrepanz zwischen unseren schnell voraneilenden Denkpotentialen und dem in uns nachhinkenden, von starkem Gedächtnisverlust charakterisierten Erbe der Aufklärung macht uns respektvollen Umgang mit Institutionen nicht leichter. Die Nationalstaaten – existentiell bereits in deutlicher Auflösung befindlich – reduzieren sich selbst zum juristischen Raum. Wird das im Sinne der Demokratie für deren Aufrechterhaltung genügen?

Die entscheidende Frage, die sich uns daher immer deutlicher stellt, lautet: Kann es eine Demokratie ohne Nation geben? **Das Gebäude des »institutionellen Zeitalters« ist von der Entwicklung stark beschädigt.** Auch die menschliche Gemeinschaft, in ständigem Wachsen befindlich, ist zu groß geworden, um noch ein politisches *»Gemeinwesen«* zu bilden. Die Bürger sind wohl im juristischen Sinne Personen mit Rechten und Pflichten, stellen aber im Sinne der bereits dargestellten Flexibilisierung immer weniger eine Gemeinschaft dar, die im Wirkungsfeld einer kollektiven Souveränität mit recht ungewissen territorialen Grenzen liegt.

Kann man heute vom Anbrechen eines neuen Zeitalters sprechen, in dem beispielsweise das europäische Institutions- und Politikverständnis durch den Erfolg des asiatischen Raums relativiert werden wird? Wir leben heute in einer Welt, die alles andere als einheitlich ist und auch kein eigentliches Zentrum aufweist. Das liegt daran, daß die pyramidale Machtstruktur, die über Jahrtausende das Kriterium und der Wirkungsraum zentraler Macht war, abgedankt hat. Sie paßt nicht mehr zur Regulierung unserer komplizierten Welt, die in *das Zeitalter der Komplexität* eintaucht.

DAS »IMPERIALE« ZEITALTER BRICHT AN

Wir müssen daher versuchen, die erforderlichen Gesetzmäßigkeiten des neuen Zeitalters verstehen zu lernen: Wie sieht es beispielsweise mit der Idee der Freiheit aus? Bleibt sie nur, zum Denkmal geworden, in der Fackel der Freiheitsstatue am Eingang des New Yorker Hafens als Erinnerung an vergangene Zeiten erhalten? Eine der wichtigsten Fragen aber scheint zu werden, welche Konsequenzen wir aus der geänderten **»Mechanik der Macht«** ziehen müssen. Zerfallende Riesenreiche und neu entstehende Staatenzusammenschlüsse relativieren alte Gesetze der Macht. **Großnationen, Großinstitutionen, Großkonzerne geraten zunehmend in substantielle**

Schwierigkeiten. Sie sind meist zu groß, um für den schnellen, sich abzeichnenden Wandel flexibel genug zu sein, und gleichzeitig – durch das Zusammenwachsen der Welt – zu klein, um machtbestimmende Faktoren aufrechterhalten zu können. **Regional/global, diese Perspektive ist zwingend und reißt alles im Strom der Entwicklung mit.**

In seinem epochalen Werk »Das Ende der Demokratie« stellt Jean-Marie Guehenno, Professor für Politologie in Paris, sehr schlüssige Themen auf. Seine Vision für übermorgen ist ein *universelles Reich ohne zentralistischen Herrscher.* Er sieht daher auch unsere Epoche, die auf das institutionelle Zeitalter folgt, als *neues »imperiales« Zeitalter.* Dieses Paradigma begründet er mit der Ähnlichkeit unserer Zeit mit der Nachfolge der römischen Republik durch das römische Kaiserreich. Durch die Medienwelt von heute haben, so Guehenno, Begriffe wie Demokratie, Recht, Politik, Freiheit und Nation ihre ursprüngliche Bedeutung längst eingebüßt und sind daher überholt.

Freilich erscheint es grotesk und paradox, ausgerechnet dann das Ende der Nationen zu proklamieren, wenn das Sowjetimperium am Nationalismus seiner Teilstaaten zerbricht und die deutsche Nation aus ihren Teilstaaten wieder ersteht. Gleichzeitig zerbrechen in Afrika die Konstrukte ehemaliger Kolonien: Stämme und Clans durchlöchern die aufgepfropfte Staatsidee. Es ist gang und gäbe, daß in Ländern der Dritten Welt gegen verordnete Strukturanpassungsprogramme demonstriert wird, wie früher einmal gegen Kolonialherren.

Die Geschichte des 19. und 20. Jahrhunderts ist daher von Putschen gegen jene geprägt, die sich einst die »Freiheit« nahmen, sie anderen zu rauben. Oft lief der Kampf unter dem Begriff der »Unabhängigkeit«. So ist in Afrika heute zur Regel geworden, was in krisengeschüttelten Ländern der Dritten Welt nur Extremfall war. In **Zeiten der Gesetzlosigkeit** ist natürlich auch *»Legitimität«* ein fragwürdiger Begriff geworden. Wie sieht es dann wirklich aus: keine Nation, kein Staat, keine Demokratie? Aus den anarchischen, chaotischen Strukturen der Wirren in vielen Ländern der Dritten und Vierten Welt taucht seltsamerweise gerade jetzt etwas auf, das im Europa des 19. Jahrhunderts gestaltende Bedeutung hatte: *der Anspruch auf Demokratie.*

Diese Entwicklung gilt heute vor allem für Afrika und Lateinamerika. Auf beiden Kontinenten zeigt sich übrigens recht deutlich, welch leichtes Spiel das *global vernetzte Drogenkartell* in sehr schwachen Staaten hat. Es darf einen daher nicht wundern, wenn Koka und Mohn in der Dritten Welt die einzig wirklich florierenden Agrarprodukte sind und sich, konsequenterweise, die Einnahmen aus dem Drogenhandel nur unwesentlich vom jeweiligen Staatshaushalt unterscheiden. Guehenno weist darauf hin, daß man, ohne in den Verdacht zu geraten, zynisch zu sein, davon sprechen könnte, daß **Drogenhandel offensichtlich eine extreme Form der »Privatisierung« von Staatshaushalten sei.**

Nicht nur unter diesen Aspekten einer *suchenden Lebensform* scheint der *Nationenbegriff obsolet geworden* zu sein, denn in Wahrheit läßt sich der Begriff der Nation ausschließlich historisch definieren. Gewissermaßen aus der gemeinsamen Geschichte als **»völkische Fügung«.** Nation läßt sich weder sozial, schon gar nicht religiös und überhaupt nicht rassisch definieren. Der einzige, durch Recht oder Unrecht gekennzeichnete Begriff war jener der *territorialen Verwurzelung der Nation,* geprägt durch die besessenen, eroberten oder erworbenen Staatsgrenzen. In ihrer Verzweiflung haben die unterdrückten Kolonialreiche von ehedem von ihren »Herrenländern« – nicht Vaterländern – das Recht auf nationale Unabhängigkeit gefordert.

Mittlerweile wurde aber auch schon der Begriff des »Territoriums« relativiert, da die *Herrschaft über anbaufähiges Land kein machtbestimmender Faktor mehr* ist und durch die Revolution in der Telekommunikation vom Territorium unabhängige Verbindungswege geschaffen wurden. **Der Zugang zu einem Netz ist mittlerweile wichtiger als der Besitz eines Territoriums.** Er regelt auch die Fluktuationsmöglichkeit von Arbeitskräften, z. B. Kommunikationsexperten, für die weltweit eine Nachfrage herrscht, während gleichzeitig die Massenarbeitslosigkeit steigt.

Eine viel wichtigere Grenzziehung als jene durch Bewachungsmannschaften ist der »territorial bindende« Aspekt günstiger Steuerpolitik. **Niedrigsteuerländer hindern Kapital- und Talentflucht ins Ausland und ziehen potente Investoren an. Die Gesetze des freieren Spiels der Tüchtigen beginnen daher auch bei unterschiedlichen Binnengefällen in einem Staatsgebilde politischen Machthabern und Administratoren das Leben schwerzumachen; denn auch dem Staat entziehen die Bürger ihre »Solidarität«, vor allem dann, wenn sie ihm nicht mehr zutrauen, mit den durch sie erwirtschafteten Mitteln haushalten zu können.** Die reichen Lombarden etwa wehren sich, zweifellos mit Recht, dagegen, daß mit ihren Steuergeldern in Süditalien Mißwirtschaft getrieben wird. So hat auch der gemeinsame Raum der Politik an Legitimität eingebüßt. Vor allem dadurch, daß eben heute Nationen nicht mehr den natürlichen Rahmen der Sicherheit bieten; der Sicherheit weder der Verteidigung, der Wirtschaftskompetenz noch der Integrationsfähigkeit.

Zu sehr wurde alles durch die Zeit relativiert. **Sicherheitsfragen beispielsweise sind heute nicht mehr über pathetische Pakte abwickelbar, sondern sie verlangen nach multinationalen Systemen.** Ist doch weltweit die »punktuelle« Sicherheit schon allein durch den Technologiefortschritt in Frage gestellt, der es beispielsweise einem einzelnen Terroristen erlaubt, ein Verkehrsflugzeug mit einer Bodenluftrakete abzuschießen, oder es einer rabiaten Sekte ermöglicht, durch Giftgas ein urbanes Verkehrssystem, wie in Tokio geschehen, lahmzulegen. **Terrorismus, Kriminalität und Gewaltausbreitung gehorchen längst nicht mehr lokalen, regionalen oder nationalen Strukturen. Sie sind globalisiert – und damit den Institutionen der Sicherheit um einige historische »Nasenlängen« voraus.**

»PATRIOTISMUS« – EIN BLUTIGER LUXUS

Es besteht daher gar kein Zweifel, daß erst die Entwicklung globaler Solidarität dazu imstande sein muß, **der Gewalt des Bösen eine »Gewalt des Guten« entgegenzusetzen.** Gleiches gilt für die Entwicklung neuer globaler Fortschrittsprojekte: Kernfusion, Raumgleiter, Gentechnologie, medizinische Forschung – überall werden nationale Institutionen im Alleingang außerstande sein, die nötigen Ressourcen an Köpfen und Mitteln bereitzustellen.

Die räumliche Solidarität alter Territorialgemeinschaften hat auf der Landkarte globalen Fortschritts kaum noch Platz. Die Frage, ob Politik diese Revolutionen alle überleben wird, ist tatsächlich gerechtfertigt. Sehr wahrscheinlich wird sie redimensioniert und neu konzipiert werden müssen. Politik muß maßgerecht sein für die gewichtiger werdenden kleinen »Stadtstaaten« (eine Art **»Hyperpolis«** im platonischen Sinne), die als **funktionsfähige regionale Körperschaft** fungieren werden, aber auch als dynamischer Teilhaber einer sehr wahrscheinlichen **»Weltregierung«**, die für den globalen Maßstab zuständig ist. Von der kleinen Gemeinde bis zum großen Gemeinwohl ist dann wahrscheinlich der Weg frei, ohne daß der Leitstrahl eines höheren Bewußtseins durch zahlreiche blinde Gläser nationalistischer Perspektiven gebrochen wird.

Im Lichte dieser Entwicklung wird die **»Welt der Nationen«** bald zu einem historischen Begriff werden, ähnlich einer leicht verstaubten Schmetterlingssammlung. Der Weg bis dahin ist jedoch noch dornenreich, denn heute zahlen wir die Rechnung für alten, überkonsumierten Nationalismus durch das Aufflammen eines tödlichen *ethnischen Kannibalismus* in vielen Teilen der Welt. **Der »Libanon-Effekt« wurde zum Prototyp regionaler Stammes- und Glaubensfehden,** die in sich die Stigmatisation nicht heilender Wunden tragen. Denken wir an die verschiedenen Nahost-Konflikte, an den ewigen Konfliktherd Israel/Palästina, dann an das »Kriegsgeschwür« in den Nachfolgestaaten des ehemaligen Jugoslawien mit besonderer Eskalation im Bosnien-Konflikt, an die Unruheherde in der ehemaligen Sowjetunion (z. B. Tschetschenien), an den Aberwitz eines »Glaubenskrieges« zwischen Katholiken und Protestanten in Nordirland, gar nicht zu reden von den vielen eruptiven, geradezu vulkanischen »Bebenzonen« in Afrika und Teilen Zentralasiens, die von Stammeskonflikten heimgesucht werden.

Politik verlor in allen diesen kritischen Zonen die Kraft eines Ordnungsprinzips. Das Hinschwinden eines *»institutio-*

nellen Patriotismus« in einem geschlossenen Staatsgefüge läßt – ähnlich wie die Mutation eines Virus zu einem »Killervirus« – eine *tödliche Abart von Patriotismus* in Konfliktzonen seuchenartig grassieren. Mit der Selbstbeschleunigung institutioneller Auflösungsprozesse verblaßt und zerfällt die traditionelle politische Debatte auf die Relevanzebene früherer Wirtshausdiskussionen. Amerika bietet durch die rasche Strukturierung seiner Institutionen und die relativ kurze Verfestigung der noch »jugendlichen« demokratischen Traditionen daher auch ein gutes Anschauungsbild, wie schnell die Politik in den Auflösungsprozeß einbezogen wird.

Eine überproportional aufgeblähte Administration hatte den *»Lobbyismus«* kräftig gedeihen lassen und damit Eingangskanäle für Intervention und Korruption geschaffen, die in den letzten Jahrzehnten ein »Gate« nach dem anderen bauten. Wer Politik nach privaten, marktwirtschaftlichen Gesetzen ablaufen sieht, die den jeweiligen Interessenausgleich »aushandeln«, der gefährdet den idealerweise von jeder Art der Abhängigkeit freien politischen Aktionsraum. Es entsteht dann eine Art **»Verkehrsstau« öffentlicher Interessen.** Die Amerikaner haben einen guten Begriff dafür gefunden: *political gridlock.* Der Begriff des »Staus« auf Straßen wurde in diese Assoziation einbezogen. Ein treffender Vergleich, denn in den dichter werdenden demokratischen Entscheidungsprozessen hat sehr bald jeder Bürger den Eindruck, vom anderen behindert zu werden. Ähnlich wie im Straßenverkehr, in dem jeder glaubt, daß es das Auto vor ihm sei, das ihn behindere. Der einen Stau überfliegende Überwachungshubschrauber sieht aus der Vogelperspektive, daß jeder Einzelne Teil der Funktion, besser gesagt der Dysfunktion einer Blockade ist.

Das größte Dilemma unserer heutigen Welt ist die immer

schnellere, verstärkte Vernetzung und Globalisierung aller Probleme – auch von Detailproblemen. In unserer Blindheit für diese stürmische, generelle Entwicklung begehen wir den gleichen Fehler wie jeder Autofahrer, der im Stau steckt: Wir drücken auf die Hupe. Dieses *Jeder-gegen-jeden der entsolidarisierten* Welt könnte ein Hupkonzert sein, das erst mit dem Inferno des großen »Crash« der auf Kollisionskurs laufenden Einzelkämpfer endet.

Im fortschrittsgläubigen Amerika wird daher dringend das Rezept für eine **»Hyperdemokratie«** gesucht. Da die politische Alltagserfahrung zeigte, daß in der *»Infociety«*, der ferngesteuerten Voyeursgesellschaft, nur die Kombination Politiker plus Fernsehjournalist der Öffentlichkeit ein »Bild« von angepeilten Zielen vermitteln kann. Die Politik beginnt, sich auf die sich ändernden Bedingungen der *digitalen Informationsgesellschaft* umzuorientieren, stellt Jakob Steuerer fest.

Neue politische »Wirkmale« müssen auf zunehmend vernetzte Bürger abgestimmt werden, wobei die stärkste Option im Optischen liegt. Nehmen wir doch das Beispiel »Berliner Mauer«. Erst stand sie Jahrzehnte ikonisch und exemplarisch für die Grenze zwischen Freiheit und Diktatur – dann, 1989, als Synonym für die Wiedervereinigung.

IST GLOBALER FÖDERALISMUS GESTALTBAR?

Einen unschätzbaren Vorteil besitzen diese, oft nicht in direktem Sachzusammenhang stehenden *»Prägeinstanzen«* öffentlicher Meinungsbildung. Sie überlagern und überleben daher rasch wechselnde Alltagsbilder, die allerdings in einer interessanten prozessualen Addition zusammen das Bühnenbild zur Dramaturgie öffentlicher Abläufe stellen. Für das, was uns täglich von den Bildschirmen entgegenflimmert, bedeutet dieser Summationseffekt eine sich vertiefende *Desillusionierung der Bürger,* für die zwischen Anfangs- und Endpunkt der Informationsarbeit wenig Sinnstiftung zu suchen ist. Der Anfang der Beurteilung liegt im Zuschauen aus dem bequemen Fernsehstuhl, das aktionistische Ende in der Teilnahme an einer Straßenschlacht. Der Unterschied: Am Anfang sieht man fern, am Ende sieht man sich im Fernsehen.

Die online ausgerichtete Verkürzung politischer Aktionsräume, die eigentlich Öffnung und Weite zur Erzielung von sozialem Konsens brauchen, führt weit weniger zu kurzen Entschlüssen als zu Kurzschlüssen. Stellen wir uns doch vor, so Steuerer, die amerikanische Öffentlichkeit wäre Mitte der sechziger Jahre zu einer Volksabstimmung aufgerufen worden, ob man auf Hanoi eine Atombombe abwerfen solle. Es ist klar, daß zunehmende Emotionalisierung großer Themen nicht gerade zu klugen Lösungen führt.

Ein gutes Beispiel für demagogisch willkommene Fehlsichten war auch die auf Umfragen »gestützte Medienprojektion«, daß nach relativ kurzer Mitgliedschaft die neuen EU-Länder Enttäuschung über die Vorteile der Europäischen Union signalisierten. Gottlob ist der in die Infotain-Maschine der Medienorgel eingespannte »Beurteiler« durch die schnelle Relativierung der »Tagesschau« durch die folgende »Nachtschau« schon wieder anderer Meinung als zuvor. Die Kurzlebigkeit von Sichtweisen und daraus abgeleitete Irrungen entziehen der politischen Glaubwürdigkeit viel Ausstrahlkraft.

Im Vergleich zum amerikanischen und europäischen Beispiel ist Japan geradezu kontrapunktisch. Es ist durch seine alten, tiefverwurzelten Traditionen nicht dem **Kult des Individuums** verfallen. Die Theatralik der klassischen Weltinszenierung läuft im japanischen »Schauspiel des Lebens« symbolisch ab, womit eine gewisse überlegte Distanz das Eintauchen in desorientierte Emotionen verhindert.

Die europäischen Zivilisationen unterliegen im Gegensatz zu der japanischen, die das Gemeinsame voraussetzt (in Asien ersetzt die Visitenkarte Taufe und Bürgerreife zugleich, wie Guehenno das präzis pointiert), dem **Irrtum vom Primat individueller Freiheit.** Wie könnte es also weitergehen im postnationalen Zeitalter, in und mit der Politik? Mit klassischen institutionellen Mitteln werden wir wohl kaum politisch tragbare und allgemein zufriedenstellende Lösungen finden. Denken wir doch nur an so selbstverständliche Stolpersteine für demokratische Rechtsstrukturen wie Einwanderungspolitik oder Minderheitenrechte. Auseinandersetzungen ohne Ende.

Das komplexe Zeitalter verlangt von uns ein neues Modell der Entscheidungsfindung und der Machtausübung, denn seine **Kennmelodie ist das Unvollendete** bei wechselndem Gewicht der Prioritäten. Es beginnt also eine **Zeit der »offenen Systeme«,** ob es uns paßt oder nicht. Vor allem »Nationalisten« wird es nicht passen, denn sie werden erkennen müssen, daß für sie im Plenarsaal der Weltregierung kein Sessel reserviert ist zwischen Föderalisten und Globalisten.

Erst wenn die Zukunft staatlicher Souveränität in funktionsorientierte, kooperative Strukturen umgewandelt ist, werden wir mit Konflikten sachgerecht umgehen können. Erst wenn Streitkultur multiperspektivisch ausgerichtet ist und nicht eindimensional, wird sie als Lösungsansatz für Gemeinsames echte Bedeutung gewinnen. Wir blicken, wenn wir an Europa denken, fälschlicherweise vor allem auf die Perioden mächtiger Reiche, die in zahlreichen kriegerischen Konflikten untereinander den »gerechten Ausgleich« suchten. Dabei wäre als Vergleichsbild für zukunftsorientierte Betrachtung ein wesentlich mehr Optionen enthaltendes Modell in den früheren Epochen unserer Geschichte zu suchen: das Hochmittelalter mit seinen vielen Fürstentümern, Herzogtümern und Bischofssitzen, die dem Modell für morgen vielleicht näherstehen als das Modell von gestern. Denn das Umwandeln von Konflikten in Kooperationsmodelle geht mit einander hautnah berührenden Strukturen weitaus besser. In großen Reichen hingegen lief immer der *Interessenkonflikt zwischen Nationalismus und Föderalismus als Störmuster* gegen verbindende und verbindliche Gemeinsamkeiten.

Ein *global kompatibel errichteter Föderalismus neuer Prägung* würde einander überschneidende Konfliktachsen vermeiden helfen. Gelingt es beispielsweise dem überaus heterogenen großen Gebiet der ehemaligen Sowjetunion, die Entwicklungsstufe des Nationalstaats zu überspringen, wäre das ein wichtiger Schritt auf dem Weg ins Vernetzungszeitalter. Japan wechselte ja auch direkt aus der Feudalzeit in die postpolitische Moderne. Sehr hilfreich war auf diesem schnellen Weg die traditionelle japanische Logik, die Vorsicht und Mäßigung nahelegt.

Genau das aber entspricht nicht den inneren Vorgaben der hedonistisch geprägten Verschwendungsgesellschaft. Trotz allem lief, wie es den Wesenszügen des politischen Zeitalters, das wir eben dabei sind zu verlassen, entspricht, ein mechanistisch ausgerichtetes Verhaltensmodell, geprägt durch lineare Machtverständnisse. Das *Zeitalter der Institutionen* bettete alles – auch Verschwendung – in festgefügte Rahmen und Regeln ein. **Sehr oft erschöpfte sich die Macht der Institutionen bereits in der Überwachung und Gestaltung dieser Regeln.**

Der im Kreis laufende Hyperpragmatismus benutzte den Großteil aufgewendeter Kräfte zur Selbsterhaltung. Die Speerspitze in den Tintenburgen der Beamtenheere war der in Jausenpausen akribisch gespitzte Bleistift. Unfinanzierbar. Vor allem im Sinne des neuen Effizienzverständnisses flexibler Teamarbeit von Kleingruppen. Der Instanzenweg großer Administrationen ist nicht mehr imstande, die Welt von heute zu verwalten; vor allem auch nicht schnell auftauchende Konflikte und Ablaufpannen sinn- und zeitgerecht zu lösen.

DER BEWUSSTE ICH-VERZICHT ALTER STAMMESFÜRSTEN

Zu lange schon werden wir hinter der Zeit her verwaltet. Das erklärt auch, warum Friedenssicherung in einer Zeit, die den Krieg der Sachwerte durch den Krieg der Bildsymbole ersetzt hat, schwieriger geworden ist. Entscheidung über Krieg und Frieden, über Kauf und Nichtkauf, über Liebe oder Aggression, Entscheidungen der ökologischen Verantwortlichkeit – das alles erfordert nicht nur einen »neuen Menschen«, sondern auch neue Wege der Menschenbewegung. **Abläufe in der Welt sind vom Funktionsverständnis her am besten mit Grundgesetzen der Meteorologie vergleichbar. Alles ist rational und gesetzmäßig verankert – aber dennoch nicht vorhersehbar, und winzige Veränderungen einer Variablen können »Wetterstürze« auslösen.**

Die Chaosphysik brachte uns die grundlegende Erkenntnis, daß jedes physikalische System, das keine stabile Periodizität aufweist, in Wahrheit auch keinerlei Vorhersagen erlaubt. *Man bezeichnet das heute als »sensitive Abhängigkeit von den An-*

fangsbedingungen«. Womit ausgedrückt ist, daß jede kleine Änderung von der Ordnung zu größter »Unordnung« führen kann. Auf kippende Wetterlagen bezogen, hat unter diesen Gesichtspunkten der Begriff des »Schmetterlingseffektes« in die Meteorologie Einzug gehalten. Er besagt, daß systemische Ordnungen – leicht überspitzt formuliert – durch den Flügelschlag eines Schmetterlings über Asien Einfluß auf ein Hurrikantief über New York nehmen können. **In vernetzten Systemen ist auch nichtgraduierte Verstärkung als Risiko eingeschlossen;** oder auch als positiver Effekt, wenn über vernetzte Informationssysteme schnelle Bewußtseinsänderungen der Menschheit potentiell möglich werden. Daß wir damit an die Schwelle einer neuen Rationalität gelangen könnten, scheint kein Zufall zu sein.

Zu lange lebten politisch geführte Staaten der Moderne davon, daß das Kollektiv sich die ehemals *»fürstliche Macht«* der alten Stämme aneignete. Die Französische Revolution hatte diese Illusion des institutionellen Zeitalters genährt. Im neuen **»imperialen Zeitalter«**, wie es Jean-Marie Guehenno nennt, kann soziales Gemeinwesen, begründet auf dem »Miteinander« einer fortschrittlichen Solidarität, besser gedeihen als im Brutschrank politischer Gängelung. Auch im Sinne christlicher Überlieferung baut sich Solidarität aus dem *bewußten »Ich-Verzicht«* des Menschen auf, zugunsten des *Mit- und Füreinander der Solidargemeinschaft.* Autoritäre Herrschaftsformen nährten durch ihre Ideologie die Illusion, daß sie es sind, die auf den Ich-Verzicht Anspruch hätten. Alte Kulturen, wie die chinesische, sehen im »Netz« des sozialen Miteinander, das sie als »Goanxi« bezeichnen, die Grundlage einer harmonisierten Massengemeinschaft.

Im Lichte der Bevölkerungsexplosionen, die vor uns stehen,

sollten wir anregende Orientierungswerte beachten. Wir neigen aus der Perspektive der *Ego-Society* dazu, Gemeinschaftsleistungen mit dem Begriff des *»Konformismus«* abzuqualifizieren. Wir verstehen darunter fälschlicherweise die Einengung des persönlichen Freiraums durch die Unterordnung unter die **Repression einer »herrschenden Klasse«,** die gültige Denkklischees als Handlungsgebote vorgibt. In Wahrheit aber ist **Konformismus im Sinne einer höheren Sozialkultur** – geradezu einer idealistischen Sozialkultur – ein **aktiver Beitrag des einzelnen, sich integrativ einzugliedern und sich an gemeinsam als richtig erkannte Normen anzupassen.**

Eine freie, pluralistische Gesellschaft mit widersprüchlichen Werten und Normenkonstellationen erfordert die permanente friedliche Konformisierung auch widersprüchlicher Gruppen im positiven Sinne des »größeren Miteinander«. Der moderne **»Konformismus« ist um vieles toleranter geworden,** er hat keinen Grund, sich vor »Nonkonformismus« zu fürchten und diesen, wie in den auf Staatsterror begründeten Diktaturen, als »Abweichung« zu sanktionieren.

Ein *übergreifender Konformismus in der neuen Weltgesellschaft* entzieht hoffentlich extremistischen Politikern zunehmend die Möglichkeit, Ideen der Auseinandersetzung »erfolgreich« in der Gesellschaft weiter zu inszenieren. Ihre Funktion besteht zumeist darin, in von ihnen genährte Konflikte eingreifen zu können. Sie entsprechen damit verstärkt dem nicht nur in Satireblättern gezeichneten Bild des Feuerwehrhauptmanns als Brandstifter, der im pyromanischen Lustrausch Brände legt, um sie löschen zu können. Die psychoanalytische Deutung des Verhaltens krankhafter »Brandstifter« unter den politischen Extremisten läßt dieses Bild nur allzu schlüssig erscheinen.

In der bereits begonnenen Aufbruchphase zur globalen Welt der Einwirkungen und Bewirkungen fürchtet man Kontinuitätsbrüche. Daher ist es ganz sicher, daß nonkonformistischen »Weltstörern« zunehmend globale Sanktionen entgegentreten werden.

Die große, pathetisch vorangetragene **»Idee der Nation«** gedieh über Jahrhunderte deshalb so gut, weil sie das Ergebnis einer fleißig korrigierten geschichtlichen »Erinnerung« war und man nur selten den Anspruch erhob, daß daraus auch noch Realität werden müsse. Die *durch Hymnen und Fahnen sehr oft verzeichnete Geschichte* lebte von der Begabung charismatischer Gestalter.

Guehenno führt als Beispiel de Gaulles Begabung an, seine Politik in eine **»ikonische« Geschichte** ruhmreicher, zu Klischees erstarrter Erinnerungen von Johanna von Orleans bis zur Resistance einzuschreiben. Mit dieser *»Inszenierung« des Historischen* ermöglichte er es den Franzosen, sich selbst zu illusionieren und daran zu glauben – so Guehenno –, Deutschland 1940 Widerstand geleistet und 1966 mit dem Rückzug aus dem Nato-Oberkommando die »Unabhängigkeit« von den USA erlangt zu haben.

De Gaulles weniger illusionistisch begabte, weit weniger charismatische Nachfolger haben es schwer gehabt, den Weg in die neuen Realitäten unbeschädigt durch Selbstzweifel anzutreten. Kein Wunder daher, daß in Europas großen Staaten, einst durch die **Entente cordiale** geprägt, angesichts der durch die geänderte »Gravitation« des vereinten Deutschland verursachten deutlichen Machtverschiebungen innerhalb der Europäischen Union die *»Germanoneurose«*, die Furcht vor einem zu mächtig werdenden »Vierten Reich«, umgeht. »Kompensatorisches Verhalten« hat schon einmal den Minderwertigkeitskomplex, genährt durch die Kluft zwischen Realität und Projektion, deutlich werden lassen, nämlich 1968, als in Paris die Revolte, nicht zuletzt als Divergenz des inneren und des äußeren Bildes Frankreichs, ihren Ursprung nahm.

DIE KRISE DER IDEOLOGIEN, DES GLAUBENS UND DER INSTITUTIONEN

Gerade in Übergangszeiten wie heute ist es so wichtig, verfälschte Geschichtsbilder richtigzustellen, Erinnerungen und Projektionen auf Realitäten zu korrigieren. Den Historikern unserer Zeit obliegt damit eine gewichtige Aufgabe bei der *Freilegung historischer Fundamente in einer Art geschichtlicher Archäologie.* Auf dem Flugsand von tradierten Emotionen können wir keine Welt von morgen bauen. Mit Recht sagt man heute, daß der alte Spruch »aus der Geschichte kann man lernen« ebenso illusionistisch war wie die »gelernten Erkenntnisse«.

Die klassischen Erkenntnispfade von einst, die ihre Richtung aus lerntheoretischen Gesetzen ableiteten, enden offensichtlich im Sand. Nicht immer, oder vielleicht sogar nie mehr, geht es von der Kenntnis zur Erkenntnis. Eine irritierte und irritierende Welt hat an die Stelle linearer Kommunikationsstrukturen wechselhafte und auswechselbare *Infokonstellationen* gesetzt.

Alle Entwicklungen sind längst zu schnell für plumpe Anpassungen geworden und daher zu »flippig«, um Dampfwalzenstrategien aufrechtzuerhalten. In diese wechselhafte Szene der Veränderung muß ein wichtiges Instrument als neuer Wegbereiter eingeblendet werden: *Motivationsdesign.* Das Entwickeln neuer Motivationen erscheint deshalb dringend geboten, weil nur auf große Ziele hin Motivierte auch diese gestaltend erreichen können. **Demotivation – und das ist eine grassierende Seuche des inneren Rückzugs aus der Welt – muß massentherapeutisch behandelt werden. Leider nehmen die Massenmedien diese Chance und Aufgabe nicht wahr.**

Wie Bernard Cathelat in seinen Hinweisen auf eine immer wetterwendischer werdende *»Sozialmeteorologie«* feststellt, hat die immer schneller werdende Vergänglichkeit der Strukturen dazu geführt, daß die heutige *Low-impact-Society* in eine *tiefe Krise der Ideologien, des Glaubens und der Institutionen* gefallen ist. Dies habe zu einer ganzen Reihe entgegengesetzter Reaktionen geführt: **gesteigerte Weltfluchttendenz** (eskapistische Modelle auf der einen Seite, wie Drogenkonsum und Sucht allgemein, und auf der anderen Seite ein neuer **Rigorismus, Puritanismus** und – wie wir bereits festgestellt haben – **Tribalismus**). Die Divergenz dieser Entwicklungen weist deutlich darauf hin, daß wir für die Gestaltung sozialer Zukunftsstrukturen nicht ohne das Design neuer Motivationskräfte auskommen können. *Die Notwendigkeit zur Welterklärung nimmt deutlich zu.*

Unser Aufbruch ins dritte Jahrtausend steht im Zeichen großer Krisen, die die Umstellung von der nationalen auf eine regionale und globale Weltordnung mit sich bringt. Beide Ordnungssysteme müssen voll kompatibel geprägt sein, um das zu vermeiden, was den Lauf der Welt heute nicht fließen läßt. Auf der einen Seite »fließt« weltweit Überinformation über uns hinweg, auf der anderen Seite stehen die Ampeln unserer direkten Lösungsebenen auf »Rot«. Bürokratiegeflechte verstopfen als »Filterfilz« schnelle Lösungen, und »mentale Immunschwächen« wie Rassismus lähmen menschengerechte Interaktion.

Sehr wahrscheinlich erfordert das fortwährende Aufbrechen immer neuer »Konfliktgeschwüre« der Krankheit »Libanonisierung« einen solidarisch gestützten härteren Gegenkurs. *Sehr leicht könnte daher als therapeutischer Ansatz gegen die »Libanonisierung« das »Law and order«-Medikament einer »Singapurisierung« der Welt wirkungsvoll werden.* Singapur ist eine Insel »neuer Ordnung«: kein Ferienparadies für die Drogenmafia, kein Nährboden für Kriminelle, keine Showbühne für Ordnungsstörer, keine Fahrschule für Ökosünder. Wer sich *»vorgaben- und gesetzeskonform« verhält, kann sich dort richtig wohl fühlen. Das »Modell Singapur« könnte in einer Welt der Ordnungsstörer Musterbeispiel exemplarischer Lösungsansätze werden. Bauplan für einen rigideren Fortschritts-Demokratietyp, für den Gestaltwandel der Demokratie in die »RIGIDOKRATIE« der Zukunft.* **»Singapurisierung« versus »Libanonisierung«, dieser Weg scheint auch zur genetischen »Sicherheitsprogrammierung« einer solidarischen Weltgemeinschaft zu werden.**

»RIGIDOKRATIE«: DAS »PRINZIP ORDNUNG«

Einige »Übungsstücke« liegen ja schon hinter uns: **der Golfkrieg als Exempel supertechnologischer, »weltpolizeilicher« Sanktionsintervention.** Und als Lernfall des Nichtstuns, die laue, zu späte, nicht Anfängen wehrende – weil nicht völkerkonform –, gestützte, von kurvenreichen Interventionen unterbrochene, durch zahllose Waffenstillstandsbrüche relativierte »Sicherheitsaktion« in Bosnien.

Vielleicht sind Militärbündnisse auch nur »Übergangslösungen«, da sie stark an die historischen Relikte des Zusammenstoßes großer Landheere in größerflächigen Konflikten gebunden sind und natürlich auch von Nachbildern an das **Gleichgewicht des Schreckens** während des kalten Krieges zwischen Ost und West geprägt wurden. *Die »Rigidokratie«, wenn sie kommt, wird sich auf harte Präventivmaßnahmen der Veränderung stützen müssen. Dazu gehört die totale Abrüstung und Entwaffnung der Welt auf der einen Seite und auf der anderen Seite der Aufbau einer hochtechnologischen schnellen Eingreiftruppe unter dem Kommando der »Weltregierung«, die an allen Krisenpunkten des Globus in kürzester Zeit »Sanktionsblitze« setzen kann.*

All das setzt natürlich die *Regierbarkeit der Erde* voraus. Und sie *muß sich auf eine von allen gestützte »Raison d'humanité«* begründen. Dazu gehört eine *Ethik der Toleranz und des Pluralismus,* die es von selbst verbieten würde, anderen Gesellschaften westlich-europäische Wertmaßstäbe aufzuzwingen.

Andererseits muß weltweit Übereinstimmung herrschen, daß grobe Verstöße gegen die Menschlichkeit wie Massenmorde, Terror und Folter nicht nur in Konferenzen »Gegenstand der Erörterung« sind, sondern von der Weltgemeinschaft verurteilt und sanktioniert werden. Für Verbrechen verantwortliche Führer müssen internationaler Gerichtsbarkeit zugeführt werden.

In seinem Bericht an den Club of Rome befaßt sich Yehezkel Dror mit der gravierenden Frage, ob die Erde noch regierbar sei, und empfiehlt das *absolute Verbot jeder Gewaltanwendung.* In sehr klaren Worten unterstreicht er dabei auch die Rechtfertigung vorübergehend harter Maßnahmen, wie etwa die *Einsetzung einer »konstitutionellen Diktatur«*, die es zum erstenmal in der Römischen Republik gegeben hat. *Ein alternativer Sanktionsschritt wäre die Entscheidung, gewisse Länder vorübergehend internationaler Aufsicht zu unterstellen, ja sie in Extremfällen vorübergehend sogar militärisch zu besetzen.* Er empfiehlt in seinem Bericht, den *Begriff der globalen Verantwortung* fest zu verankern, um unter dem Eindruck der sich rasch weltweit abzeichnenden Veränderungen zukunftsperspektivische Voraussetzungen zu schaffen.

Bisher blieb die Beurteilung der Weltlage Staatsmännern, Medienkommentatoren, aber auch politischen und wirtschaftlichen »Wettermachern« vorbehalten. Ideologien und Wunschdenken verzeichneten dabei die Realität. Unser zunehmend sich selbst integrierendes globales System erfordert die *Entwicklung einer »globalen Zivilisation«* als Ausdruck eines weitgehenden kulturellen Pluralismus. Das bedeutet natürlich auch die Prolongation von erheblichen Konfliktstoffen. Nur die Lösungsansätze müssen anders aussehen als bisher. Die Art, wie wir bisher mit Problemen umgingen, erscheint nicht ausreichend. Vor allem deshalb, weil *nationale und internationale Gesetze mehr auf der Befolgung von Vorschriften begründet sind als auf Verpflichtungsnormen der Sittlichkeit.* Zu den erweiterten Grundlagen eines sittlich begründeten »guten Lebens« gehören, im Unterschied zu der bisherigen vorherrschenden Meinung mit Priorität materieller Werte, altruistische, nicht egozentrierte »Teilnahmebedingungen«. In den noch stark materialistisch geprägten postindustriellen Gesellschaften zeigen wir zumeist humanitär-kontraproduktives Verhalten.

Besonderes Gewicht legt Dror auf die Feststellung, daß wir für einen neuen Ansatz demokratischer Regierungsformen dringend eines modernisierten, offenen, repräsentativen Verständnisses für den *Begriff der »staatstragenden Eliten«* bedürfen. »Wir brauchen solche Eliten besonders dringend, weil wir heute wieder vor dem alten Problem der Beziehungen zwischen Wissen und Macht stehen, wobei sich einerseits unser Wissen wesentlich erweitert hat und den Regierenden zur Verfügung stehen muß und andererseits die politische Macht mit Argumenten legitimiert wird, die kaum etwas mit Wissen zu tun haben. *Verantwortungsbewußte und qualifizierte demokratische staatstragende Eliten müssen bereit und fähig sein, die Interessen künftiger Generationen zum Wohl der ganzen Menschheit wahrzunehmen und das Zusammenwirken von Wissen und Macht zu verbessern.«*

DIE »ROSSE DER APOKALYPSE« SIND GESATTELT

Leider bleiben das »abgehobene« idealistische Bestrebungen, solange die Menschheit sich nicht der Grundproblematik der Veränderungen stellt. Allerdings wird es immer deutlicher, daß die heutige Gesellschaft nicht auf globale Änderungen vorbereitet ist und daß vorhandene Regierungsformen nicht die Voraussetzungen bieten, den Erfordernissen und Chancen einer sich verändernden Welt gerecht zu werden. Darüber hinausgehend entstehen durch die **Akkumulierung von »Risikofaktoren«** – wie starkes Anwachsen der Bevölkerungszahlen, hoher Energieverbrauch, Ressourcenverschwendung – Gefahren, die zur Bedrohung des Überlebens der menschlichen Spezies wesentlich beitragen. Solange die Gefahr von Kriegen besteht, auch wenn sie nur territorial begrenzt stattfinden, ist das kein Risiko, »mit dem man leben kann«, so wie das gerne heruntergespielt wird. Das dann auf die Menschheit zukommende Inferno einer neuen Barbarei erfüllt alle Voraussetzungen einer Untergangsvision.

Die auf **Fraktionszwang** setzende, **überaus langsame Abstimmungsmaschinerie unserer Parlamente** beherrscht absolut nicht die Fähigkeiten des für Krisenzeiten erforderlichen *»Krisenmanagements«*. Eine Strategie, die auf extrem rascher Entscheidungsfindung mit integrierter Fehlerkorrektur sowie mittelfristiger Planung, langfristigen Visionen und vor allem Ad-hoc-Maßnahmen beruht. Stichwort Bosnien, Stichwort Somalia – und das Versagen ist »aktenkundig« …

In der Periode der Erschaffung eines globalen Systems der Bewältigung können soziale, wirtschaftliche und kulturelle Unterschiede zwischen den Gesellschaften noch eher zunehmen als sich verringern. Es wäre daher sicher falsch, von der Fiktion einer vollständig integrierten Welt, ja sogar wie das jetzt öfter geschieht – von einer *»weltweiten Dorfgemeinschaft«* zu reden.

Um aber ein Ordnungssystem überhaupt in die Wege leiten zu können, müssen wir als *erste Stufe der weltweiten Solidarisierung den Kampf gegen Kriminalität, Drogenhandel und Terrorismus global geeint aufnehmen. Weder nationale noch internationale Polizeiinstitutionen oder militärische Verbände waren bisher imstande, diese Entwicklung ausreichend voranzutreiben.* Ohne ein wesentlich größeres Verständnis und bessere Funktionsfähigkeit internationaler und regionaler Regierungstätigkeit ist keine übergreifende Effizienz zu erwarten. *»Die Rosse der Apokalypse«*, wie jemand die Unheilsboten eskalierender Gewalt in der Welt treffend nennt, müssen im Zaum gehalten werden, um die Chance auf eine neue Weltenordnung nicht zu zerstampfen.

Einfach wird es nicht werden, denn es wäre eine leichtfertige Illusion, zu glauben, daß gewissermaßen mit einem Ruck eine Vielzahl von Menschen die von der Massenkultur geprägten Ziele aufgeben und sich einem selbstgenügsamen, spirituell getragenen Lebensstil zuwenden könnte. »Das Boot auf falschem Kurs« fährt auch gebremst noch in alter Linie. Das bedeutet, daß wir für das anbrechende 21. Jahrhundert unter dem Druck der wachsenden Menschheit mit einem zunehmend aggressiven Verhalten zu rechnen haben und daß als Folge steigender Frustrationen Fundamentalismen aller Art weiter boomen können.

Begünstigt wird diese Entwicklung durch die steigend ungleiche Verteilung zwischen Reichtum und Mangel auf der Welt. *Wie Octavio Paz diagnostiziert, wird es noch lange eine Erde mit nicht nur drei, sondern vier oder fünf Welten geben. In dieser »Vielwelten-Welt« werden etwa 85 Prozent der gesamten Menschheit leben!* Wo bleibt da die Gestaltungschance der Politik?

Die sehr dissonante Abstufung in verschiedene Zonen bei extrem divergierendem Strukturenwachstum wird weder die Chance der Politiker vergrößern noch dazu imstande sein, den Sinn der entscheidenden wissenschaftspolitischen Fragen, den abgestuften Einsatz von Hochtechnologie und humanitärer Ressourcenvermehrung zu begreifen und zu bewerten – im Sinne eines gerechten Fortschritts für die Menschheit als Ganzes.

Die Vielfalt der zu bewertenden Aufgabengebiete ist nahezu übermenschlich: *Wie kontrolliert man etwa Mißbrauch neuer biotechnologischer Verfahren? Welche neuen Energiequellen mit erneuerbaren Ressourcen – wie etwa Kernfusion – sind zu fördern, welche zu verhindern? Wo bleiben neue Technologien für verbindlichen Umweltschutz, wie können wir den*

Treibhauseffekt rascher wirkungsvoll ausschalten? Wie stehen wir zur genmanipulativen Klonung – zur übermenschlichen Verantwortung, menschliche Erbanlagen so zu verändern, daß wir selektive »neue Lebensformen« schaffen?

Der reale »Humunkulus« hat die Weltbühne betreten. Wie wollen wir die Unterschiede zwischen traditionellen und modernen Auffassungen von Ethik überbrücken? Erschwert wird das noch dadurch, daß in unserer egalitären demokratischen Kultur Politiker und Bürokraten besondere moralische Anforderungen als »Elitedenken« a priori ablehnen.

Dabei besteht ein gewaltiger Unterschied zwischen einer Elite des Gewissens und einer Elite der Privilegien. Thomas Jefferson unterschied bereits zwischen der »natürlichen Aristokratie«, deren Herrschaftsanspruch sich auf moralische Werte und Fähigkeiten stützt, und der »künstlichen Aristokratie«, die sich auf Reichtum und Geburt stützt.

Weltweit speisen etwa 50 000 Personen aus multi- und supranationalen Institutionen die *echte »Entscheidergruppe« von rund 5000 Personen. Aus ihnen ragen rund 400 Politiker heraus (davon nur etwa die Hälfte nach westlichen demokratischen Regeln gewählt), die in Wahrheit heute die Zukunft der Menschheit entscheidend verändern und bestimmen können. Eine beunruhigende Disproportion zu den fast schon sechs Milliarden »Gesteuerten«. Wann werden die 400 Kapitäne der »Arche« endlich auf Kurs gehen? Die Beantwortung dieser Frage ist an Vorbedingungen geknüpft: Daran, daß in die Politik neue »Qualitätsstandards« implantiert werden und damit bei demokratischen Wahlen nur Mitglieder einer Elite des Gewissens und des Wissens ins hohe Amt berufen werden. Die zweite Vorbedingung ist schließlich das Abdanken der nationalen Politik …*

ÜBERLEBEN – ABER WIE?

Der Antikrieg als »Survival«-Strategie

Der wichtigste Einstieg in das Thema »Überlebensstrategien« ist wohl die Betrachtung der steigenden Populationskurven, ihrer geographischen Verteilung und Altersstrukturierung. Noch marschieren wir von der Fünf-Milliarden-Population zur Sechs-Milliarden-Population des »Raumschiffs Erde«. **Aber bereits im Jahr 2025 wird die gesamte Weltbevölkerung etwa 8,5 Milliarden und zweieinhalb Jahrzehnte später, nämlich 2050, bereits zehn Milliarden betragen.**

Ein wichtiger Entwicklungsindikator ist auch die **Verteilung**, denn hier verschieben sich die Gewichte am stärksten: Der Prozentsatz der in den heutigen Industrieländern lebenden Menschen sank von 33 Prozent im Jahre 1950 auf 23 Prozent im Jahre 1990 und wird sich auf etwa 17 Prozent im Jahre 2025 verringern. In diesem Schlüsseljahr der 8,5-Milliarden-Population werden etwa 83 Prozent der Bewohner in den heutigen, und vermutlich auch dann noch so zu bezeichnenden, »Entwicklungsländern« leben. Der Lebensstandard in diesen Ländern wird allerdings im Vergleich zu heute etwas höher sein.

In der **Alterspyramide** wird die Kategorie der über 65 Jahre alten Menschen in den Industrieländern bis 2025 auf rund

19 Prozent anwachsen. In asiatischen Großbevölkerungsländern, wie China und Indonesien, wird der Anteil nur zehn Prozent betragen und in Afrika weniger als fünf Prozent.

Gleichzeitig wird in den Entwicklungsländern der Urbanisierungstrend weiter anwachsen. Lebten 1950 in den Elendsquartieren der Großstädte der Dritten Welt »nur« 17 Prozent der Bevölkerung, so wird bis in die ersten Jahrzehnte des nächsten Jahrtausends diese Zahl die 50-Prozent-Schwelle überschritten haben. **Die Zahl der Millionenstädte in Entwicklungsländern wird von heute 125 auf über 300 ansteigen, wobei auch die Megastädte mit mehr als 15 Millionen Einwohnern stark zunehmen werden.** Diese deutliche **Übergewichtigkeit neuer, verelendender Stadtstrukturen** wird gewaltig viel Zündstoff der Destabilisierung in sich tragen.

Gelingt es nicht, durch neue, noch nicht existente Supratechnologien das Leben dieser Massen menschlich erträglich zu halten, das heißt sie mit Nahrung, Wasser und mit, wenn auch begrenzter, Wohnfläche zu versorgen, dann kommt es zu *»eruptiven Migrationsströmen«*. Drastische Korrekturen im geographischen Bereich könnten die wachsende Problematik ein wenig mildern. Aber es besteht dabei die Gefahr, daß es zu *»ethischen Dammbrüchen«* kommt. In Bombay beispielsweise verbot man, schwangere Frauen mit Ultraschall zu untersuchen, um die Abtreibung der wenig erwünschten weiblichen Embryos zu verhindern.

Aber auch in Europa breitet sich ein neuer *Rigorismus* im diesbezüglichen Denken aus: In Frankreich wird erwogen, Schwangerschaften durch Implantate nach Eintreten des Klimakteriums zu verbieten. Aus solchen deutlichen Eingriffsregulativen kann sich eine gewaltige Normenverschiebung entwickeln, die bis zu **»Fortpflanzungsbewilligungen« nach**

genetischem Screening und zu genetischem »Design« neuer **»Aufzuchtverbesserungen«** reichen könnte. Diese Entwicklung könnte die »Aufnordungsphantasien« des »Unternehmens Lebensborn« sowie die Eingriffsutopien im Orwellschen und Huxleyschen Sinne weit in den Schatten stellen. **Das auf bessere »genetische Fitneß« hingezüchtete Kind könnte sehr wahrscheinlich in vielen Fällen nur einen unbekannten, als Idealvererber passenden Vater mit anonymer Samenbanknummer haben.**

Die an demokratische Entwicklungen gebundenen Umstellungen der Wertbegriffe haben in der gesamten Menschheitsgeschichte wesentliche Veränderungen bewirkt – wiewohl die Eingriffsmöglichkeit des heutigen »Utopia« sicherlich alle bisherigen Ethikentscheidungen relativiert.

Werden die Dimensionen unseres Denkens mit den neuen »Möglichkeiten« Schritt halten? Wir können zwar heute schon abschätzen, daß die nach »Milchmädchenrechnung« erstellten ökologischen Konzepte keinesfalls allein mit **»Rückschrauben«** der Entgleisungen in Biosphäre und Ökologie durch internationale Konventionen regelbar sind, sondern nur mit Hilfe von neu zu entwickelnden, **supratechnologischen Korrekturmöglichkeiten** durch die Kombination einer *»Koalition der Gutwilligen«*.

Verkompliziert wird die Angelegenheit noch dadurch, daß sehr differente nationalstaatliche Egoismen das Formieren gemeinsamer Fronten erschweren und daß die Legislaturperioden der Politiker für die erforderliche Kontinuität einer Projektbearbeitung viel zu kurz bemessen sind.

Während wir in Europa, beeinflußt durch die Erinnerungen an die beiden Weltkriege und die menschenvernichtende »tödliche Effizienz« der beiden versunkenen Großdiktaturen, autonomer denken, sind die aufstrebenden Völker Asiens bei der Ausrichtung ihrer politischen Kulturen eher bereit, **»wohlwollend autoritäre«, »gemäßigt autoritäre«** oder **»pluralistisch autoritäre«** Regierungen als durchaus brauchbare Ausgangslage für den »Marsch ins dritte Jahrtausend« zu akzeptieren.

Die autoritäre Ausgangslage stützt sich dabei in den meisten Fällen durchaus auf eine marktwirtschaftlich strukturierte liberale Demokratie westlichen Typs – allerdings mit einem unverkennbaren Akzent in Richtung auf die bereits beschriebene *»Rigidokratie« mit verpflichtenden Normen, strengeren Sicherheitsmaßnahmen und »disziplinierter« Solidarität.* Wir sind jetzt schon angehalten, alle Bemühungen zu mobilisieren, um den Kern einer **globalen politischen Kultur** weder als autoritär noch als »Laisser faire«-Liberalismus zu gestalten, sondern als **eine für alle lebbare Diagonale, die nicht autoritär, sondern auf Autoritäten begründet ist.**

Bei der Neugestaltung politischer Konzepte sind wir gut beraten, den Wirkungshorizont vom politischen »Innenhof« des Jahrzehnts auf die globale Breitbandweite des Jahrhunderts auszudehnen. *Eine Kultur der Flexibilität und Neugestaltung* bedarf weiterer Denk- und Handlungsräume, als dies bisher der Fall war. Das Dilemma der zu kurzatmigen Politik wird durch die Tatsache verstärkt, daß nationale Regierungen aus einer wahrscheinlich zu großen Zahl von »ressortmauernden« Ministern bestehen, die zudem noch legislaturopportunistisch agieren. In ganz seltenen »Sternstunden« der Politik entsteht im Ansatz so etwas wie Teamarbeit – die eigentlich zum Regelfall gehören sollte.

Regionale Landesregierungen geben da Maßstäbe vor, die von den um partikularistische Interessen kämpfenden Bundesministern selten eingebracht werden. **Wir leben heute in einer Welt des Interessenausgleichs von Gegensätzen.** Der Bedarf an harmonisierender Interaktion wird mit der Zunahme des Einbrechens globaler Probleme steigen, aber schwieriger werden.

DIE NEUEN KAMPFMITTEL DER »NICHT-LETALITÄT«

Alvin und Heidi Toffler haben in ihrem »Kursbuch zum Überleben im 21. Jahrhundert« in diesem Sinne ein sehr wichtiges Szenario entwickelt, das hohe Wahrscheinlichkeiten für immer häufigere, zukünftige Bewährungsproben in sich trägt. Die von ihnen stark unterstrichene *gegenseitige Bedingtheit von Krieg und Antikrieg* trägt hohe Chancen in sich, zum Bewährungsmittel künftigen Überlebens zu werden. Wie einige Exempel der jüngeren Vergangenheit bewiesen haben, kann es durchaus Sinn machen, durch an sich kriegerische Maßnahmen einen größeren und schrecklicheren Krieg zu verhindern. Hier wird der Krieg selbst zum Antikrieg. Der »klassische« Golfkrieg war exemplarisch für diesen strategischen Ansatz.

Da wir aus dem Schatten des Industriezeitalters in den fortschrittlichen Gesellschaften herausgetreten sind, erscheint vieles, was wir über Krieg und Antikrieg wissen, gefährlich veraltet. Diese Perspektive gilt vor allem nicht für Technologie und wirtschaftliche Motivationen für Auseinandersetzungen, sondern in erster Linie für weitaus andere Kriterien als satte Overkilling-Potentiale. *»Overliving«* in den neueren Kriegen, die zunehmend mit der Technologie eines *»Kriegs der Sterne«* führbar werden, ist die eigentliche neue strategische Aufgabe. *»Ressourcenschonung«* hat die *»Feuerkraft«* von ehedem überwunden. Konflikte von morgen und übermorgen werden **punktueller zu beherrschen** sein – aber nur dann, wenn nicht eine Staatsmaschinerie auf die »Provokation« reagiert, sondern im vorgesehenen Optimumsfall eine globale Weltregierung, die weder Korrektur von Landkarten noch Eroberung von Wirtschaftsressourcen im Kopf hat, sondern nichts will als die soziale »Panne« Krieg möglichst rasch und schonend zu beenden.

Der »dual« eingeleitete Golfkrieg bot Gelegenheit, über von den Medien dramatisch aufgearbeitete und aufrüttelnde Bilder diese Botschaft zu vermitteln. Erst als mit den Waffen der »dritten Welle« der *»Krieg ohne Front«* punktgenau lief, waren die Waffengänge von alter Schlachtfeldtaktik hin zu **Benutzung und Zerstörung von Kommunikationstechnologien** abgewandert. Der Weltraum erweitert die dritte Dimension um eine vierte Dimension. In einer Zeit, in der Massenrüstung und großflächige Strategien obsolet werden, ist die Kluft zwischen den »Weltraummächten« und den anderen, nicht im All präsenten, extrem größer geworden.

Militärische Satellitensysteme können heute alle Überwachungs- und Steuerungsfunktionen gewährleisten. Aber mit den technischen Möglichkeiten stieg natürlich auch das Risiko, daß die Überwachungssysteme durch **»Info-Terroristen«** störbar wurden.

Aber schon sind neue Gegenwaffen auf den Plan getreten: militärische Roboter (z. B. unbemannte Flugzeuge), die den **Krieg ohne Verluste** möglich machen. Die Armee des 21. Jahrhunderts, von der wir nur hoffen können, daß sie als friedensbewahrender Schirm in einer entwaffneten Welt für die nötige »Raumordnung« sorgt und dabei ausschließlich einer exekutiven Weltregierung untersteht, ist bereits formierbar.

Trotzdem bleibt das **Arsenal des Schreckens** aus dem »Science-fiction-Labor« ein pannenanfälliges Hochrisiko. Der Katalog des Fortschritts liest sich gefährlich: beginnend mit neuen Sensorentechnologien, die statische und bewegte Objekte bis zu 1500 Kilometer Entfernung im Auge behalten können, bis zu intelligenten Minen, die nur selektiv hochgehen, und zu einem Kampfanzug, der seinem Träger »Superman«-Kräfte gibt.

Übrigens rücken auch die Erzeugung von Erdbeben oder Vulkanausbrüchen durch gerichtete elektromagnetische Wellen, »Windkontrolle«, das Produzieren lasergeschneiderter Ozonlöcher über dem Land des Gegners in die »ganz normalen« Arsenale. Es gibt für revoltierende Gegner sowohl einschläfernde Mittel als auch »polymere Klebemittel«, die Kriegsgerät »verleimen« und damit unbrauchbar machen können. Es sind fast durchweg *Kampfmittel der Nicht-Letalität,* die vermutlich in der künftigen Welt eine handfestere Sprache sprechen werden als die Verhandlungssprache der Diplomaten.

Ein völlig anderes Arche-Konzept als das der militärischen Friedensbewahrer liegt dem Projekt »10061« der Hochschule für künstlerische und industrielle Gestaltung in Linz zugrunde. Die Arche der Linzer Designer ist ein ehemaliger Schleppkahn, der von der Meisterklasse für Architektur umgebaut wurde. Seine **»Peacekeeping-Mission«** liegt darin, gedanklich die *»Überlebens-Sehnsüchte«* von Menschen unserer Zeit in die Zukunft zu projizieren; in eine Zukunft, die hoffentlich für Menschen guten Willens gestaltbar bleibt.

Eine ganze Reihe von Einzelpersonen und auch von »Offiziellen« aus den Bereichen Politik, Kunst, Wirtschaft und Kirche war eingeladen, zu den **drei Grundfragen, was wollen**

wir ins nächste Jahrtausend retten, was ist uns wertvoll, was brauchen wir wirklich, wenn wir an Bord der Zukunft gehen, Stellung zu beziehen. Es wurden natürlich auch neben geistigen und gedanklichen Konzepten und Botschaften »Güter« an Bord genommen. Vom Genlabor über den Spielsalon bis zum Güterdepot.

Das Schiff fuhr im Herbst 1995 die Donau abwärts und legte jeweils einige Tage in den wichtigen Donaustädten zwischen Linz und Preßburg an. Als »Herz-Geist«-Stück diente eine Computerstation, die die Besucher durch das Archiv navigierte. Vom Genpool bis zum selbstfahrenden Überwachungsroboter gab es eine Vielzahl von rettenswerten »Gütern« und Gedanken. Eine kleine Auswahl daraus: vom Thomas Mannschen »Zauberberg« bis zum Ariadnefaden, von »Le sacre du Printemps« von Strawinsky bis zu einem Auschwitzbild; Bildwerke vom Aussterben bedrohter Lebewesen fanden sich neben Spezialcomputern und Schweizer Armeemessern, Blumendünger neben einem multifunktionalen Fallschirm, Pillen und Präservative neben einer Astronautenschaufel. Der Rektor der Hochschule, Wolfgang Stifter, drückte seine Freude darüber aus, daß 132 Zeitgenossen mit ihren Requisiten, Wünschen, Symbolen und Visionen für das nächste Jahrtausend an Bord der »Arche 10061« gingen. **Das Prinzip »Vielfalt« des Errettenswerten wird durch einen Hoffnungsstrahl erhellt.**

Da es den neuen Medien gelingt, **fiktive Welten** zu erschaffen, auf die die Menschenmilliarden der Erde reagieren werden, als seien sie real, ist diese sehr konkretisierte Idee nicht so weit hergeholt.

Wir sind sicherlich Zeitzeugen des Entstehens einer neuen Zivilisation auf unserem Planeten und auch neuer Voraussetzungen nichtlinearen Wachstums: Der stellvertretende Premierminister von Singapur, George Yao, der in Cambridge und Harvard studierte, prophezeit, daß in der **Zukunft auf dem Gebiet der heutigen VR China Hunderte dem heutigen Singapur vergleichbare Stadtstaaten entstehen werden. Sie sollen die gewaltige Fläche des »Reiches der Mitte« durch ihr Zusammenwachsen neu strukturieren.**

Die postnationalen Staaten der dritten Welle haben ganz sicherlich einen *gelasseneren Bedarf.* Sie sind nicht so ressourcenverschwendend in ihren Funktionen und brauchen im Unterschied zu den alten Agrarkulturen viel weniger zusätzliches Land und infolge der Entwicklung neuer Werkstoffe wesentlich weniger Rohstoffe. Ein extrem wichtiger »Energiespender« wird neues Wissen sein, das zu neuen Technologien befähigt. »Überleben« der dritten Art ist, wie gesagt, auf extrem sparsamer Ressourcennutzung begründet. In dem aufregenden Bestseller »Faktor 4«, ebenfalls einem neuen Bericht an den Club of Rome, haben Ernst Ulrich von Weizsäcker und Amory und Hunter Lovins *doppelten Wohlstand durch halbierten Naturverbrauch* prophezeit.

DIE TRAGFÄHIGKEIT DER ERDE WIRD MESSBAR

Die Philosophie des Sparens stellt das Rückgrat für **»Lean-Living«** dar. Der Stromverbrauch von simplen Haushaltsgeräten wie Kühlschränken, Tiefkühltruhen, Waschmaschinen ist mit den heutigen Mitteln der Technik, so die Autoren, auf ein Viertel verringerbar! **Fortschritt war bisher an steigenden Energiebedarf gekoppelt.** Im Sinne einer begründeten Zukunftsorientierung bleibt uns nichts anderes übrig, als vorläufig einmal in erster Stufe weniger Natur zu verbrauchen und wirksamer damit umzugehen.

Eine *»Effizienzrevolution«* in Gang zu bringen, bringt die Chance für den **Faktor 4: die mindestens vierfachen Nutzungsmöglichkeiten von Ressourcen** wie bisher. Keine weitere Subvention für Vergeudung sowie eine ökologische Steuerreform sind die Voraussetzungen für das sparsame Erwirtschaften gleichbleibender Effizienz. Im Lichte der auf uns zukommenden drastischen Wasserverknappung auf unserem Planeten ist das Umstellen auf neue Bewässerungsverfahren dringend vonnöten. Mit **unterirdischer Tröpfchenbewässerung** kann der Bewässerungsnutzen auf über 95 Prozent gesteigert werden, das heißt, daß von einem Liter eingesetzten Wassers 0,95 Liter von den Pflanzen aufgenommen werden. Die Tröpfchenleitungen liegen 20 bis 25 Zentimeter tief in der Erde und bewässern auf direktem Wege die Wurzelballen. Da dabei die Bodenoberfläche trocken bleibt, wird der Verlust von Wasser durch Verdunstung weitgehend vermieden.

In einem ganz anderen energieverschwendenden Bereich, nämlich beim Auto, gibt es die neue **Idee des »Stattautos«,** wobei Autopools ein paar Dutzend Autos kaufen, die allen gehören und allen zur Verfügung stehen. Der Besitzanteil an einer Stattauto-Gemeinschaft kostet einmalig rund 1.000 DM. Die Nutzung eines Autos kostet die Mitglieder 3,90 DM pro Stunde und zusätzlich 52 Pfennig für den Kilometer. Diese relativ »satten« Gebühren sorgen nicht nur für bewußteren Gebrauch, sondern schaffen auch die Mittel, die Flotte instand zu halten und zu erneuern. Eine sehr **vernünftige Form von Auto-mobil.**

Um projektiv die ökologische Tragfähigkeit unserer Erde zu

berechnen, hat William Reeds an der University of British Columbia in Vancouver gemeinsam mit seinem Team die Idee der *»ökologischen Fußstapfen«* entwickelt. **Die Fußstapfen zeigen die Relationen von direktem und indirektem Landverbrauch.** Das Ergebnis dieser Studie war recht erschreckend: Es kam heraus, daß man drei Erdbälle bräuchte, um fünf oder sechs Milliarden (unsere heute Population) unterzubringen. Der Berechnung liegt die **Ermittlung von »nachhaltigen« Werten** zugrunde, unter Vermeidung von nicht weitere Ressourcen aufbrauchenden Strategien. Festgestellt wird, wieviel Raum für Energie, Holz, Ackerland und Mineralien weltweit und wieviel Trinkwasser jeweils lokal verfügbar ist.

Ein niederländisches Team, das sich ebenfalls mit den **verträglichen Belastungswerten** auseinandersetzte, kam zu dem Ergebnis, daß die Holländer in recht vielen Bereichen zwischen 40 und 85 Prozent Abstriche machen müßten, um einen *nachhaltigen Lebensstil* zu entwickeln. Ganz schlimm wäre es beim Fliegen, denn **ein einziger Transatlantikflug (hin und zurück) konsumiert die »nachhaltig« pro Person zur Verfügung stehende Menge an Flugkilometern für einen Zehnjahreszeitraum!**

Ganz so schlimm, wie es auf den ersten Blick aussieht, ist es insgesamt – wohlgemerkt, wenn man die jetzigen Kopfzahlen und Ressourcenquanten zur Berechnung heranzieht – noch nicht. Mit Hilfe einer dramatischen Effizienzverbesserung würden uns tiefergreifende Wohlstandsverzichte noch nicht zugemutet werden müssen. Die Belastungsverteilungen sind, wie uns ja wohl allen bekannt ist, in den verschiedenen Ökobereichen sehr unterschiedlich. Deutschland dürfe etwa statt, wie es heute der Fall ist, 11,5 Tonnen CO_2 zu emittieren, nur 2,3 Tonnen pro Jahr in die Biosphäre blasen …

Leider sind wir mit unserer Realpolitik noch meilenweit davon entfernt, ernsthaft genug die *Effizienzrevolution* in Gang zu setzen. Denn **wir dampfen weiterhin auf Wachstum.** Das hat in den verschiedenen Bereichen natürlich unterschiedliche Konsequenzen: Der weltweit stagnierende Fischfang und die gleichzeitig immer wieder steigende Nachfrage führen zu einer extremen Überfischung. Wenn wir für 1975 vom Index 100 ausgehen, zeigen die derzeitigen Fischpreise innerhalb von nur etwas mehr als zwei Jahrzehnten einen Sprung um mehr als das Dreifache nach oben (350). Zwei Jahrzehnte – was ist das schon im Vergleich zur Erdnutzung durch den Menschen?

Die Zeitbombe tickt kräftig, denn wir haben nur etwa 50 Jahre Zeit, um die technologische und zivilisatorische Entwicklung drastisch zu ändern und nachhaltig in den Griff zu bekommen. Der Schub ist gewaltig. 50 Jahre Zeit heißt nicht, daß wir die Problematik solange vor uns herschieben dürfen, sondern 50 Jahre Zeit heißt, daß wir sofort mit den Umstellungen beginnen müssen, um innerhalb dieser Zeitspanne das ökologische Gleichgewicht wiederherzustellen.

Der Weltbestseller der beiden Meadows (er wurde in 29 Sprachen übersetzt), »Grenzen des Wachstums«, mußte von ihnen nach nur 20 Jahren völlig umgeschrieben werden. Sie stellten fest, daß eine bloße Aktualisierung der Daten von ehedem bei weitem nicht ausreichen würde, da die Menschheit mittlerweile einen **Wachstumsschub in überproportionaler Größe** hinter sich hat. Dementsprechend schlecht zeigt sich der Zustand der Welt: Die Weltbevölkerung ist um fast zwei Milliarden in nur zwei Jahrzehnten angewachsen, die Zahl der Autos von 250 auf 560 Millionen. Da kann einem schon die Luft wegbleiben.

Ohne Zweifel wird jedoch das **Dichterwerden der Popula-**

tionen eine *vertiefte Bereitschaft zum Teilen* in Gang setzen. Das weitere Wachsen industrieller Produktivität unter Aussparung menschlicher Arbeitskraft wird sehr bald schon eine »Götterdämmerung« einleiten. Man muß kein großer Prophet sein, um die Annahme zu unterstreichen, daß eine wachsende Zahl von Menschen den informellen Sektor entdecken wird. Noch immer verdrängen klassisch orientierte Ökonomen diese Entwicklung völlig.

Der Club of Rome hat in mehreren Arbeiten darauf hingewiesen, daß Projekte über die Zukunft der Arbeit nur dann tragfähig sein können, wenn der produktive Wert sämtlicher Aktivitäten, die zum Gesamtwohlstand beitragen, berücksichtigt worden ist; während heute in den Einkommensstatistiken diesbezüglich viele »blinde Flecke« existieren.

MORALISCHER KAPITALISMUS

Die einzige balancierte Lebensform der Zukunft

Lord Dahrendorf, einer der führenden Analytiker von Sozialkonflikten, wies in einem »Focus«-Interview darauf hin, daß der modernen Gesellschaft durch den Ausschluß beträchtlicher Gruppen, die gewissermaßen keinen Zugang mehr zum allgemeinen Gesellschaftsleben haben, die Einigung auf eine durch Werte begründete neue Solidarität nicht leichtfällt. **Durch das gesamte Gemeinwesen hindurch führt daher eine breiter werdende Schneise moralischen Zerfalls.**

Als entscheidende Voraussetzung für das Entstehen einer neuen Solidarität sieht daher Dahrendorf den **Wiedereinschluß jener, die ausgeschlossen sind,** was er als *»Inklusion«* bezeichnet. Die Anfälligkeit der Welt für vollmundige Parolen autoritärer Führer sollte gewiß nicht nur als Randerscheinung temporärer Art abgetan werden. In Amerika, aber auch in Europa, hört man daher viel Zustimmung für die *rigiden Sanktionen asiatischer Länder,* in denen Vandalen, zum Beispiel Autozerkratzer, staatlich sanktionierten Prügelstrafen unterzogen werden ...

In den USA hatte schon viel früher als in den anderen freien Ländern der Welt **organisierte Selbsthilfe der Bürger gegen sozialen Absturz und gegen Gewaltakte** eingesetzt; eben weil dort nicht jene flächendeckende institutionelle soziale Absicherung wie in den europäischen Ländern gegeben war, die jetzt – allerdings aus Kostengründen – zum Rückbau überzogener Sozialleistungen gezwungen wurden. Trotz der breiten Institutionalisierung waren **viele notwendige Aufgaben der Nächstenhilfe offengeblieben.**

Die Bewegung der »Kommunitarier« in den USA ist ein Musterbeispiel für freiwillig organisierte Selbsthilfe, denn kein sozialpolitisches System der Erde kann es sich leisten, kranke alte Menschen 24 Stunden lang rund um die Uhr zu versorgen. **Bei sich auflösenden Familienstrukturen, heilloser Überforderung kirchlicher Institutionen und zunehmend unfinanzierbarer werdender sozialstaatlicher Absicherungen wird, wie Lord Dahrendorf sehr klar strukturiert,** *ein »moralischer Kapitalismus« die einzige ausbalancierte Lebensform der Zukunft sein.*

Wenn wir nach der Pleite des Über-Sozialstaats gangbare Wege in eine Wohlfahrtsgesellschaft von morgen suchen, werden wir ein diesbezüglich verändertes Bewußtsein entwickeln müssen. Das Gefälle des Verständnisses und der Bereitschaft für karitative Selbsthilfe läßt sich an den aufgewendeten Mitteln deutlich ablesen: Auf jede einzelne Mark, die in Deutschland von sozial offenen Spendern ausgegeben wird, verbuchen karitative Hilfsorganisationen in England zehn und in Amerika hundert Mark!

Das liegt zweifellos nicht daran, daß die Deutschen kein Herz haben für Nächstenhilfe, sondern daran, daß die *»Hängematte« sozialstaatlicher Absicherung* bei der Bevölkerung eine *»Vollkasko-Mentalität«* förderte. Funktionierende kapitalistische Systemordnungen von morgen werden daran zu messen sein, wie hoch ihre moralischen Standards sind, wie solidarisch von der Bevölkerung das Thema Nächstenhilfe gesehen wird, und nicht daran, wie linientreu die Gesetze der klassischen Ökonomie verwirklicht werden. *Ökonomie ohne humanitäre und ökologische Grundlegung und Verantwortung ist für die Zukunft undenkbar.*

Im 19. Jahrhundert schon, mitten in der neuen Industrialisierung, hat es bereits Künder der Grenzen gegeben, wie etwa John Stuart Mill, der in seinen »Principles of Political Economy« über die *Notwendigkeiten einer stationären Wirtschaft* sprach. So früh schon erfolgte ein kritischer Denkansatz, daher kann es einen nur in Erstaunen setzen, daß Heere von Volkswirtschaften der illusionären Idee einer gewissermaßen endlosen Steigerung von Wohlstand nachhingen. John Maynard Keynes, der in den schwierigen dreißiger Jahren von der Durchschreitung des dunklen Tunnels der Knappheit sprach, wonach hoffentlich bald in einer lichten Zukunft alle Grundbedürfnisse befriedigt werden könnten, inkludierte in seine Visionen den Wandel des moralischen Ehrenkodex künftiger Gesellschaften, von denen er hoffte, daß sie sich von Prinzipien befreien könnten, die einige der abstoßendsten menschlichen Eigenschaften, nämlich u. a. die Liebe zum Geldbesitz, als Selbstzweck zu den höchsten Tugenden erhoben hatten.

Wir müssen gerechterweise den sich heute anbahnenden **Wertewandel als eine Veränderungsbewegung** sehen, die sich vor dem Hintergrund eines durch Jahrtausende Menschheitsgeschichte geprägten historischen und kulturellen Erbes abspielt. Besonders deutlich wird das in einer immer offeneren Welt, in der christlich geprägte Menschen mit islamisch oder konfuzianisch beeinflußten Menschen einen Konsens finden müssen. Es treffen dabei natürlich differente, religiös geformte Wertesysteme aufeinander. Deutlich wird das, wenn man etwa ein Statement des früheren Premierministers von Singapur, Lee Kuan Yew, berücksichtigt, der meinte: *»Wenn man dem Individuum das Recht einräumt, über sein Verhalten uneingeschränkt selbst zu bestimmen, geht das auf Kosten einer geordneten Gesellschaft.«* In *schwindender Selbstverantwortung* und in der *Untergrabung der moralischen Fundamente* einer Gesellschaft gegenseitiger Respektierung ortet Yew auch den wichtigsten Unterschied zwischen westlichen Vorstellungen von Gesellschaft und Regierung und ostasiatischen, die davon ausgehen, »daß der einzelne in den östlichen Gesellschaften im *Kontext der Familie* existiert«. Yew hat zweifellos recht darin, daß infolge der Auflösung der bindenden Gültigkeit aller Strukturen der Familiarität viel Konfliktstoff in westliche Gesellschaftssysteme hineingewachsen ist.

Natürlich gibt es bereits – und muß es in Zukunft noch vertieft geben – *Wertesysteme von universeller Gültigkeit.* Wenn man nicht den Fehler wiederholt, den Politiker bei Konferenzen machen, in denen es um Konfliktlösungen geht, nämlich, daß sie sich zunächst einmal den Konflikten zuwenden, statt über *Konsensbrücken Konflikte aufzulösen,* könnten mehr Erfolge erzielt werden.

Ein kleines Beispiel: Wenn man die persönlichen Wertvorstellungen der Asiaten und der Amerikaner miteinander vergleicht, so stellt man fest, daß *Fleiß, Ehrlichkeit und Selbstvertrauen* in beiden Strebenslisten verankert sind, während *Erfolg im Leben, persönlicher Erfolg, anderen helfen* bei den Amerikanern und *Respekt für Bildung* und *Selbstdisziplin* bei den Asiaten als schätzenswert gelten.

Auch bei den gesellschaftlichen Wertvorstellungen gibt es Konsens und Differenzierung. Konsens für den Wert *Meinungsfreiheit* bei beiden, ebenso wie für *Rechenschaftspflicht*, die allerdings differenziert eingeordnet wird. Die Asiaten sehen *die Rechenschaftspflicht öffentlichen Beamten gegenüber*, und die Amerikaner sehen die *Rechenschaftspflicht öffentlicher Beamter ihnen gegenüber.*

Bei den anderen Werteaufteilungen legen die Asiaten vorrangig Gewicht auf eine *geordnete Gesellschaft, Harmonie, Offenheit neuen Ideen gegenüber* und *Respekt für die Autorität.* Demgegenüber bevorzugen die Amerikaner den *Wert der persönlichen Freiheit, die Rechte des Individuums, die Lösung widersprüchlicher politischer Ansichten durch offene Diskussion und selbständiges Denken.*

ASIEN – DER VIELFALTKONTINENT

Unterwegs zur »Asianisierung«

Im Lichte der neueren Entwicklung erscheint es besonders interessant, daß trotz jahrzehntelanger stärkerer wirtschaftlicher und kultureller Kontakte die Werteparameter beider doch recht unterschiedlichen Strukturen sich kaum veränderten.

Jetzt scheint das anders zu werden, denn *Asien ist dabei, seine globale Selbstfindung mit einer starken Emanzipation von westlichen Überlegenheitsvorstellungen zu verbinden. Modernisierung war in den letzten zwei Jahrhunderten gleichbedeutend mit Verwestlichung.*

Das ist gründlich anders geworden, seit Asien in vielen Bereichen *supratechnologischer Produktivität* die westlichen Fortschrittsländer überrundet hat. Die materialistischen Wertschöpfungen des Westens sowie seine militärische und politische Übermacht wurden in Asien sehr respektiert. Schritt für Schritt wurden westliches Gedankengut und westliche Kultur von der Gesellschaft übernommen. Allerdings gelang es vor allem den Japanern, die ja die dichteste Kultur- und Wirtschaftspartnerschaft mit Amerika und Europa eingingen, *alles Ausländische sehr subtil zu »japanisieren«* und somit ohne allzugroßen Verlust der alten kulturellen Eigenständigkeit den Fortschritt des Westens als »Attitüde«, aber nicht als inneren Wesenszug zu adoptieren.

Die frühere Abgeschlossenheit der einzelnen Länder Asiens, die ja lange in zwei sehr trennenden politischen Welten lebten, hatte verhindert, daß sich so etwas wie ein *gesamtasiatisches Bewußtsein* entwickeln konnte. Durch die Verdichtung der Handelsbeziehungen, wachsende Prosperität und die vollständige kommunikative Vernetzung explodiert nun geradezu dieser Selbstfindungsprozeß. Er war durch Traditionen und Abschottungen, die ja bereits zum Großteil historisch begründet waren, nicht möglich.

Der junge stellvertretende Premierminister Malaysias, Anwar Ibrahim, sieht die *Bewußtseinskrise Asiens* nun als lösbar, seit Asien dem Westen partnerschaftliche Konkurrenz mache. Damit hat sich, so Ibrahim, das asiatische Denken endlich aus der intellektuellen Sackgasse befreit. »Wir stehen unseren eigenen Traditionen viel positiver gegenüber und haben ein ehrliches Interesse an den Traditionen unserer asiatischen Nachbarn. Wir befinden uns auf einer *Entdeckungsreise durch die Myriaden asiatischer Traditionen,* damit wir einander kennen- und besser verstehen lernen.«

Mit dieser klugen Feststellung hat Ibrahim klargelegt, daß sich offene Verständnisbereitschaft nach außen auf vertiefter innerer Kenntnis begründet. Diese Feststellung gewinnt noch erweiternde Logik, wenn wir bedenken, daß *Asien ein Kontinent mit enormer Vielfalt* ist und daß das, was in vergangenen Jahrhunderten schon von Handlungsreisenden berichtet wurde – nämlich die undurchdringliche Verschlossenheit der Asiaten –, nur den *»Schreincharakter«* verdeutlicht. Den passenden Schlüssel dazu haben wir offensichtlich erst jetzt gefunden ...

Wenn John Naisbitt in seinem neuen Werk »Megatrends Asien« die acht Megatrends, die unsere Welt verändern, analysiert, so ist das kein unwesentlicher Kodierungsansatz der Entschlüsselung. Auch er geht davon aus, daß die mehr als 30 Länder Asiens durch wirtschaftliche Integration und Technologiefortschritt, vor allem im Bereich der Telekommunikation, nun erst beginnen, wirklich zusammenzuwachsen. Es ist aufregend, festzustellen, daß wir Zeitzeugen der *»Asianisierung« Asiens* sind.

Aufgrund kultureller, sprachlicher, politischer, ideologischer, religiöser und natürlich auch geographischer Unterschiede war das alte Asien bis in die Gegenwart ein nicht nur durch äußere Grenzen geteilter Kontinent. Doch nicht bloß in der Relation zur westlichen Welt, sondern auch in der Binnenstruktur des Kontinents finden gegenwärtig gewaltige Verschiebungen statt. Japan, in der Nachkriegszeit zum *»Referenzpartner« westlichen Fortschrittswirtschaftens* geworden, wird durch die geänderten Spielregeln innerhalb des asiatischen Raums einige kräftige Dämpfer der bisher unangefochtenen »Leadership« hinnehmen müssen.

Auch das ist exemplarisch für die Entwicklung des Zusammenfließens globaler Weltwirtschaften: *der Wandel in den Wettlaufregeln, die nicht mehr vom Einzelläufer und seiner Überlegenheit, sondern zunehmend von einander die »Fortschrittsstaffete« in die Hand gebenden Teams bestimmt werden.* Je schneller der Fortschritt, desto schneller der Wandel. Eine schwierige Vorgabe. In diesem Sinne werden sehr bald die Regionen Südostasiens, angeführt von China und dem *globalen Netzwerk der Auslandschinesen,* die Zügel der Weltwirtschaft deutlich in die Hand nehmen.

Das neue Selbstbewußtsein ist, wenn man es richtig zu interpretieren versteht, an den »Türschildern« der Städte, die sich deutlich verändert haben, abzulesen. Peking heißt heute Beijing, Birma Myanmar, und Bombay wurde, asiatisch selbstbewußt, in Mumbay umbenannt. Die äußeren Zeichen einer, nach asiatischer Meinung, zu langen Fremdherrschaft sollen damit beseitigt werden.

Mit der Rückgabe von Hongkong und zur Jahrtausendwende von Macao wird zum erstenmal seit 400 Jahren jeder Zentimeter asiatischer Erde unter asiatischer Oberhoheit stehen! Mehr als die Hälfte der Weltbevölkerung, nämlich rund drei Milliarden Menschen, leben in Asien, dem vermutlich wichtigsten Verbrauchermarkt von morgen. Zu Recht sieht daher Naisbitt *in der Modernisierung Asiens die wichtigste globale Entwicklung um die Jahrtausendwende.*

Nach dem Überschreiten des Entwicklungszenits wird

Japan – wie es auch der generelle *weltweite Trend des Verblassens nationalstaatlicher Strukturen* zeigt – an Wichtigkeit verlieren, und es werden dann vermutlich die Clan-Netzwerke der Chinesen die wichtigsten Steuerungsfunktionen des Riesenkontinents in der Hand haben. *Der Übergang vom Nationalstaat zu Netzwerken wird von Naisbitt als Megatrend Nummer eins gesehen.*

Megatrend Nummer zwei, wenn es um Asien geht, wird der Wandel vom Exportübergewicht zum explodierenden Inlandsmarkt sein. Als *Billigproduzenten der Welt* hatten die asiatischen Länder bisher eine für die Weltmärkte, aber auch für ihre eigene Entwicklungsstruktur wichtige Rolle innegehabt. *Um die Jahrtausendwende wird es in Asien bereits eine halbe Milliarde Menschen geben, die auch nach westlichen Begriffen als Mittelschicht definierbar sind.*

EGALITÄRER WOHLSTAND BLIEB EUROPAS UTOPIE

Den Wandel vom Traditionsdenken zur offenen Gesellschaft sieht Naisbitt als Megatrend Nummer drei. Nach der **Überlastung der wirtschaftlichen Wettbewerbsfähigkeit des Westens durch den Wohlfahrtsstaat** hat der Osten die Nase vorne. **Asien wird nicht versuchen, die Utopie vom egalitären Wohlstand, die in Europa grassierte, umzusetzen.** Das wäre ein zu großer Hemmschuh für die generelle Umstellung zur freien Marktwirtschaft, die rasantes Wirtschaftswachstum bewirken wird und innerasiatisches Teamwork begünstigt. *Megatrend Nummer vier ist daher der ruckartige Sprung weg von staatlicher Kontrolle hin zur Marktdynamik.*

Da großflächige Wohlstandsanhebung nicht möglich erscheint, werden die extrem wachsenden Riesenstädte Menschen aus den ländlichen Regionen absaugen und damit, wie schon beschrieben, eine neue **Strukturierung, ausgehend von Power Units,** in die Wege leiten. *Diese Konzentration auf die neuen Zentren verändert die traditionell landwirtschaftlich orientierte Gesellschaft Asiens radikal in eine fortschrittliche Telekommunikations- und Informationsgesellschaft. Das ist Megatrend Nummer fünf.*

Die abrupte Umstellung in dieser Entwicklung, die vermutlich nicht in längerfristigen evolutionären Schritten vor sich gehen wird, sondern revolutionär-explosiv, könnte – und das wäre eine große Fortschrittschance für die gesamte Menschheit – den Weg über die Schornsteinindustrialisierung überspringen und gewissermaßen von den Reisfeldern in die Hochtechnologie führen. (Megatrend Nummer sechs)

Unabdingbar für die globale Umstellung auf Nachhaltigkeit der Weltgesellschaft von morgen ist die neue Definition der Rolle der Frau. Jetzt geht das Zeitalter der Männerherrschaft wirklich zu Ende: In Asien sind 25 Prozent aller Unternehmer Frauen. In allen Lebensbereichen Asiens spielen sie aktiv eine entscheidende Rolle in der grundlegenden Veränderung der Zukunft. Dieser *Megatrend Nummer sieben* wird ohne Frage auf den Rest der Welt übergreifen. Damit wird die halbherzig geführte, läppische Diskussion um *Anhebung der Frauenquoten,* wie sie in Europas Parlamenten geführt wird, sich erübrigen, ja von der Realität überrollt werden.

Da das Weltbewußtsein auf allen Gebieten bisher meistens durch die Ressourcenüberlegenheit des Westens geprägt war, bedeutet »toute le monde« nicht nur wie für die Franzosen Frankreich, sondern für den Westen ein Synonym für westliche Standards. *Die Asianisierung Asiens wird ohne Zweifel das Gesicht der ganzen Welt verändern, denn es wird auch eine Asianisierung des westlichen Weltbegriffs kommen. Die Umstellung des Hebels der Fortschrittsströmung von West-Ost auf Ost-West ist Naisbitts achter Megatrend.*

Die dynamischen Kräfte, die hier am Werke sind, werden nicht allein vom **Riesenpotential Chinas** genährt, sondern vor allem vom *brillanten Netzwerk der 57 Millionen Auslandschinesen.* **Es ist ein dezentrales, familien- und ausbildungsorientiertes Netzwerk, das über außergewöhnlich hohes Steuerungskapital verfügt.** Bereits 1994 kontrollierten auf den zehn asiatischen Börsenmärkten Chinesen rund 42 Prozent des Gesamtvolumens. Bei 517 der 1000 führenden Unternehmen war jeweils ein Chinese größter Einzelaktionär. Der Anteil am Besitz von börsennotierten Unternehmen durch Auslandschinesen beträgt in Thailand 81 Prozent, in Singapur 81 Prozent, in Indonesien 73 Prozent, in Malaysia 61 Prozent und auf den Philippinen 50 Prozent. *Die Auslandschinesen, die im doppelten Sinne des Wortes eine grenzenlose Macht sind, stiegen damit zur drittgrößten Wirtschaftsmacht der Welt auf.* Ganz ohne Zweifel, so Naisbitt, haben daher den kalten Krieg weder die Russen noch die Amerikaner gewonnen, sondern die Chinesen.

Mit Japan hingegen geht es bereits bergab: Die industrielle Überkapazität liegt weit über 30 Prozent, die Arbeitslosenrate steigt. 1995 mußte Nissan als erstes japanisches Autowerk nach dem Zweiten Weltkrieg dichtmachen, und in der Computervernetzung hinken die Japaner bereits fünf Jahre hinter den USA her. Das einzige, worin das Land leider weltweit einsame Spitze ist, sind die Produktionskosten. Selbst Sony, das Flaggschiff unter den japanischen Konsumgüterherstellern, schreibt rote Zahlen. Vor kurzem noch die Erfolgsnation unter den Industriestaaten der Welt – *vor zehn Jahren noch an erster Stelle als wettbewerbsfähigste Volkswirtschaft der Welt –, muß sich heute der Sieger von ehedem mit Platz drei hinter den Vereinigten Staaten und Singapur zufriedengeben. Das Hauptsyndrom der »japanischen Krankheit« ist Überregulation – und Überzentralisation:* Tokio ist eine extreme Menschen-, Geld- und Informationszentrale und damit in einer Entwicklungsphase, die in Richtung Dezentralisation läuft, extrem anfällig für Pannen geworden. Niedrige Geburtenrate und fehlende Immigration machen Japan gleichzeitig zum am schnellsten *alternden Land* **der Welt.** Kein gutes Entwicklungsprofil.

Die westliche Welt wird daher nicht umhinkönnen, eine neue Gewichtung im Zugang zu den asiatischen Märkten zu finden. Noch dazu, wo zu erwarten ist, daß bis zur Jahrtausendwende eine Milliarde Menschen mit kräftigem Kaufkraftzuwachs ausgestattet sein werden. Immerhin besitzen bereits jetzt 70 Prozent aller Südkoreaner ein eigenes Heim, stiegen in Indien die Ausgaben für den privaten Konsum innerhalb eines einzigen Jahres um 14 Prozent und verfügen in Petaling Jaya, einer malaysischen Stadt nahe Kuala Lumpur, fast zwei Drittel aller Haushalte über ein Monatseinkommen von über 800 Dollar. In Bangkok ist die Anzahl der Haushalte mit einem Jahreseinkommen von 10.000 Dollar innerhalb von nur zehn Jahren von 160.000 auf eine Million angestiegen! Wachstumsraten wie diese werden in Asien nicht nur auf solche Highlights beschränkt bleiben.

DIE KREDITKARTE ALS »EINKAUFSSCHAUFEL«

Mit den satten Wachstumsraten boomen auch die Kreditkartenzahlen. In Japan, dem bisherigen Wohlstandsnabel Asiens, hat jeder Bürger über 20 zwei Kreditkarten. In der Volksrepublik China gibt es derzeit rund zehn Millionen Kreditkarten. Wie die chinesische Volksbank prognostiziert, werden im Jahr 2000 rund 200 Millionen mit Kreditkarte einkaufen können.

Auch in Asien beginnt *Shopping die beliebteste Freizeitbeschäftigung* zu werden, und die **Kreditkarte wird damit zum Lieblingssportgerät.** *Interessanterweise sehen die Asiaten das »Kreditkartenkaufen« noch nicht mit der Perspektive auf den Bonus Kredit, sondern decken blitzschnell ihre Darlehen wieder ab, um Zinsgebühren zu vermeiden!* Die Kreditkarte ist damit für sie nur eine komfortable *»Einkaufsschaufel«.*

Für den Gesinnungswandel, der in Asien vor sich geht, ist auch die rasch *veränderte Lebensart der Jugend* charakteristisch. A. Singh, ein indischer Soziologe, charakterisiert das so: »Sie arbeiten schwer, betreiben Sport und denken nur an sich. Traditionen und Idealismus sind out. Unverbindlicher Sex und Mobiltelefone sind in. *Die Jugendlichen nennen das ›Maximierung‹. Sie wollen das meiste aus der Gegenwart herausholen, ohne jedoch ihre Zukunft zu gefährden.«* Die Zeitgeistuhr tickt natürlich bei den Jugendlichen Indiens besonders stark, da sie sehr *»medioman«* – Indien ist der weltgrößte Filmproduzent, aber auch das TV boomt kräftig – und daher besonders anfällig für illusionäre Fortschrittsbilder sind.

Die Rasanz der Entwicklung läuft natürlich nicht überall in Asien mit gleicher Geschwindigkeit; am schnellsten wohl in den sogenannten *Wachstums-Dreiecken,* die aus regionalen Kooperationsmodellen entstanden sind, aber durch ihre Exportgewichtung zunehmend stärkere Fortschrittssynergien entwickelten. *In Asien kann man etwa zehn solcher Wachstumsregionen mit extrem starken Ressourcenpotentialen feststellen.* Sie sind die **Werkstätten für die grenzenlosen Möglichkeiten** solcher Potentiale, annullieren gewissermaßen bestehende nationale Grenzen und stützen sich allein auf die *Regionalgewichtung mit der Tendenz zur Ausbreitung.* Sicherlich sind sie auch in Zukunft raumübergreifend, wie etwa die Wirtschaftszone um das japanische Meer, die aus Japan, Süd- und Nordkorea, Nordostchina und dem äußersten Osten Rußlands besteht. Eine andere Wachstumszone umfaßt den Süden der indonesischen Provinz Sularisi und die Northern Territories Australiens. Das *»Goldene Viereck«* besteht aus Südwestchina, Birma, Thailand und Laos. Singapur bildet mit dem malaysischen Bundesstaat Johor und der indonesischen Provinz Riao das *»Straights-Wachstumsdreieck«,* und Hongkong schließlich strahlt in die chinesische Provinz Guang Dong und nach Macao aus. *In dieser asiatisch-pazifischen Raumneuordnung steckt eine ungeahnte Entwicklungskraft.* Europäische Experten blicken neiderblaßt auf diese Realität annehmende Integration Asiens und wünschen sich dabei eine ähnliche Geheimformel für Europa.

Natürlich sind solche Neugewichtungen auch mit erheblichen Risiken verbunden; zum Beispiel durch den *Alptraum extrem wachsender Millionenstädte.* Immerhin liegen sieben der 13 Weltstädte mit mehr als zehn Millionen Einwohnern in Asien. In China hat die Massenmigration aus ländlichen Regionen in die Städte bereits gefährliche Ausmaße angenommen. Selbst die Hauptstadt Peking zählte innerhalb eines Jahrzehnts 400 000 Zuwanderer aus der Provinz Zhejiang. Es entstand ein eigenes Viertel mit Kliniken und Kindergärten (und auch der regionale Dialekt wurde transferiert).

In anderen chinesischen Riesenstädten bilden sich gefürchtete Ghettos – *»Chinatowns« in China.* Blüten des neuen Wachstums. Shanghai und Bombay werden im Jahre 2010 jeweils 20 Millionen Menschen beherbergen, in Peking, Jakarta, Manila, Kalkutta und Neu-Delhi werden über 15 Millionen Menschen leben. Bangkok hat seine Einwohnerzahl in rund 30 Jahren verdreifacht. Das Hochschnellen solcher Ziffern ist asiatischer Alltag geworden.

Zwei der großen asiatischen Städte werden weltweit von Experten bestaunt und besucht. Sie sind gewissermaßen die Musterstädte möglicher Entwicklungen: Hongkong, zur *»besten Geschäftsstadt der Welt«* gekürt, und Singapur als die sicherlich *»modernste Stadt der Welt«*, vor allem, was die Fortschrittlichkeit der telekommunikativen Infrastruktur betrifft. Im »Wunder« Hongkong gibt es keine Wohnungsnot, prachtvolle Parks, Naturschutzzonen und landwirtschaftlichen Anbau. Stadtplaner und Architekten pilgern Jahr für Jahr in großer Zahl in die Hafenstadt.

Singapur dagegen ist eine der fortschrittlichsten und konservativsten Städte zugleich, denn – wie bereits gesagt – das **Modell Singapur** könnte zum **Modell fortschrittlicher Demokratien** werden – ein Weg, der infolge des Hochschnellens der Gewalt vermutlich nicht an einer »Rigidokratie« vorbeiführt. Elektronisch überwachte Straßen ohne Verkehrsstau, hochbesteuerte Autos, die über ihre Kosten ökoregulierend wirken, und viele »Benefits« kontrollierter Sicherheit. *Singapur beweist, daß seine Einwohner, für eine saubere Stadt ohne Kriminalität votierend, auch bereit sind, auf einige bis-*

herige Bürgerrechte zu verzichten. Naisbitt listet Singapurs »Benefits« penibel auf: langfristige pragmatische Planung mit freiem Wettbewerb, offene Aufnahme ausländischer Investoren und Konzerne, eine starke, stabile Regierungsform (nur die besten und intelligentesten Leute haben Chancen, in die Regierung zu kommen) und harte Bestrafung von Korruption jeder Art. Bildung für alle, hingegen Eigenverantwortung des einzelnen, Förderung der Familie, aber Absage an den aufgeblähten Sozialstaat westlichen Musters. Für Recht und Ordnung sorgen strenge Sanktionen: hohe Geldstrafen, Prügelstrafe und Hängen. Drogenkartelle und Gangsterbanden betrachten Singapur daher nicht gerade als »Sanatorium«. Während auf der Welt der Analphabetismus gewaltig zunimmt, muß im multiethnischen Singapur jeder Bewohner mindestens zwei der vier Landessprachen sprechen! Nichtrauchen und Höflichkeit gelten als nationale Ziele. Singapur erweist sich als weltweit interessantestes Zukunftsmodell für lebbare Strukturen.

Das erste geklonte Mini-Singapur entsteht 80 Kilometer westlich von Shanghai und ist für China ein wichtiges Zukunftsmodell für die Neustrukturierung des Riesenreiches über exemplarische Kraftzentren. Der Bürgermeister von Suzhou – so heißt das »chinesische Singapur« – hat in Harvard studiert, war bereits chinesischer Tourismusminister und ist vom Gedanken durchdrungen, daß es mit Singapurs Unterstützung gelingen wird, eine *perfekte Synthese von westlicher Zivilisation mit fernöstlicher Lebensart* zu finden. Wie gesagt, Singapur will das Modell auch anderswo anbieten – vor allem in China und Vietnam.

Solche Transfers, von den Initiatoren bescheiden als **»Software-Transfers«** bezeichnet, haben bereits stark steigendes

Interesse gefunden und werden in Zukunft gewiß in Asien Schule machen. Vor zehn Jahren erwachte auch in Indien das Bedürfnis, High-Tech-Unternehmen durch Sonderkonditionen zur Etablierung zu bewegen. *Bangalore, eine Fünf-Millionen-Stadt, wurde innerhalb des letzten Jahrzehnts zu einem der weltweit größten Exporteure von Computer-Software.* Zahlreiche internationale Fluglinien lassen heute in Bangalore ihre Programme maßschneidern. Auch die Londoner U-Bahn läuft seidenweich auf indischer Software.

Asien hat den Sprung ins Informationszeitalter nicht verschlafen. Das gilt für alle Sektoren. So muß beispielsweise China, um seine Jahrespläne zu erfüllen, in den nächsten vier Jahren zehn bis elf Millionen neue Telefonanschlüsse installieren – mit einer Investmentsumme von rund 100 Milliarden Dollar. In Indien warten vier Millionen Menschen bereits jahrelang auf einen Telefonanschluß, und Indonesien, das bevölkerungsmäßig viertgrößte Land der Erde, will bis zur Jahrtausendwende zehn Milliarden Dollar in Telekommunikationssysteme investieren.

DIE STÄMME DER MACHT

Neben Hardware- und Software-Explosionen ist und bleibt auch für die Zukunft *»Brainware« – schöpferisches Potential – das wohl wichtigste Fortschrittselement. Zahlreiche der neuen asiatischen Innovations-Leader haben an europäischen und amerikanischen Universitäten promoviert. Und sie haben – im Unterschied zu den meisten westlichen Intellektuellen – beide Denkperspektiven fest im Kopf verankert. Sie wissen über den Westen und seine Fortschrittsideen wesentlich mehr, als man* *dort über die östlichen weiß. Das ist ganz gewiß ein Startvorteil im neuen Wettrennen um Fortschritt.*

Die Wegbereiter der Welt und der neuen Machtverteilungen sind heute zwischen 40 und 50 Jahre alt und hervorragend vernetzt mit hochqualifizierten Technokraten und Kreativen. *Was die neuen Eliten Asiens von denen der westlichen Welt unterscheidet, ist ihre deutliche Wesens- und Wissensprägung durch ökonomische Grundsätze. Sie sind politisch interessiert, aber nicht ideologisch fixiert, expansiv denkend und nicht machterhaltend, ethisch-spirituell geleitet statt opportunistisch-egalitär, und was das wichtigste ist: Sie sind nicht Aufsteiger von unten, sondern Aufsteiger von oben …*

Diese besonderen, herausragenden Qualifikationsmerkmale werden durch eine interessante These untermauert, die der Amerikaner Joel Kotkin aufstellte: Er meint, daß es *typische Stämme der Macht* gibt, Gruppen, die extrem gute **Survival-Qualitäten** im Verlauf der Geschichte bewiesen haben. Seiner Meinung nach gehören zu diesen **»global tribes«** (Weltstämmen) vor allem die *Chinesen*, die *Juden*, die *Japaner*, die *Angelsachsen* und die *Inder. Es sind Stämme, die durch einen größeren inneren Zusammenhalt genau das in erhöhtem Maße aufweisen, was der Welt im Moment immer mehr abhanden kommt: Solidarität. Sie zeigen festen Zusammenhalt, gebunden durch Werte wie Religion, sorgfältige Erziehung, gründliche Bildung, Selbstgenügsamkeit, zähen Fleiß und Hochschätzung von Leistung und Können. Es ist eine ethisch-kulturelle Identität, die von einem starken, man könnte sogar sagen überstarken Wir getragen ist.*

Anstelle der von Untergangssymptomen gezeichneten, traditionellen Staatenwelt, in der völkischer Chauvinismus und Rassismus grassieren, leben die »Diaspora«-Stämme, weit über die Erde verstreut, in kraftvoller Geschlossenheit. Nur jene Regionen der Welt, die Respekt vor der ehrgeizigen Konkurrenz elitärer Gruppen haben, ja sogar ihr »Segeln vor dem Wind« mitzunutzen verstehen, haben in der globalen Weltwirtschaft ernsthafte Chancen, nicht hinter der Entwicklung zurückzubleiben. Das ist mit eine Erklärung dafür, warum Asien ein so guter Nährboden für offensive Erfolge ist.

Kotkins messerscharfe Analyse wirft interessante Schlaglichter auf die derzeitig laufenden *Völkerwanderungen der Neuzeit;* sowohl auf die großen **Migrationsströme** als auch auf den Zerfall **traditioneller, künstlicher staatlicher Gebilde in ethnische Stammesgruppierungen.** Es ist ein schicksalhafter Zusammenhalt, vielleicht in der Vorahnung apokalyptischer Menschheitsentwicklungen. Visionäre, wie Francis Fukuyama, der in seinem Buch »Das Ende der Geschichte: Wo stehen wir?« anstelle der alten Identitäten neue Gesellschaftsstrukturen sich entwickeln sah, die dem Menschen erlauben, sein natürliches Selbstwertgefühl auszuleben und universelle Motivationen zum Tragen zu bringen, weisen die Richtung. *Die neue Grenzenlosigkeit aber erfordert, soll sie nicht im Sinne der »schönen neuen Welt« in eine neue Form der Diktatur führen, menschliche Selbstregulierung. Ein neues Ethos – nach langen Mythosverirrungen.*

Die jüngere Zeitgeschichte dokumentiert diese Beharrlichkeit des Überlebens in religiöser und kultureller Identität sehr deutlich: Die Marxisten hatten geglaubt, mit Abschaffung der Klassenherrschaft und des »religiösen Aberglaubens« könnten sie auch gleich in ihrem atheistischen »Kühlschrank« die Judenfrage lösen. Die spezifisch jüdische Identität hatte bis zum Zerfall des Sowjetimperiums dieser These wirkungsvoll getrotzt. Das lag sicherlich vor allem daran, daß die Juden jahrtausendealte »**Diaspora-Erfahrung**« gewissermaßen genetisch in sich verankert haben.

Die asiatischen Stämme zeigen gleiche Kohärenz. Japan war nach dem Ende des Zweiten Weltkriegs als *Verlierer im Sinne seiner traditionellen Kultur tief verletzt* – tiefer vielleicht, als dies die beiden Atombomben auf Hiroshima und Nagasaki vermochten. Unglaublich schnell hat sich Japan jedoch wieder vom Boden erhoben und von der kleinen Insel aus, ohne Flotte und Armeen, eine neue beispiellose **Eroberung der Welt** gestartet. In kürzester Zeit hatte Japan den *schrankenlosen pazifischen Träumen Amerikas,* der Siegermacht, Schranken gesetzt.

Kritische Selbstbeobachter in Japan interpretieren die heute leicht abbröckelnde Spitzenstellung Japans als Zeichen dafür, daß der *Stamm seine Kräfte erschöpft hat.* Als gefährlichstes Signal dafür erscheint ihnen die Tatsache, daß sich die leistungsmanischen Firmen-Samurais der achtziger Jahre in hedonistische Konsumenten und Touristen der neunziger Jahre verwandelten … Vor allem aber, daß *für junge Japaner die Welt ein Urlaubsort und kein Arbeitsplatz ist.*

Im Unterschied zu der japanischen Diaspora, die zentrifugal verlief – sich also von Japan über die Welt ausbreitete –, läuft die chinesische zentripetal: Die in alle Welt zerstreuten Millionen Chinesen legten ein *internationales Netzwerk der Tüchtigkeit* an, das nun wieder seine Impulse aus allen Teilen der Welt in Richtung China und Asien lenkt. Die Chinesen generieren dabei ihre Expansionskraft jeweils aus den internationalen **Chinatowns,** die sie als »**Krafteier**«, wie der Kuckuck, in fremde Nester setzen.

Aus jedem der Chinesenclans entstehen neue Tycoons, meist Summa-cum-laude-Absolventen der University of Berkeley oder des California Institute of Technology. Einer von ihnen sagte: *»Kalifornien ist wie ein Grillanzünder. Hier entstehen die Ideen, mit denen die Kohlen geheizt werden, und wenn sie brennen, kommen sie woanders hin.«* Und wie sie brennen, die »Kohlen«: Der winzige Inselstaat Taiwan war in den späten Sechzigern vor allem als extremes Billiglohnland berühmt – und als Erzeuger konkurrenzloser Billigprodukte. Heute steht Taiwan in der Weltrangliste der Computerhersteller an sechster, unter den asiatischen Ländern an zweiter Stelle. Das Land profiliert sich von Jahr zu Jahr stärker als hochrangiges Zentrum für Design, Hightech und Forschung.

DIE AUSLANDSCHINESEN – EIN »NETZWERK« DER TÜCHTIGKEIT

Auf 250 Milliarden Dollar wird das Vermögen der Chinesen in Südostasien und Hongkong geschätzt. Jetzt läuft sogar noch ein kraftvoller **»Back-Boom«**, ein Rückfluß von Investments aus den Vereinigten Staaten, Kanada, Australien und Großbritannien. Die Kraft kommt nicht von ungefähr. Eine Million Chinesen lebt heute in Kalifornien – also die mit Abstand größte chinesische Enklave außerhalb Asiens. Viele der Spitzeningenieure und Spitzenwissenschaftler Kaliforniens sind chinesischer Abstammung – allein 12 000 leben und arbeiten in Silicon Valley.

Den Rekord an dokumentiertem Bildungshunger erreichten die Chinesen in Amerika 1990, als *an amerikanischen Universitäten ein Drittel aller Doktorate im Bereich Technik und Naturwissenschaften von Studenten chinesischer Abstammung errungen* wurde. An der elitären *University of Southern Cali-*

fornia sind zwei Fünftel aller ausländischen Absolventen Chinesen.

In Asien selbst tragen die Chinesen, diese transpazifischen Nomaden, die Bezeichnung »Tai kung fei jen«, was soviel wie »Raumfahrer« bedeutet. Sie sind eine evolutionäre Mutation der »Wanderjuden«, die vor Jahrhunderten Europa durchzogen. Im Unterschied zu den Juden, die in ihrer Wanderbewegung zunächst Asylanten waren, sich dann aber rasch zu assimilieren suchten, sind die *Chinesen Rückeroberer Asiens.* Während die Juden sich im Licht der Geschichte als **»auserwähltes Volk«** sehen und ihre Berufung auf die Sendungskraft ihres Glaubens stützen, entstammen die Chinesen einem der stabilsten, größten und mächtigsten Reiche der Erde; einem Reich, das über Jahrhunderte in seinen Fortschritten fast allen Gesellschaften voraus war.

Trotz der Verschiedenheit ihrer Wurzeln sind die Parallelen im Licht ihrer Weltmission bei Juden und Chinesen erstaunlich: Beide sind *extrem flexibel, geographisch mobil* und leben immer eine überaus *erfolgreiche Diaspora. Meist nehmen sie die Fortschritte westlicher Technik und Wissenschaft schneller und besser an als die jeweilige einheimische Bevölkerung – was ihnen die gleiche Quantität an Respekt und an Neid eintrug.*

Friedrich Nietzsche hat zur *Weltstammidee des Judentums* schon angemerkt, daß für die Juden das Alte Testament nicht Glaubensdokument, sondern Nationalepos ist und daß ihr Festhalten an seinen Verheißungen nicht nur Zeichen besonderer Frömmigkeit ist, sondern der *Beweis für den zähesten Lebenswillen, den je ein Volk auf Erden besessen hat.* In Europa hatten die beiden menschenverachtenden Diktaturen, durch den »Holocaust« der Nazis und die die Juden ins Exil treibende Verfolgung der Sowjets, einen *Kahlschlag der In-*

telligenz bewirkt, unter dem der Kontinent noch viele Jahrzehnte litt.

Einer der weiteren Weltstämme, nämlich der der Briten, ist ein exemplarischer »Motor der Moderne«. Noch Ende des 18. Jahrhunderts war Frankreich im Handel mit den überseeischen Kolonien erfolgreicher als England, seine Industrie sehr fortschrittlich und die Einwohnerzahl viermal so groß wie jene des Inselvolks. Französisches »Savoir vivre« bestimmte nicht nur Europas Adelshäuser und Salons – so wie natürlich die Speisekarten; trotzdem gelang es der **Machtentfaltung des britischen Empire,** mit Hilfe der Nationen, die es hervorbrachte – Amerika, Kanada, Australien und Neuseeland –, mit großem Abstand die **weltweite Führung aller Industriestaaten** zu erwirtschaften.

Noch immer besitzen die »Anglos« unumstritten die Kapitalmajorität an den Aktienbörsen der Welt. Auch auf dem wissenschaftlich-technischen Sektor sind sie, trotz ihres Rückzugs aus den ehemaligen, weltweit gestreuten Kolonien, deutliche Spitze, denn *Anglo-Amerikaner stellen in der Nachkriegszeit sechsmal so viele Nobelpreisträger wie alle kontinentaleuropäischen Nationen gemeinsam.*

Während bei den Franzosen die Idee der **»Mission civilisatrice«** den französischen Kolonialismus antrieb, war der Erfolg der britischen Diaspora profaner, aber motorischer: Geld. *Ende des 19. Jahrhunderts hatten die Briten das größte Weltreich der Geschichte geschaffen, und das Empire herrschte über ein Viertel der Weltbevölkerung. Während Französisch bis ins 19. Jahrhundert wesentlich weiter verbreitet war als das Englische, sprechen heute dreimal so viele Menschen auf der Welt Englisch wie Französisch – es »explodierte« gewissermaßen zur Weltsprache.*

Unter den »Weltstämmen«, im Sinne Kotkins, sind die Inder der jüngste. Obwohl seit etwa 100 Jahren in langsamer globaler Ausdehnung befindlich, holten sie ihre Expansion in den letzten zwei Jahrzehnten mächtig nach: Ihre Kopfzahl wuchs in 30 Jahren von rund fünf Millionen Auslandsindern auf etwa 15 bis 20 Millionen heute. *Die Inder waren typische »Brückenkopfbilder«: besonders in Afrika, aber auch in Südostasien, Amerika und im nördlichen Europa.* Sie besetzten bei ihrer Auslandseroberung ähnliche Erfolgsnischen wie die Juden: Bekleidung, Immobilien, Handel, Finanzen, das Showbusineß, den Juwelenhandel. *Ihre extrem starke Gruppenbindung verankert einen sehr strengen, inneren Moralkodex,* der das Risiko minimiert, einem anderen Menschen ein kleines Juwelenpäckchen anzuvertrauen. Transformiert ins Militärische, waren enger Schulterschluß und hohe Kampfmoral dafür verantwortlich, daß indische Garderegimenter zu den geachtetsten und gefürchtetsten Eliteeinheiten des britischen Empire zählten.

Wie hinter einem Paravent des weltweit verbreiteten Klischees von der schrecklichen Armut des Landes funkelt der Diamant eines kultur- und traditionsreichen Landes, das jahrhundertelang die besten Köpfe Chinas und Arabiens zum Studium der Mathematik, der Medizin und Philosophie angezogen hatte. Für seinen Gewürzhandel wurde Indien ebenso weltberühmt wie für seine Seide.

Ehedem als Kaufleute hochgeschätzt, machen in neuerer Zeit die Inder mit industriellem Know-how Furore. Die rasch wachsende Industrie Nigerias zum Beispiel ist weit stärker unter indischem als unter europäischem Einfluß. *Indien hat längst seine Visitenkarte als aufsteigende Industriemacht abgegeben. Was ihre universitäre Ausbildung betrifft, sind die Inder, ebenso dominant wie die Chinesen, auf Amerika orien-*

tiert; aber auch aus Tradition und alten Beziehungen auf englische Universitäten.

Aus den vielschichtigen Wurzeln der Kraft und der Vielgesichtigkeit gewinnt die *globale Machtergreifung durch neue alte Stämme* nicht nur ein reales, sondern auch ein sinntragendes Gewicht: Uns fließt die erstaunliche Botschaft zu, daß **festgeprägte ethische Werte, ein nicht erlahmendes Interesse daran, immer wieder neu zu lernen** und dabei eine **grenzenlose kosmopolitische Perspektive** durch die Jahrhunderte zu tragen, und nicht, wie in Dänikens Phantasien, außerirdische Kosmonauten auf unserer Erde Fortschrittsbotschaften hinterließen. Es sind sehr lebendige **»Geonauten«,** die zur Neueroberung unseres Planeten ansetzen und in die Zukunft unterwegs sind; in eine mögliche Zukunft der Erde, die auch die **Sintflut der Köpfe,** das **Ende der Arbeit** und das **Versagen der Institutionen** übersteht. *Überleben ist nicht mehr ein Retten untergangsgeweihter, überlebter Prinzipien, sondern ein evolutionärer Neuanfang und eine strukturierte Neuordnung des Überlebenswerten. Vieles ist dabei zu überwinden: die regressive Statik nationalstaatlicher Denkordnungen ebenso wie die Öko-Lethargie outputschwacher Weltkonferenzen. Und natürlich brauchen wir auch die Relativierung blinden Wachstumswahns. Überleben darf eben keine Frage des »Rettungsbootes« werden, sondern muß Ergebnis folgebewußten initiativen Handelns sein.*

Der vielzitierte Generationenpakt darf dabei nicht leeres Lippenbekenntnis bleiben, sondern muß in voller Verantwortlichkeit neu besiegelt werden.

Schon in der ersten Hälfte des nächsten Jahrhunderts wird es sich weisen, ob es uns gelungen ist, flexiblen globalen Gemeinschaften, die änderungsfähig sind, die Zukunft eher anzuver-

trauen als verfallenden Strukturen überkommener Ordnungsprinzipien. Eine kosmopolitische Identität sollte dabei auf nachhaltiger Verantwortlichkeit, Zukunftsethik, Spiritualität und einem »Fahneneid« auf Bildungsstreben und höhere Werte begründet werden.

ÜBERWISSEN

Der neue Bildungs-Darwinismus

Ob wir wollen oder nicht, wir müssen es wohl zur Kenntnis nehmen, daß bereits in der heutigen Gesellschaft das Agieren das Reagieren von ehedem ersetzt. Das bedeutet natürlich eine gewaltige Zeitverschiebung. Reagieren setzte zunächst einmal das Erkennen und zweitens das Definieren von Kommunikationsbedarf voraus. Dann wurde im eigenen Wissenspool in den brav eingehämmerten Lern- und Wissensinhalten eine mögliche Antwort gesucht und schließlich formuliert. Viel zu langsam für heute – und um Lichtgeschwindigkeit zu langsam für morgen und übermorgen.

Schnelles Agieren *setzt rasches Erfassen und Analysieren komplexer Zusammenhänge und Fokussieren auf Kerninhalte* voraus. Das heißt, es ist eine Art *Kontextmanagement,* in dem wir gefordert sind, schnelle Sinnverbindungen und Sinnverknüpfungen herzustellen. Dazu bedarf es natürlich auch sinnspendender Wissensdepots im Gehirn und, was heute genauso wichtig ist, operativen Wissens um Abrufmöglichkeiten deponierter Informationsinhalte in Speicherungssystemen, mit denen wir uns rasch vernetzen können.

Unter dem Druck der neuen globalen Herausforderung sieht die von uns *heute bewohnte Bildungslandschaft trostlos veraltet* aus. Die klassischen Kognitionspfade von einst, die ihre Richtung aus lerntheoretischen Gesetzen ableiteten, scheinen heute im Sand zu verlaufen. So gut wie nichts mehr läuft die alten ausgetretenen Pfade, die seinerzeit von der Kenntnis zur Erkenntnis führten. *Eine irritierte und irritierende Welt hat an die Stelle linearer Kommunikationsstrukturen wechselbare und auswechselbare Infokonstellationen gesetzt.*

Die Chance des Überlebens ist heute zu einer Frage des »Überwissens« geworden. Der geradezu gemütliche Kampf ums Dasein im alten und so verteufelten darwinistischen Sinne hat geradezu anheimelnde Züge gewonnen im Vergleich zu dem, was uns erwartet und was man dementsprechend von uns erwartet. Genauso, wie es uns mit der Überforderung durch die explosive Veränderung der Arbeitswelt ging, könnte es uns auch in den anderen **Überlebensdisziplinen** der industriellen Gesellschaft ergehen: hoffnungslos nachhinkend und damit ohne jede Chance auf Zukunftsgestaltung.

Wie ja schon im Kapitel über die Arbeitswelt und ihre Veränderungen im Zeichen irritierender, nichtlinearer Verläufe aufgezeigt, ist eine untrennbare Verbindung zwischen Arbeit, Ausbildung und Weiterbildung gegeben. Es erscheint daher eminent wichtig, *radikale, zukunftsgerechte und lösungsorientierte Wissensstrukturen* zu vermitteln *anstelle rostigen Speicherwissens,* das in mühsamen acht bis 20 Jahren schulischer und universitärer Ausbildung vermittelt wird. *Völlig auf der Strecke blieb ein klares Konzept auf Kernwissensinhalte zentrierter Aufbaumodule verschiedener Qualifikationsstufen, die es ermöglichen, facherweiternde »Tools« in Nutzanwendungen zu verwandeln.*

Unter dem in diesem Zusammenhang geradezu zynischen Deckmäntelchen des »sozialen Fortschritts« wurden Hunderte

Millionen von Menschen aus dem leistungsorientierten Wettbewerb herausgenommen und damit total mobilitätsentfremdet. So schuf man Nachwuchsgenerationen, die, gestützt auf Geburtsprämien gezeugt, von Familienbeihilfen genährt, durch das intellektuelle Halbdunkel eines egalitär eingeebneten Bildungstunnels geschleust, über Arbeitslosenunterstützung in die Frühpension gleiten.

Aus Angst vor Leistungszwang wollten die klassenkämpferisch engagierten »Unbildungswarte« mit großer Beharrlichkeit jedes wettbewerbgetragene Erfolgsdenken planieren, da ihnen der trügerische Wohlklang der Chancengleichheit noch von ihren politischen Kaderschulen her im Ohr lag – als schärfste Waffe gegen die »herrschende Klasse«. Spät, wenn nicht sogar zu spät, entdeckt man jetzt die semantisch und gedanklich falsche *Gleichsetzung von Chancengleichheit und Chancengerechtigkeit. Chancengerechtigkeit sichert Besseren den größeren Vorteil, Mittleren Verbesserung und Schwachen Stützung.*

Dabei geht es zunächst vor allem darum, den ewig verteufelten Begriff der Elitenbildung zu rehabilitieren. Klassenkämpferische Aggressivität blockierte über Jahrzehnte jeden intelligenten Diskursansatz dieses Themas durch den demagogischen Einspruch, jede »Absicherung etablierter Machtansprüche« verhindern zu müssen ... *Langsam erkennen wir, daß es sich eine moderne Gesellschaft gar nicht leisten kann, auf die Reservoirs der Tüchtigsten zu verzichten.* Der Hebel der Entwicklung hat von Handarbeit auf Kopfarbeit umgeschaltet. Verschlafen wir das auch noch? Und überlassen wir den an amerikanischen Elite-Universitäten studierenden Chinesen die Führung der zukünftigen Welt? Mit billiger Handarbeit werden wir bei unserer unfinanzierbar gewordenen

Sozialabstützung wohl international nicht wettbewerbsfähig werden und leider mit Kopfarbeit auch nicht – wenn wir so weitermachen.

Das ist ein trauriger, aber durchaus logischer Schluß, denn *was kann planmäßig angesetzte Unbegabtenförderung auch schon anderes produzieren als etablierte Halbbildung?* Die moderne Didaktik trägt das Ihre dazu bei, daß motivationspsychologisch überarbeitete Inhalte so zurechtgeschnitten werden, daß sie auch der Dümmste schluckt. *Die institutionalisierte Produktion von Halbbildung, von Besserwissern und Halbverstehern reicht von der Schulbank bis zu den Konsumenten applaus- und lachbandgestützter TV-Serien.* Das fördert Lebens- und Realitätsmaßstäbe, die man aber nur Chips knabbernd oder Popcorn futternd aushalten kann.

Diese konsequente Maschinerie der »Lebensbeeinträchtigung« durch sinnentleerte Sprechblaseninhalte der Comic-Kultur im täglichen Leben fängt im »Lernalter« an und führt in der Direttissima zur Sprachlosigkeit eines neuen Bildanalphabetismus. Der *Verlust einer eigenständigen Wortgestaltungskraft,* die imstande ist, sprachlichem Ausdruck zu Plastizität zu verhelfen, fehlt überall dort, wo es um echte Auseinandersetzung mit Realitätserfordernissen geht. Die Einladung zur Flucht vor der Wirklichkeit in virtuelle Realitäten wird von der Jugend daher nur allzu gerne angenommen. Nicht immer sind es nur gespiegelte Welten, sondern leider auch das weltvergessende Eintauchen in die Irrealität der Drogen.

Die Zeichen mehren sich, daß wir zunehmend einer Art mentaler Immunschwäche ausgeliefert sind, einem Verlust an Widerstandskraft gegen leben- und fortschrittzerstörende Prinzipien.

DER LEBENSZEIT-BEAMTEN-GELEHRTENSCHLAF

Allan Bloom stellt in »The Closing of the American Mind« fest, daß der zersetzende **Geist des unengagierten Pluralismus** ein wirkliches Wertengagement, ethische Bindung und Orientierung unmöglich macht. Dieser Niedergang gefährdet natürlich auch die Institutionen der höheren Bildung, die Universität. In diese Aussage hakt auch Peter Klotz ein, der meint, daß die deutsche Universität ihre Weltgeltung und Wirklichkeitsrelevanz unter den Scheuklappen des Spezialistentums und der Sonderdruckproduktion verlieren könne.

Wo bleibt die nährende Flamme des Intellektualismus in unseren Bildungsanstalten, die als fakultative Mammut-Multis eher dazu neigen, wie Hermann Lübbe witzig feststellte, *»Ausbildungs-Dienstleistungs-Großbetriebe«* und *»Forschungs- oder Forscherbewahranstalten«* zu werden. Hans Lenk diagnostiziert in »Warten auf die Barbaren«, daß diese Verfallserscheinungen in allen hochindustrialisierten, pluralistischen Gesellschaften laufen. Daß gewissermaßen die *beamtete Mentalität und Mediokrität die Herrschaft an unseren Universitäten übernommen hat.* Und er stellt die Schicksalsfrage, ob nun endgültig die Gelehrsamkeit sanft entschlafen sei im *»Lebenszeit-Beamten-Gelehrtenschlaf«.*

Aus diesem Schlaf könnten wir durch die neuen Bildungsansätze geweckt werden, die Howard Gardner, Erziehungswissenschaftler an der Harvard-Universität, als exemplarische Neustrukturierung einer *nichtegalitären Bildungswelt* projiziert. Er vertritt die Ansicht, daß jedes Kind auf eine andere, ihm gemäße Weise unterrichtet werden muß. Schließlich begreife auch jeder Mensch die Welt anders. *Konfektionierte*

Erziehungsmethoden schaffen keine Weltsichten der Individualität.

Bill Gates nimmt in seinem »Weg nach vorn«, in dem er die Zukunft der Informationsgesellschaft umreißt, das Thema auf und sagt, daß *in der Bildung gleiches zu gelten habe wie bei anderen modernen Produkten: Massenproduktion mit Techniken der »Maßfertigung«.* Die Automobilwirtschaft macht uns das vor: Für jedes Modell gibt es zahllose Motor- und Ausstattungsvarianten, die ganz nach Wunsch das »System Auto« individualisieren. *Levy Strauss hat es auch bei Jeans verstanden, Massenproduktion und Maßanfertigung in Deckung zu bringen. Warum sollte daher nicht, so Gates, Lernstoff über Computer auf Bildungsbedürfnisse des einzelnen abstimmbar sein? Jeder Schüler könnte dann einen etwas anderen Weg einschlagen und vor allem in seinem individuellen Tempo lernen* – und nicht durch **egalitäre Lattentiefleger** programmiert, die Tempo und Inhalte auf unterstem Niveau abstimmen. Dieses neue Lehr- und Lernsystem ist nicht allein auf Schulen beschränkbar. Auch im Weiterbildungsprozeß hat jeder die Möglichkeit, **maßgeschneiderte Bildung zum Massenproduktpreis** zu erwerben. Es wird gang und gäbe sein, daß jeder, der im Berufsleben steht, im Sinne der Forderung nach permanenter Fortbildung die neuesten Erkenntnisse – didaktisch richtig aufbereitet – preiswert erhalten kann. Kinder, die Information abzurufen gelernt haben, ersparen sich die zumeist unzureichenden Antworten Erwachsener, die durch bohrende Fragen gelöchert sind (und auch sehr oft für eine Antwort nicht kompetent genug). Das wird Neugier und Phantasie entfalten und das Anpeilen schöpferisch gesteckter Ziele erleichtern.

Basiswissen wird in Grundmodulen abrufbar sein, Fachwissen in fachlich spezifischen Ergänzungsmodulen. Persönliche

Vernetzung von Wissensinhalten schafft das, was wir in den sich so rasch ändernden Zeiten, die auf uns zukommen, am meisten benötigen werden: Komplexitätsverständnis, Kontextfähigkeit und damit Kompetenz.

Das wird natürlich *kein lehrerfreies Bildungssystem* sein. Informations-Highways werden fähige menschliche Erzieher nie ersetzen können, denn *die Lehrer werden Anliefer- und Basiswissen komplex miteinander vernetzen und damit einen von ihnen moderierten Zugang schaffen.* Einen weiteren Vorteil hat ein solches System: *Jede Dorfschule kann damit gleichzeitig zur Eliteschule werden,* je nachdem, wer in der Dorfschule die Eliteausbildung abruft. *Und auch Schüler, die gescheiter als ihre Lehrer sind, werden nicht mehr in ihrem Fortkommen behindert ...* Man könnte das gewissermaßen als *Resozialisation der Intelligenz* bezeichnen, denn *die Welt der Macht- und Rechthaber hat eine ganze Reihe von sehr verbogenen Sozialmustern geschaffen.*

Das Pareto-Prinzip weist darauf hin: Die Welt scheint aus jenen zu bestehen, die etwas in Gang setzen, jenen, die zusehen, wie etwas geschieht, und jenen, die dann fragen, was geschehen ist. Akteure und Zuseher in gleicher Weise sind auf der Weltbühne in zunehmender Beteiligungslosigkeit gefangen. Die Gitter dieses Gefängnisses sind aus den Strukturen der Mittelmäßigkeitsgesellschaft entstanden. *Opportunismus und angepaßtes Mittelmaß* prägen die Veränderung, besser gesagt, die Nichtveränderung.

Das System ist durchgehend von der schulischen Ausbildung bis in alle Bereiche des beruflichen Lebens. Aus dem egalitären Mißverständnis einer durch niedrig liegende Anforderungen heruntergedimmten *Nichtleistungsgesellschaft* ist ein Dilemma entstanden, mit dem die postindustrielle Welt nur schwer fertig zu werden scheint. Die Gesellschaft hat sich aus dem naturgegebenen, von Darwin als »Kampf ums Überleben« charakterisierten **Wettbewerb der Tüchtigen** ausgeklammert und in die *Intensivstation protektionistischer Schutzräume* eingeliefert. Kein Wunder also, wenn in einer egozentrischen Gesellschaft *Ich-Antriebslosigkeit* herrscht, so daß auf diese Weise immer mehr *Weltzuschauer* geschaffen werden; ein überaus verhängnisvoller Weg, wenn wir bedenken, daß die Zahl der Betrachter beängstigend zunimmt und die der Akteure beängstigend abnimmt ...

DER »ANTIKRIEG« ALS WISSENSOFFENSIVE

Im Unterschied zu diesem *geistigen »Entschlafungs-Szenario«* bedeutet das, was Alvin Toffler als Überlebenskriterium auch im 21. Jahrhundert ansieht, eine Wiederbelebung des Darwinismus mit neuen Mitteln. – Das *Szenario von Krieg und Antikrieg: Kriege, so lautet die Prämisse, kann man am wirkungsvollsten nur mit Antikriegen verhindern,* nicht mit Grenzen. Die »Soldaten« des Antikrieges sind nicht rauhe »Allround-Ranger« mit supratechnologischen Waffen, sondern zunächst *»Wissenskrieger«*, Intellektuelle, die davon ausgehen, daß man *Kriege der Zukunft nur mit Überwissen siegreich führen* kann, und die daher am Konzept »Wissensstrategie« arbeiten.

Paul Straßmann, Chefinformatiker der amerikanischen Streitkräfte, ist im Pentagon der führende Kopf dieses Konzepts. Er ist ein Allrounder und weiß alles über Computer, Software, elektronische Netzwerke und Telekommunikation in einer Breite und Tiefe, die ihm den Ruf verschaffte, eine

»**menschliche Datenbank**« zu sein. Er ist dazu auch noch ein guter Historiker, der *Konfliktwurzeln präzise einordnen* kann. Straßmann ist felsenfest davon überzeugt, daß Überlegenheit – und nur die kann als Ersatz für das atomare Gleichgewicht des Schreckens wirkungsvoll künftige Kriege verhindern – ausschließlich über eine *revolutionäre Info-Doktrin* zu erreichen ist.

Elektronik war ja bereits in reichem Maße im »Video War Game« Golfkrieg im Einsatz. Dabei ging es darum, das Radar des Gegners auszuschalten, Computer durch Viren lahmzulegen, Kommandozentralen punktgenau zu zerstören und zahlreiche elektronische Täuschungsmanöver zur Störung des gegnerischen Informationsflusses durchzuführen. Wie sonst nirgendwo ist Überwindung an Überwissen gebunden. *Idealfall dieser Strategie ist die Annahme, daß es mit Hilfe von Kommando- und Kontrollkriegsmechanismen gelingt, den Gegner vor Ausbruch üblicher Feindseligkeiten mattzusetzen. Sieg durch K. o. vor Betreten des Ringes gewissermaßen.*

Noch wesentlich weiter gehend ist das von der Rand-Corporation in Santa Monica, Kalifornien, ausgearbeitete Modell *»Cyberwar«*. Es trägt die Handschrift von John Arquilla, der als Sozialwissenschaftler General Schwarzkopfs in dessen Kommandozentrale beriet. *Cyberwar macht es zur Spielregel, über den Gegner alles zu wissen und ihn gleichzeitig dabei zu blockieren, über einen selbst irgend etwas zu erfahren.* Man könnte das auch als *destabilisiertes Informationsgleichgewicht* bezeichnen.

Das Prinzip soll auch in der Wirtschaft bereits einige Bewährungsproben abgelegt haben. Wer die Spielregeln perfekt beherrscht, kann Wissen so einsetzen, daß weniger Kapital und Arbeit aufgewendet werden müssen. Während in der zweiten Welle technologischen Fortschritts die Militärtechnik in den USA extrem erneuert wurde und diese auch der Wirtschaft viele Innovationen bescherte, läuft es heute umgekehrt: Da im Augenblick – gottlob – die Wirtschaft durch ihre stark beschleunigte Mobilität in der dritten Welle rascher läuft als der militärische Fortschritt, kommen *bahnbrechende Neuerungen, vor allem auf dem Gebiet der Informationstechnologie,* aus dem Zivilsektor.

Die Rüstung nascht damit an der Ziviltechnik. Allerdings nicht an einer Ziviltechnik in traditioneller Form, denn die erfolgreichsten Soldaten ohne Uniform kommen aus Silicon Valley. *Die Speerspitze des Fortschritts läuft derzeit an der Science-fiction-Grenze und nicht mit den Methoden der »Science friction«, die sich auf überalterte universitäre Ausbildungs- und Forschungswege stützt.* Moderne Kriege, auch die der Wirtschaft, werden zunehmend nicht von der besseren Hardware, sondern von der besseren Software bestimmt. Der niedere IQ »dummer Bomben« läßt sich durch die technologische Hochintelligenz ultrasensorischer Steuerungssysteme von Fernlenkwaffen spielend austricksen.

Die *Wissensoffensive* gilt allerdings nicht nur für Erfolg oder Mißerfolg militärischen oder wirtschaftlichen Fortschritts, sondern auch als *generalistisches Leitsystem für den Fluchtweg aus dem apokalyptische Maße annehmenden Problemstau entgleisender Massengesellschaften.* Die Militärs berufen sich gerne auf den Modellfall Golfkrieg. So sagt nicht ohne Stolz General James Cassity: *»Die Streitkräfte haben in 90 Tagen mehr elektronische ›Connectivity‹ an den Golf gebracht als wir in 40 Jahren nach Europa.«* Connectivity wird auch die Fluchtchancen unserer Arche in stillere »Nachsintflut-Gewässer« bestimmen.

Übrigens: Die für den Antikrieg entwickelte *Munition des Wissens* kann nicht nur generell militärisch oder zivil, sondern auch – was leider eine zunehmende Rolle spielen wird – *gegen hochtechnologisch gerüstete Terroristen* verwendet werden. *Die elektronischen Ausschaltsysteme werden also vermutlich öfter als gegen superelektronische Kampfflugzeuge der neuesten Generationen gegen Rübenbomber von Drogenschmugglern und zum Lahmlegen von getarnten Panzerverbänden von Guerillas eingesetzt werden; ebenso zur Rüstungskontrolle unverläßlicher Hochrüstungs-Kleinstaaten und bei datenbankgestützten Razzien zum Aufspüren von Attentätern.* Die jetzt diskutierten Rasterfahndungen sind dagegen Kinderspielzeuge.

Irgendwann einmal wird sogar der *Vollinformations-Chip* (heute können ja bereits Tierärzte Hunden einen Info-Chip unters Fell schießen, so daß das Tier nicht mehr verlorengehen kann) – wie zu befürchten ist – auch Menschen verpaßt werden. Vermutlich nicht nur zum *Daten-Screening,* sondern ganz im Geiste von Orwells »großem Bruder« als *Steuerungschip. Im Sinne der aufkommenden »Rigidokratien« werden also vermutlich als erster Schritt Kriminelle markiert und über Satelliten sofort ortbar sein, so wie bereits jetzt gestohlene Autos.*

Die Fortschritte auf dem Gebiet der informationellen Steuerung organischer Systeme werden sich rasant entwickeln. An der Schwelle zum 21. Jahrhundert, dem heraufdämmernden »Jahrhundert der Biologie« (das 19. Jahrhundert war das der Chemie, das 20. Jahrhundert jenes der Physik), wird der Mensch in Steuerungsprozesse der Natur immer tiefer eingreifen können; korrigierend und reparierend, so hoffen wir, im Bereich der Biosphäre und nicht nur lenkend im Bereich der Humangenetik.

Eine neue *Bio-Logik wird als Synthese von Biologos, dem Schöpfungsauftrag, und suprarationaler Logik ein neues Menschenbild prägen. Die Menschheit ist ohne Zweifel in einen Mutationsprozeß von planetarischen Ausmaßen eingetreten.* Durch den Fortschritt der Medizin ist der Mensch dem Selektionsdruck und Auslesedruck der Natur, einem Prozeß der brutalen Selbstreinigung der Populationen, entwichen. Millionen Menschen sind daher, mit den Augen der Natur betrachtet, zu krank und zu alt, um unter früheren »Wildbahn-Bedingungen« zu überleben. Gleichzeitig sind die sozial absichernden Versorgungssysteme an den Grenzwert der Belastbarkeit gelangt. Es ist daher eine überaus schwierige Situation, vor die sich die Menschheit gestellt sieht.

VERANTWORTLICHKEIT – GLOBAL VERNETZT

Das neu entstandene *Bewußtsein von der unentrinnbaren Vernetzung globalisierter Ressourcen* stellt uns auch vor die zunehmend schärfer formulierte Aufgabe der *globalen Verantwortlichkeit.* Die Menschheit – vor allem die fortschrittlichen Zivilisationen – ist aus der kindlich-beschaulichen Unverantwortlichkeit für die anderen erwacht. In ihrer »kindlichen«, frühen naiv-narkotischen Phase der Geschichte wußte ja niemand von der *entwurzelnden Ungleichzeitigkeit der Entwicklungen.* Die *divergente Mutation,* dic uns in eine beschleunigende Zeitzentrifuge spannt, macht es uns erst klar, daß vor nicht allzu langer Zeit der Fortschritt den Menschen seinen Fuß auf den Mond setzen ließ, während gleichzeitig auf unserem Planeten noch immer archaische Kulturen ihre Steinaxt schärften.

Solange wir der Schöpfung die evolutionäre Planung überließen, bekam jeder Mensch das, was er brauchte: Der landwirtschaftlich orientierte Mensch hatte in seiner Hirnrinde die motorisch notwendigen Bereiche überentwickelt, der Bürger der modernen Industriegesellschaft eine annähernd ausgewogene sensomotorische Balance, und die Hirnrinde jener Privilegierten, die bereits heute in der Zukunft leben, zeigt eine gewaltige Überrepräsentanz des rational-perzeptiven Bereichs.

Allen noch so perfekt arbeitenden Informationsmaschinen hat der Mensch eines voraus: Er ist selbstanpassend. Die kompliziertesten automativen Regelkreistechnologien können nicht einen Bruchteil jener Multifunktionalität, die in uns »einprogrammiert« ist ...

Nicht einprogrammiert offensichtlich, sondern Funktion eines höheren Bewußtseins ist die Ethik als Regulativ der Begrenzung bei Eingriffsentscheidungen. Wie vorher festgestellt, können wir, im vollen Verantwortungsbewußtsein der ethischen Verpflichtung, auch Unterentwickelten und von der Ressourcenverteilung her Benachteiligten nicht die brüderliche Solidarität versagen. Der Alptraum weiteren Explodierens der Weltpopulation unter den jetzigen Ausgangsbedingungen läßt sich in einem apokalyptischen Bild verdeutlichen: Stellen wir uns ausnahmsweise die »Arche« zur Flucht als einen Riesendampfer vor; am Pier sind die Passagiere zum »An-Bord-Gehen« bereit. Bereits auf der Gangway zum Schiff steht ein kleines Häufchen luxuriös gekleideter Menschen mit prall gefülltem Luxusgepäck, während am Pier tausende in Lumpen gekleideter Verhungernder, einander gegenseitig mordend, um einen Platz an Bord kämpfen ...

Was ist der zwingende Schluß aus dieser beklemmenden Metapher? Wir müssen *weltweit drastisch die Kopfzahl be-*

grenzen, über genetische Korrekturen Krankheiten bekämpfen und *die Überlebensqualifikation gewaltig anheben,* und wir müssen *nachhaltige Ökostrukturen* geschaffen haben, sonst kann die »Arche« nicht abfahren. Wenn das gelingt, und zwar nur dann, bleibt unser Planet selbst die »Arche«.

Der Mensch ist eine subtil vernetzte, aber überaus verletzliche Zellgemeinschaft von einer Million Milliarden (10^{15}) Einzelzellen. Im Kern jeder dieser Zellen liegt als Knäuel, nur elektronenmikroskopisch sichtbar, ein Schicksalsfaden aus drei Milliarden Erbinformationen: das Genom. In ihm sind die Erfahrungswerte der Lebensevolution vom Einzeller bis zur Krone der Schöpfung, dem Menschen, eingespeichert. Aus dieser astronomischen Zahl von Variablen ist nur eine relativ begrenzte Zahl dieser Gene im Rang der *»codierenden Gene« der Erbdifferenzierung.* Sie entscheiden über Gesundheit und Krankheit, Intelligenz und Lebenserwartung.

Unendlich viele dieser Gene sind von der heutigen Molekularbiologie bereits entschlüsselt. Wir sind aber noch weit davon entfernt, die unendliche Variabilität dieses mikrokosmischen Wunders in uns durchleuchtet zu haben. Ein einziges Menschenpaar kann in seiner Nachkommenschaft rund 25 000 Milliarden genetischer Kombinationen erzeugen. *Leben folgt damit dem geradezu unendlichen Freiraum der Variabilität. Ja das Gesetz des Lebens verlangt die unerschöpflich, abwechslungsreiche Verkoppelung von Genen, gebildet aus einer Vielfalt an Voraussetzungen.* Nicht einmal eineiige Zwillinge sind genetisch gleich, keine Fingerkuppe der auf Erden lebenden Menschen gleicht der eines anderen. *Die Natur will also Nichtidentität und Nichtchancengleichheit. Sondern einzig und allein Chancenvielfalt.*

Die moderne Genforschung wird ohne Zweifel nicht nur in

die Dimension Gesundheit/Krankheit neues Licht bringen, sondern auch sicherlich das Dunkel zahlreicher soziobiologischer Zusammenhänge erhellen. *Es wird gar nicht so einfach sein, den in uns einprogrammierten Überlebenskraft-Egoismus in Richtung auf eine Solidargemeinschaft sozial zu zähmen.*

MENTALER STRESS »GIBT GAS« IM HIRN

Vielleicht müssen wir aber doch nicht alle Hoffnung aufgeben, denn, wie Norbert Wiener das schon relativ früh auf den Punkt brachte, es ist der *Aggregatszustand der heutigen Gesellschaft durch Information gegeben.* Damit sind die Verbindungen in dieser Welt über die Nervenstränge der Massenmedien kommunikativ steuerbar geworden, deren wichtigste Aufgabe es wäre, aus den in Bewegung geratenen Sozialkörpern, wie Arnold Gehlen das forderte, *zivilisierte Superstrukturen* zu bilden. Diese **Organismusvision der Menschheit** teilte auch Pierre Teilhard de Chardin und stützte damit eine eine eigentlich sehr logische Zukunftsperspektive, wenn wir die immer stärkere **systemische Verknüpfung der Welt** berücksichtigen.

Wir werden uns ganz gewiß auch nicht äußeren evolutionären Programmierungen entziehen können. Die Natur wird uns, unter dem zunehmenden Dichtestreß wachsender Populationen, neue Bewältigungsmuster vorgeben. Der britische Entwicklungsbiologe C. H. Waddington beschäftigte sich bereits in den fünfziger Jahren mit der These, daß Organismen, die während ihrer Entwicklung Umweltbelastungen ausgesetzt sind, einer Veränderung ihres Phänotyps unterliegen.

In kritischen Wachstumsphasen auf Hungerration gesetzte

Mäuse zeigten im ausgewachsenen Stadium wesentlich mehr Schwankungen in der Körpergröße und auch in sonstigen körperlichen Merkmalen als ein Wurf, der unter stabilen Futtermengen aufwuchs. Wurden Fliegeneier der Drosophilafliege einem Hitze- oder Ätherschock ausgesetzt, waren die aus diesen Eiern hervorgegangenen Fliegen ausgewachsen wesentlich variabler phänotypisch als normale Fliegenpopulationen. Und nun das erstaunliche Codierungs-Gedächtnis der Natur: Auch nach etlichen Generationen wiesen die Nachfahren der geschockten Drosophilafliegen die gleichen Mutationsmerkmale auf wie die direkt geschockte Generation!

In seinem 1961 erschienenen Buch »The Nature of Life« führte demgemäß Waddington seine Experimentalerfahrungen in eine feste These über: »Selbst innerhalb ein und derselben Spezies bestehen zwischen den Individuen vererbungsbedingte Verhaltensunterschiede ... So gesehen entscheidet das Erbgut des Tieres mit darüber, welcher Art von natürlichem Selektionsdruck es ausgesetzt sein wird. Und andererseits, das versteht sich von selbst, entscheidet die natürliche Selektion mit darüber, welche Art Erbgut an die nächste Generation weitergegeben wird. *Wir haben es mit einem Rückkoppelungs- oder kybernetischen System zu tun, in dem es nichts gibt, das einfach nur Ursache oder einfach nur Wirkung wäre ...*«

Der amerikanische Biologe Christopher Wills hat in seinem fesselnden Buch »Das vorauseilende Gehirn« aus einer Fülle von Forschungsmaterial eine spannende Erklärung für die **Evolution der menschlichen Sonderstellung** geschaffen. Mit einem Bild aus eigener Erfahrung untermauert er die Variabilität von Umwelteinwirkungen auf den Menschen: Vor Jahren blickte Wills in Istanbul auf die über die Galatabrücke (sie überspannt das Goldene Horn) strömende Masse von Fußgängern und Radfahrern. Welchen Unterschied bot ihm dieses Bild im Vergleich zu dem Blick auf die in einer amerikanischen Einkaufsstraße pulsierenden überwohlgenährten und verweichlichten Menschen. Über die Galatabrücke eilte ein Strom von Menschen, »gezeichnet« von anderen Lebensbedingungen: Schielaugen, Menschen mit Klumpfüßen, mit Buckel, verkümmerten Armen, verkrüppelte Menschen mit mächtigen Kröpfen, Menschen voller Fehlbildungen, mit ausgemergelten Körpern und Rückgratverkrümmungen. Was ihn nicht wunderte, da einer der Krummen einen Kühlschrank auf dem Buckel schleppte ...

Was Christopher Wills nicht mehr aus dem Kopf gehen wollte, war die Frage, ob Waddingtons Auffassung von der Evolution genauso wie für den äußeren Körper auch für das Gehirn gilt. Da wir ja wissen, wie sehr das menschliche Gehirn zunehmenden stressorischen Impulsen ausgesetzt ist, müßte wohl auch hier die phänotypische Variabilität zunehmen. Zählt etwa nur physischer oder zählt auch mentaler Streß? Gerade der zweite Teil dieser Fragestellung führte zu überraschenden Antworten.

Mentaler Streß setzt das Gehirn in seinen Kapazitäten gewaltig hinauf, ja macht es bereit, einen Überansturm von Informationen zu verarbeiten. Wenn man diesen Gedanken weiterspinnt, so könnte man die These aufstellen, daß vielleicht vor Millionen Jahren ein Streßschock die Hirnevolution unserer Vorfahren hochgeschaltet hat.

Wir dürften mit diesem Gedanken auf der richtigen Spur sein, denn auch Professor Heinz Wessler vom Frankfurter »Max-Planck-Institut für Hirnforschung« sieht ebenso wie der Psychologe Heiner Ertl von der »Gesellschaft für Rationelle Psychologie« kräftige Veränderungen in der Selbstorganisation des Gehirns. Wessler: *»Das Gehirn organisiert sich neu. Es verarbeitet bestimmte Informationen an anderen Stellen, hat seine rhythmischen Muster, das Zusammenspiel der Nervenzellen geändert und speichert die Inhalte anders ab als früher.«* Es entsteht damit *ein neuer Fokus unseres Bewußtseins.* Ertl prophezeit, daß wir, wenn das so weitergeht, bereits in 50 Jahren völlig andere Menschen auf der Erde haben werden: multipler und schneller denkend, mit einer Art *Turbogehirn* ausgestattet, das nicht nur rational gewaltig überlegen ist, sondern auch mit Gefühlen cooler und intelligenter umgeht. Wessler wiederum weist darauf hin, daß die über Fünfzigjährigen, die noch das alte klassische Gehirn haben, auf die »Chaosstresse« unserer Zeit mit einem rascheren Schließen der »Minds« reagieren. Durch Rückorientieren machen sie das Alte zum Fokus für die neue Welt.

Für die evolutionären Aufsteiger gilt die Maxime, je mehr Streß, um so mehr Sensibilität für Neues. *Das jugendliche Turbohirn kann viel rascher neue Botschaften etablieren, aber nur vorübergehend, denn Etablierung würde Verlust an erforderlicher Instabilität und tanzendem Offenhalten bedeuten. Das neue Gehirn ist ein Chaosgehirn – auf Erregungskonstellationen eingestellt.* Der Neurologe Martin Keller stößt ins gleiche Horn und sagt, daß jüngere Menschen auch wesentlich mehr Fähigkeiten entwickeln, neue Welten aufzubauen, die viele paradoxe, nebeneinander liegende Elemente aufweisen, sich also im Sinne der Chaostheorie »fraktal« verhalten.

Welche Umstellungspower im neuen Erregungsgehirn liegt, beweist die Alternierungsgeschwindigkeit: Pro Sekunde kann es ca. 100 Millionen Entscheidungsalternativen offenhalten. Das bedeutet eine wesentliche Überschreitung bisheriger Denkgrenzen, denn das traditionelle Gehirn »powert« mit gut 25 Prozent weniger Kapazität.

Das neue Erregungsgehirn hat damit die Schwelle zur virtuellen Realität überschritten, gleichzeitig auch seine literale Programmierung verloren und damit auch seine Neigung zu linearer Ordnung. Es kann so, dem geänderten Bedarf entsprechend, wesentlich besser die *»springenden Aufmerksamkeiten«* unserer beschleunigten Informationswelt erfassen. **Diese Kapazitätssteigerung durch eine Sprungevolution macht das Erregungsgehirn empfindlicher für vermehrte Stimulation.** Es braucht mehr ekstatische Impulse, und es ist anfälliger geworden für Prozesse der Fetischisierung, wie J. P. Changeux das beschreibt. Das scheint eine schlüssige Erklärung dafür zu sein, daß unsere Welt, je komplexer sie wird, desto magischer unterlegt wird. Fetisch, Kult, Legende und Magie tauchen uns in eine neue Esoterikwelle ein; oder, was sehr zu hoffen ist, *über esoterische Sensibilisierung zu einer neuen, höheren Spiritualität.*

Auch das ist sicherlich, ganz im Sinne von Christopher Wills, eine *projektiv-adaptive, vorauseilende Bereitschaftsstellung des Gehirns mit dem Ziel, die vergeuderisch nicht genutzten großen Hirnreserven darauf vorzubereiten, die Antennen weiter auszufahren für eine höherstufige Vernetzung pragmatischer, rationaler Hirnleistungskapazitäten mit mythisch-irrationalen.*

Man könnte versuchen, daraus die Hypothese abzuleiten, daß evolutionäre Hirnschübe die Aufwärtsentwicklung hemisphärisch differenziert verlaufen lassen: einmal mehr Linkshirnigkeit, dann wieder mehr Rechtshirnigkeit, schön langsam die Leiter hinauf. *Es fällt auf, daß in prärationalen Primitivkulturen Mystizismus, Ritualfixierungen, Geisterfurcht stark verbreitet sind, während in rationalen Schubphasen eine Art von Ernüchterungsskeptizismus zwischen Aufklärung und Atheismus oszilliert.*

Auch Rupert Riedl vertritt entschieden die *Stimulationsthese,* die besagt, daß höhere Wirbeltiere generell nach Ereignissen Ausschau halten, die eine ständig wechselnde Reizung des zentralen Nervensystems bewirken, während andere Wissenschaftler anmahnen, daß der Mensch eher ein Streßflüchter sei. Man kann Riedls Lehrmeinung sehr stützen, denn die lerntheoretisch bewirkte Sozialisation wäre ein schwaches Progressionsstimulans. Nichtschematisches, sozialisationslernunabhängiges, spontanes Neuerungsbewältigen erfordert sicherlich mehr Turbopower als normativ geprägtes Lernen.

Riedl und Wills sind einer Meinung in dem Punkt, daß der *Selektionsdruck, der unser Gehirn formte, wahrscheinlich sehr stark different von jenem ist, der unseren Körper formte.* Riedl verdeutlicht das in einem sehr plastischen Bild, indem er meint, daß *Organe zuerst gewissermaßen knospende Subindividualitäten* sind, die in sich die Bereitschaft zur Individuation tragen und durch neue Spezialisierung zu Organen werden, gewissermaßen als »Arbeitsgemeinschaften«. Dieser Schritt läuft bis zur höchsten Stufe funktioneller Unteilbarkeit. Trotzdem verbleiben *Entwicklungshierarchien. Manche Organ- und Funktionsbereiche modifizieren sich außerordentlich schnell, andere bleiben über längere Zeiträume stabil. Würde man das in Bewegungsabläufen schematisch darstellen, so liefe unser Hirn gewissermaßen den anderen Körperfunktionen nach vorne weg davon. Es unterliegt einer Durchgänger-Evolution, und daraus leitet Wills die evolutionäre Sonderstellung ab. Wir können also davon ausgehen, daß die Evolution des Geistes in der menschlichen Spezies noch nicht zum Stillstand gekommen ist und daß der voll entwickelte moderne Mensch fiktiver Endpunkt einer Arbeitshypothese ist.*

Das ist gewiß ein eingebauter Sicherheitsfaktor – aus der Perspektive des Genpools gesehen –, denn mit eskalierendem Wachstum der Gesamtpopulation kommen vermutlich selbstregulierende Genkorrekturen im Sinne einer harten Regulation in Richtung auf immer stärkere Bevorzugung vitaler und immer stärkerer Benachteiligung durchsetzungsschwächerer Populationsteile.

Dieses Prinzip läuft sicherlich den von Menschen beabsichtigten Gensteuerungsmechanismen einfach davon. *Natürliche Evolution verlangt vollen Schub auf Leistungspotentiale, denn jedes System, das nicht aktiviert wird, würde für die Fortschrittsbilanz der Evolution einen zweimilliardenfachen Rückschritt bedeuten. Aus dieser Entkoppelung zieht Wills einige sehr positive Schlüsse: »Wir sind heute sicherlich zu intelligent, als daß wir uns bis zur Selbstausrottung fortpflanzen und den größten Teil der übrigen Spezies mit in den Untergang reißen würden. Wir sind sicherlich zu intelligent, als daß wir uns mit den Nuklearwaffen, die unser Durchgänger-Gehirn uns verschafft hat, in die Luft jagen würden. Zentralthema der langen Familiengeschichte der menschlichen Spezies ist die Selektion für Intelligenz, nicht für Dummheit. Es ist Zeit, daß wir uns dessen bewußt werden.«*

Die Natur hat in der *Software der Genesis* eine ganze Fülle von *Meta-Programmatik* enthalten, die *Voraussetzung für offene Bahnen der Evolution und konsequente Deprogrammierung*. Zeitspeicherungen könnten sonst Fehlentwicklungen fixieren. Es könnte also durchaus sein, daß die Menschheit unter dem Druck der zunehmenden ökologischen Schadstoffbelastung mutative Anpassungen vornimmt: Vielleicht entwickeln wir über den Weg weltweit zunehmender Allergisierungen eine Art *dosierter Toleranz* der Abwehrsysteme.

Dieser Gedanke gewinnt Gestalt, wenn man die **ungeheure Flexibilität** bedenkt, die die Natur **für die Verbesserung von Nischenkonditionen einzelner Spezies** aufwendet. So berichtet »Nature«, daß Molekularbiologen feststellten, daß die Fähigkeit der Krokodile, unter Wasser eine Stunde lang den Atem anhalten zu können, darauf beruht, daß sie eine spezifische Variante des roten Blutfarbstoffs (Hämoglobin) besitzen, die nicht nur dem Sauerstofftransport dient, sondern auch Kohlensäureionen speichern kann. *Japanischen Forschern gelang es bereits, durch gentechnisch verändertes menschliches Hämoglobin den gleichen Effekt zu erzeugen. Sind das schon Notausgänge aus der dicker werdenden Luft der mit Schadstofftonnen überlasteten Klimaküche?* Überlebenschancen der neuen Art – allerdings vermutlich befristet auf eine Übergangschance greifender reparativer Maßnahmen? Fragezeichen gibt es genug in unserer heutigen Welt. Was wir daher dringend brauchen, sind imperative Ausrufezeichen der Wegkorrektur! Dies ist deshalb dringend nötig geworden, weil der Mensch die sich selbst regulierenden Pfade gegebener Schöpfungsentwicklungen verlassen hat.

DAS PRIVILEG DER SPRACHE

Wie die beiden chilenischen Neurobiologen Umberto Maturana und Francisco Varela in ihrem Buch »Der Baum der Erkenntnis« darlegten, könnten wir über die *Neuerschaffung der Welt durch unsere Wahrnehmung* auch aus der Sicht der Systembiologie neue Chancen erhalten. Maturana und Varela stellen ihr **Konzept des natürlichen »Driftens«** (span.: deriva natural) dem lange gültigen **Konzept der natürlichen Auslese** gegenüber. Sie meinen, daß die Evolution ein Prozeß der Entwicklung und Anpassung ist, gewissermaßen eine permanente Suchleistung, ermöglicht durch die Verbindung von organismischem Wachstum und zufällig veränderten Außenbedingungen. Die beiden Neurobiologen gehen hier von einem Bild aus, das dem Wirken eines aktionistischen Künstlers entsprechen könnte: Die Evolution geht gewissermaßen auf der Welt spazieren, hebt hier einen Faden, da eine Blechdose, dort ein Stück Holz auf und stellt sie derart zusammen, wie Struktur und Umstände es erlauben. Eigentlich ohne tieferen Grund, nur geleitet von der Tatsache, daß man sie einfach so zusammenstellen kann.

Dieses natürliche Driften folgt zwei Grundprinzipien: der *Erhaltung der Identität* und der *Fähigkeit zur Fortpflanzung.* Diese Basismerkmale verbinden uns mit Blüten und Flußkrebsen, so das Autorenduo unisono. Das Tempo unserer Transformation vom Einzeller zum hochkomplexen, in Organkooperationen zusammengefügten Gesamtorganismus charakterisiert uns durch unsere Körpergröße und die Dauer der Transformation, die mit der Vereinigung zweier Einzeller zu einem Vielzeller beginnt und mit dem Wachstumsstillstand und der Vollreife endet. Diese Spanne liegt beim Menschen im Durchschnittsparameter zwischen 1,5 und 2,0 Metern Größe und einem Lebensalter von zwölf bis 16 Jahren. Wir stehen damit in der *Transformationstabelle der strukturellen Variationen* über dem Hirsch und annähernd auf der gleichen Stufe mit dem Bären. Am unteren Ende der Skala stehen Bakterien mit Reifung zu wenigen My (Mikromillimetern) Größe innerhalb von wenigen Minuten, und an oberster Stelle steht der größte

Baum der Welt, der Mammutbaum Sequoia, der in einer Wachstumszeit von 1000 Jahren bis zu 100 Meter Höhe erreicht. Das größte Tier der Welt, der Blauwal, der damit auch gleichzeitig der größte animale *Metazeller* ist, braucht zehn Jahre, um 40 Meter lang zu werden.

Die Dynamik und Variabilität dieser Zellansammlungen als Teil eines Lebenszyklus beruht auf einer sehr differenzierten Teilnahme an der Bildung der definitiven metazellulären Einheit. *Während die meisten einzelligen Organismen sich durch Teilung vermehren, sind die der sexuellen Fortpflanzung unterliegenden Arten »vielfaltprivilegiert«, indem je eine der Zellen des Organismus (die weibliche Eizelle und die männliche Spermienzelle) eine unabhängige operationale Dynamik entwickelt und jeweils eine Fülle von Erbinformationen enthält, die durch die Verschmelzung der Befruchtung gewaltige Potentiale zur unterschiedlichen Individuation eines neuen Metazellers in sich tragen.*

Dieser Blick in das **Schöpfungslabor des Lebens** ist vielleicht deshalb besonders interessant, weil er die Proportionen evolutionärer Entwicklungssprünge verdeutlicht. *Von einer chemotaktisch gesteuerten Suchleistung der zueinanderfindenden Geschlechtszellen bis zur Ausbildung des Turbogehirns beim neuen Menschen des Informationszeitalters läuft eine aufsteigende Informationsspur der Evolution, die vor 15 Millionen Jahren in einer hominiden Linie ansetzte und bereits vor etwa drei Millionen Jahren jene strukturellen Züge konsolidiert hatte, die für den heutigen Menschen charakteristisch sind.* Dazu gehörten vor allem Skelettumbauten, die, um den aufrechten Gang zu ermöglichen, die Wirbelsäule von einer Brücken- in eine Säulenkonstruktion wandelten. Die Extremitäten mußten umgeformt werden, von Greif- auf Standfuß, der Gesichtsschädel mußte im Bereich der »Schnauze« reduziert werden, die Augenhöhle wurde in den Schädel versenkt, und die Kiefermuskeln wurden zurückgebaut, da ja kein Fanggebiß mehr nötig war.

Die sogenannte *»bipede Lokomotion«,* wie das Aufrichten zum Homo erectus heißt, erfolgte zweifellos unter einem öko-klimatischen Änderungsdruck der Erde. Der Homo sapiens schließlich, der vor etwa 150 000 Jahren auftauchte, ist durch die für explosive Hirnstrukturierung vorbereitete Schädelform und die bereits voll sprachfähige Kehlkopfmodifikation eine Vorbereitung auf den Entwicklungssprung, der eben läuft. *Man muß kein Hirnforscher sein, um zu erkennen, welche Priorität uns die Sprachfähigkeit verschafft. Sprache ist eigentlich das wichtigste Element von Selbst-Bewußtsein.* Bewußtheit, Geist – das sind die Schlüsseleigenschaften für unsere Sozialisation auf höchster Ebene.

Wenn wir, wie gesagt, in einen **Notausgang der Evolution** gedrängt und damit aller Chancen beraubt werden, die Schnittstellen *globaler Geistigkeit* zu finden, hätten wir das Würfelspiel der Genesis verloren. *Deshalb dürfen wir es nicht zulassen, daß über unbrauchbare Bildungssysteme und Niederschalten der »Infotain-Niveaus der Medienorgel« der Geist kommender Generationen in Sprachlosigkeit gefangen wird. Der Verlust der sprachlichen Kompetenz, verursacht durch das Verstummen durch Verdummen, würde uns all der Chancen berauben, die wir durch unsere einzigartige Position des »Überwissens« errungen haben.*

Der Sprache wird nicht nur von den Linguisten eine lebendige Organfunktion zugeschrieben, etwas Körperhaftes, wie es der Philosoph Amadeo Silva-Tarouca in seinem Gedanken *»Das Wort ist die leibliche Mitte zwischen mir und dem ande-*

ren« in das Zentrum seiner Polaritätsphilosophie stellte. Bis ins hohe Mittelalter waren Lesen und Schreiben Privileg einiger weniger Hochgebildeter, die die Masse der analphabetischen Menschen durch Vorsprechen oder Vorlesen in die Wortwelt ein- oder ausschließen konnten.

Durch den verstärkten Umgang mit medial angelieferten Wortstereotypen findet eine gefährliche **Verengung der Sprachbildungsfähigkeit** statt. Wenn, wie eine Studie ergab, heute etwa 40 Prozent der Siebzehnjährigen aus geschriebenen Texten keinen Sinn ableiten können, ergibt das ein katastrophales Zustandsbild gefährlicher Entwicklungen. Adam Schaff, weltberühmter Linguist, wies darauf hin, daß zahlreiche emotionale Störungen der Gegenwart auf dem Unvermögen beruhen, die Intelligenz adäquat zu gebrauchen und zu richtigen Vorstellungs- und Verbalrelationen zu gelangen. **Viele psychosomatische Störungen geben Zeugnis davon, daß in der sprachloser werdenden Welt von heute Organsprachlichkeit an die Stelle der Aussprachfähigkeit getreten ist.** Es ist eine gefährliche Regelkreisverbindung zwischen der Sprachlosigkeit und dem Verfall traditioneller Familienstrukturen herzustellen.

In seiner Suche nach einem neuen Rollenverständnis der Gesellschaft hat der Mensch von heute einen Großteil seiner Identität an die Sprache verloren. Die immer stärker anschwellende Flut von Informationen trägt ein übriges dazu bei, den Bezug zum sprachlichen Detail, zur Architektur und zum Design personalen Ausdrucks abzubauen. Nachdem alles an Information vorgegeben wird, genügt es leider, in der immer reißender werdenden Informationsflut schlichte, *trittsichere Codierungen* zu finden.

Damit werden viele Menschen im eigenen Sprachbereich zu

Sprachtouristen, das heißt, sie verlieren die grammatikalisch-syntaktische Instrumentierung und sind weder in der Lage, sprachrichtig zu konstruieren, noch sich sinnvoll auszudrücken. Somit ist die Sprache auf diesem Weg der Rückentwicklung in Gefahr, nach Beraubung ihres hochstrukturierten instrumentalen Charakters einfach nur noch schlicht zu »funktionieren« – wie eine Klingelleitung.

FUNDAMENTALISMUS ALS FORTSCHRITTSSTÖRER

Durch die Anlieferung von informativer und unterhaltender »Fertigkost«, deren dominante Bildinhalte nicht zu selektiver und kognitiver Verarbeitung verpflichten, sondern wie Brei ungekaut geschluckt werden können, wird im Rahmen der Mediensozialisation vor allem das Fernsehen auf Kosten von Lesen begünstigt. Die frühe und späte Fixierung auf visuelle Medien, primär von Populationsgruppen, die über größere Zeitbudgets verfügen, wie Kinder, Jugendliche und Rentner, liegt es dort mit der Sprachstrukturierung im Ärgsten.

Wird der Gebrauch visueller Medien nicht durch ausreichendes Lesen ausbalanciert, genügt es vor allem bei Kindern und Jugendlichen, die ja am meisten auf **Sprachsozialisation** angewiesen sind, durchaus nicht, nur Oberflächenstrukturen zu erfassen – und keine Tiefendimensionen. Wenn diese Fehlprogrammierung, die fast einer *Dressur zur Sprachlosigkeit* gleichkommt, weder durch aktives Lesen noch durch ein entsprechendes Bildungssystem, das falschen Bedeutungszuordnungen entgegenwirkt, Ausgleich findet, ist das ein **Rückschritt in geistige Finsternis.**

Vor allem Kinder, die in einem sehr wichtigen frühen Lebensabschnitt damit befaßt sind, durch Erlernen und Verinnerlichen die Grammatik ihrer Um- und Nahwelt zu einer eigenen *Lebensgrammatik* zu transformieren, werden, wenn sie dabei die Struktur und den Aufbau der Sprache nicht erlernen, bleibende Schwierigkeiten haben, mit der Sprache situationsangemessen umzugehen.

Die Integration von Raum-Zeit-Mustern verlangt nämlich präzise Norm- und Wertsysteme. Werden sie bei der **primären Sozialisation** gewissermaßen vorenthalten, indem das Kind keine familiäre Zuwendung erfährt oder überwiegend der indirekten Kommunikation durch stundenlanges Fernsehen ausgesetzt ist, dann verwischt die Medienanlieferung die Grenze zwischen Realität und dargestellter Irrealität. Dies lädt geradezu dazu ein, **dysfunktionale Handlungsmuster zu übernehmen** und damit in echten Lebenssituationen Schwierigkeiten zu haben.

Jan Uwe Rogge, der sich mit Raum-Zeit und medienbezogenen Erfahrungen von Kindern befaßte, weist darauf hin, daß **»Verinselungen« von Funktionsräumen** oder durch Programmschemata geschaffene Zeitstrukturen dazu imstande sind, Kinder in ihrem realen Zeiterleben durch das *Ausbilden von ritualisierten Zeitrhythmen* einzuschränken und damit zu Streß und Überforderung zu führen. Das bewirkt, über alle anderen Randeffekte hinausgehend, auch noch *eine empfindliche Störung in der Entwicklung der sogenannten »inneren Uhr«*.

Auch für die grundlegende Sprachentwicklung sind Raum-Zeit-Muster selbstverständlich von eminenter Wichtigkeit, denn wir benützen sie auch zur **Dimensionierung unserer Gedankenszenarien.** Kinder achten sehr darauf, *wie* ihnen eine Geschichte erzählt wird, denn dieses »Wie« entschlüsselt das Geheimnis der **Verknüpfungsfähigkeit. Auf dieser Kompetenzebene liegt der entscheidende Schlüssel zur Entwicklung von Handlungsszenarien, die Gedächtnisinhalte der Vergangenheit in projektive Denkmodelle einbeziehen.**

Wir können heute bereits von der Gewißheit ausgehen, daß die Menschheit drauf und dran ist, neue evolutionäre Nischen durch Erweiterung des Bewußtseins zu besetzen. Erich Jantsch gab in seiner Arbeit »Die Selbstorganisation des Universums« den Hinweis, daß das Lernen der Zukunft nicht mehr Anpassung an eine bestimmte Form, in die vorhandenes Wissen gebracht wurde, bedeutet, sondern darin besteht, die Bildung lebendiger Beziehungen zu einer vielfältigen und in vielen Formen erfahrenen Realität zu ermöglichen. Anstelle von utopischen Konstruktionen relativer Gestaltbegrenztheit könnten sich schöpferische Prozesse ausleben und neue Strukturen bilden. Jantsch legt hier das Hauptgewicht auf die notwendige Veränderung fixierter Vorstellungen, daß nur eine Kontrollhierarchie mit den komplexen Problemen der Gegenwart und Zukunft fertig werden kann. Ganz im Gegenteil – er empfiehlt, die Kooperation zwischen autonomen Ganzheiten zum Prinzip zu erheben.

Adolf Portmann hat schon darauf hingewiesen, daß sich die Evolution selbst im biologischen Bereich nicht als rein funktionell einordnet. Immer entfaltet sich eine neue **»Arabeske der reinen Schönheit« von morphologischen und verhaltenstypischen Merkmalen.** Würde man die Betrachtung auf die reine Gebrauchsperspektive begrenzen, könnten derartige evolutionäre Anteile den Anschein erwecken, daß sogar die Natur zwecklos arbeite; oder sie läßt uns in einer Art Rebellion gegen sich selbst wissen, daß inflexible Angepaßtheit zur

Systemstarrheit werden könnte und damit Grund für Störungen des Entwicklungsflusses liefern könnte. Gewißheit scheint, kritisch hinterfragt, zu riskant, da durch das Festhalten das Risiko adaptiver Einschränkungen gewaltig wächst. *Adaptive Einschränkung* aber – und das weiß die Natur – führt in die Entropie, also Selbsterschöpfung, der Systeme beziehungsweise in Fortschrittsstagnation.

Zweifellos aus dieser Perspektive erteilte der Physiker Heinz Bagels in einer Zeit wachsender fundamentalistischer Strömungen dem *Fundamentalismus als Fortschrittsstörer* eine klare Absage: »Jeglicher Fundamentalismus zeichnet sich dadurch aus, daß er absolute Gewißheit gefunden hat – die Gewißheit des Klassenkampfes, die Gewißheit der Wissenschaft oder die Buchstabengewißheit der Bibel –, die Gewißheit desjenigen, der endlich einen Fels gefunden hat, auf dem er stehen kann und der, im Unterschied zu anderen, ganz und gar unerschütterlich ist.

Der Fundamentalismus ist jedoch eine Endform menschlichen Bewußtseins, bei der keine Entwicklung mehr stattfindet, weil sie die Ungewißheit und das Risiko, das mit realem Wachstum verbunden ist, ausschaltet.« Arno Gruen, der als Psychoanalytiker in »Der Wahnsinn der Normalität« die Denkschemata der Angepaßtheit an etablierte Werte und Formen unter Mißachtung des eigenen Innenlebens für eine unerschöpfliche Quelle alltäglicher Gewalt hält, meint: »Solange Erfolg definiert wird als Kontrolle und Beherrschung und Erfolg wiederum den Selbstwert definiert, sind alle Unterschiede der gesellschaftlichen Struktur ziemlich bedeutungslos, **das Selbst bleibt in jedem Falle verstümmelt.**«

Das ist allerdings eine Beschädigung der inneren und äußeren Integrationsfähigkeit von katastrophalem Gewicht. John C. Eccles hat in seinen grundlegenden Hirnforschungen die Ansicht deutlich unterstrichen, daß der Mensch als *einmaliges, Selbst-bewußtes Wesen* existiert. Er bezeichnet es als eine **primäre Gewißheit, daß jedes »Selbst« sich als einmalig erlebt.** Seiner Ansicht nach vernachlässigt selbst die moderne Gegenwartsphilosophie, allzusehr vom vorherrschenden Materialismus mitgeprägt, daß wir, zu sehr gebunden an die Welt unserer Erfahrung, in den wachsenden Massengesellschaften diese Einmaligkeit und dementsprechend auch den Umgang mit ihr im Auge behalten. Das Gewicht dieses *Einmaligkeitsbewußtseins* und das äußere, begründete Recht auf dessen Verwirklichung sind in bürgerlichen Gesellschaften zwar festgeschrieben, werden aber in der unterschiedlichsten Form interpretiert.

Eccles schreibt das auch darauf zurück, daß jene Kraft, die man als *spirituelle Erfahrung* bezeichnen müßte, nicht »rechtskundig« geworden ist. Der Fortschritt der Neurobiologie und ihrer neuen Erklärperspektiven stützt sich im wesentlichen auf den engagiert offenen Dialog zwischen Eccles und Sir Karl Popper, der als Aktionsfeld für selbstbewußten Geist die Verknüpfung des Informationsflusses über Welt 1, Welt 2 und Welt 3, die alles Existierende und alle Erfahrungen umfassen, definiert. *Die Welt 1 ist charakterisiert durch physische Gegenstände und Zustände,* durch Materie und kosmische Energie, durch Struktur und Aktion aller lebenden Wesen in der Biologie und natürlich auch durch die Artefakte menschlicher Kreativität. *Die Welt 2* hingegen *liegt in den Bewußtseinszuständen begründet,* also jenem subjektiven Wissen, das die Summe der Erfahrungen von Wahrnehmung, Denken, Gefühl, Absichten, Erinnerungen, Träumen und kreativer Imagination ist. *In der Welt 3 entsteht Wissen im objektiven Sinn,* das heißt, das kulturelle Erbe codiert in materiellen Substraten philosophisch, theologisch, wissenschaftlich, historisch, literarisch, künstlerisch und technologisch. *Welt 3 umfaßt unser Wissen in der kategorialen Ordnung theoretischer Systeme, in unserem Umgang mit wissenschaftlichen Problemen in der kritischen Argumentation. Die Welt 2, also die Welt der Bewußtseinszustände, bezieht diese aus der Interaktion zwischen Hirn und Geist, dem Informationsfluß vom äußeren zum inneren Sinn:* von Eindrücken und Wahrnehmungen differenter **sensorischer Einströmungen** über Licht, Farbe, Klang, Geruch, Geschmack, Schmerz, Berührung und ihrer **Transformation in Gestaltbilder inneren Sinns** wie Gedanken, Gefühle, Erinnerungen, Träume, Vorstellungen und Absichten. Es läuft permanent so etwas wie eine *intersubjektive Verständigung,* für die offensichtlich jene Hirnteile verantwortlich sind, die man heute als *»Liaison brain«* bezeichnet.

Das Areal dieses *Verbindungsgehirns* ist enorm groß; es enthält ein Potential von weit mehr als 100 000 Zellen, die mit extrem offenen Modulen ausgestattet sind. Dieses »Liaison-Hirn« ist in jenen Abschnitten der Großhirnrinde verankert, die innerhalb der beiden Hirnhemisphären für selbstbewußten Geist verantwortlich sind. Heute, wo unser Wissen über die verschiedene Funktionsweise der beiden Hirnhälften sehr vertieft wurde, lassen sich auch innere Balancierungen zwischen Links- und Rechtshirnigkeit besser erkennen, da fast alle Menschen die Dominanz einer Hirnhälfte aufweisen. Während ein Mensch eher die Welt »rational denkerisch«

durchschreitet, tut dies der andere Mensch stärker »emotional kreativ« gesteuert. Wie man bei Kommissurotomie-Patienten, das heißt Patienten, denen die Balkenverbindung zwischen beiden Hirnhälften durchtrennt wurde, feststellen kann, scheint sich das Liaison-Hirn jeweils gewichtiger auf die dominante Hirnhälfte zu konzentrieren – eine ergänzende Erklärung dafür, daß in unseren Hirn-Geist-Verbindungen Akzente gesetzt sind.

Die Differenzierung dieser Akzente ist natürlich auch für den *Freiheitsgrad lebendigen Denkens* außerordentlich charakteristisch. In jedem einzelnen Augenblick wird so etwas wie eine **konstellative Änderung** der Gehirnleistung vorgenommen und die Konzentration einmal auf dies und einmal auf jenes gelenkt. Dieses *Phänomen der schnell fließenden Fokussierung* wird viel schlichter als »Aufmerksamkeit« bezeichnet.

Das Denken springt gewissermaßen in *»Wolken« neuronaler Aktivierung* mit einem Systemfreiheitsgrad von potentiellen Myriaden an Raum-Zeit-Mustern. Es läuft also in einem gesunden Gehirn etwas ab, das man als permanenten **»Heavy traffic«** über die Verbindungs-Highways bezeichnen könnte. Hirnoperationale Prozesse, gestützt auf verschwenderische Potentiale an Ausbreitungsfähigkeit, ermöglichen dadurch anschwellende und abschwellende Mobilisierungen – je nach Erfordernis –, und in jede Richtung, wie die Experimente von B. Libet beschreiben, die sich mit der zeitlichen Diskrepanz zwischen neuralen Ereignissen und den Erfahrungen des selbstbewußten Geistes beschäftigen. Dabei taucht das Phänomen der *Rückwärtsmaskierung*, also der verschleierten oder selbstideologisierten Erinnerung, und der *Antedatierung* – des Vorauserlebnisses – auf.

Das Gehirn kann also jederzeit an der Zeitmaschine drehen, was sich auch evident in der Erlebnisbeschleunigung oder -verlangsamung bei Unfällen zeigt. Der selbstbewußte Geist selektiert aus den Liaison-Zentren der dominanten Großhirnhemisphäre eine Bewußtseinseinheit. Er vergißt dabei auch nicht die Integration nur flüchtiger Erfahrungen. *Die Schlüsselkomponente der von Eccles und Popper formulierten Ich-Erfahrung besagt, daß die erlebte Einheit sich nicht aus einer neurophysiologischen Synthese, sondern aus dem integrierenden Charakter des selbstbewußten Geistes ableiten läßt. Die neurale Maschinerie der Liaison-Zentren der Großhirnhemisphäre ist, allerdings auf höchster Ebene, nur Zulieferant.*

Die Frage, worin die Einmaligkeit des Gehirns begründet ist, läßt sich aus der unendlichen Zahl einzelner Verknüpfungen zwischen den zig-Millionen Zellen der menschlichen Großhirnrinde nicht beantworten. Die materialistischen Interpretationen anderer Forscherkreise stützen sich darauf, daß das *einmalige Genom die Grundlage gelebter Einmaligkeit* ist, denn die *genetische »Lotterie«* mit den vorsichtig geschätzt 50 000 menschlichen Genen erlaubt Spielvarianten in der Proportion $1 : 10^{15\,000}$.

Darüber hinaus kennt die Differenzierung der Einmaligkeit überhaupt keine Grenzen, denn sogar bei eineiigen Zwillingen entstehen aus identischen Genomen, bedingt durch die Unterschiedlichkeit des »Entwicklungsrauschens« (Waddington), variable Ausbildungsinstruktionen.

Da offensichtlich unsere erlebte Einmaligkeit mit materialistischen Lösungsansätzen nicht erklärbar ist, sah sich selbst ein so großer schöpferischer Rationalist wie der Neurobiologe John Eccles dazu gezwungen, die Einmaligkeit des Selbsts oder der Seele auf eine übernatürliche spirituelle Schöpfung zurückzu-

führen. Eccles zu diesem großen Thema: »Jede Seele ist eine neue göttliche Schöpfung, die irgendwann zwischen der Empfängnis und der Geburt dem heranwachsenden Fötus eingepflanzt wird. Es ist die Gewißheit des inneren Kerns der einmaligen Individualität, welche die göttliche Schöpfung notwendig macht. Ich behaupte, daß keine andere Erklärung haltbar ist, weder die von der genetischen Einmaligkeit mit ihrer phantastischen, unwahrscheinlichen Lotterie noch die der umweltbedingten Differenzierungen, die die Einmaligkeit nicht determinieren, sondern lediglich modifizieren.«

ECCLES: »DAS GÖTTLICHE GESCHENK EINER SEELE«

Zu dieser *Theologie des Selbst* weist Eccles auf ein entscheidendes Wort von Luke, eines christlichen Darwinisten, hin, das er allerdings generalisiert auf alle höheren Religionen für gültig hält: »Die Seele wird von den Christen als der spirituelle Teil des Menschen betrachtet. Sie ist eng verknüpft mit der eigentlichen Persönlichkeit jedes einzelnen und jede Seele ist einmalig. Sie ist auch verantwortlich für moralische Entscheidungen und rationale Forderungen, und sie ist unsterblich. Da die Seele der wissenschaftlichen Nachprüfung entzogen ist, wirft sie keinerlei Probleme für den Darwinismus auf ... *Entweder hat der Mensch, wie andere Tiere, keinen spirituellen Wesensanteil, oder es hat, der christlichen Sicht entsprechend, beim Erscheinen des Menschen ein übernatürliches Ereignis stattgefunden; davor waren unsere Vorfahren protohumane Säuger, danach waren sie, dank des göttlichen Geschenks einer Seele, wahrhaft human.*«

Dieses berührende Bekenntnis, das *»Confiteor« eines Naturwissenschaftlers,* findet seine Analogie – aber nicht mehr als das – im Vergleich von Körper und Gehirn mit einem großartigen Computer, der durch die genetische Software programmiert und vom wunderbaren Prozeß biologischer Evolution geschaffen wurde. Aber auch dann, wenn man nicht wie Eccles fest der Überzeugung ist, daß in den materialistischen Vorgängen der biologischen Evolution die göttliche Vorsehung am Werk war, muß man aus logisch-rationalen Gründen annehmen, daß im Sinne ihrer großen Zyklen auch biologische Evolution über alle Wechselfälle des Auf- und Abstiegs auf ein Endziel hin orientiert ist.

Eccles schließt sich diesem Denkaspekt an und sagt: *»Es gibt gute Gründe dafür, daß die Hominidenevolution den Höhepunkt der schöpferischen Ära erreicht hat. Der Gipfel scheint dadurch gegeben, daß die ursprüngliche Wirkung der natürlichen Selektion, bei der die Tauglichsten überleben, zu Ende gegangen ist. Allmählich wird es daher wohl, wenn wir mit dem großen Erbe nicht umzugehen verstehen, wieder zu Abstiegen führen.«*

In der Schöpfungsgeschichte der Erde ist seit der Abspaltung der hominiden Linie von den pongiden Linien nicht mehr als eine Sekunde vergangen. Niemand kann wissenschaftlich präzise dieses überragende Ereignis ausreichend erklären. Es erscheint sehr unwahrscheinlich, daß dieses Wunder, das sich vor rund zehn Millionen Jahren ereignete, wiederholt werden könnte. Nach allem, was wir annehmen können, hat sich dieses **»Window of Opportunity« der Schöpfung** nur ein einziges Mal geöffnet.

Wäre das nicht der Fall gewesen, wäre der Planet Erde, bevölkert durch die variable Biologie der pflanzlichen und tierischen Arten, in einem Wechselspiel von Aufblühen und Niedergang wohl bis zum Zeitpunkt einer kosmischen Katastrophe relativ unverändert geblieben. Dem Homo sapiens blieb es vorbehalten, in die selektionistisch orientierte Steuerung der Erdbewohner einzugreifen, und zwar derart, daß heute das »Raumschiff Erde« an kritische Grenzwerte seines Systems herangekommen ist. **Ohne eine Neuordnung unseres Fortschrittsbegriffs gibt es wohl in absehbarer Zukunft nicht einmal mehr den »Kampf ums Überleben«.**

Die Natur ist eine Hierarchie von Schöpfungsakten, ein von geistig-schöpferischen Kräften getragenes System, das aus Gestaltungsraum besteht, den Teilhard de Chardin »Stufenbau von Freiheiten« nennt. Jede dieser Stufen muß erfüllt sein vom Willen zu sein und vom Willen zu leben, voll eingebunden in das, was wir als transzendentes Prinzip oder, besser noch, als »Schöpfung« annehmen sollten. Wenn wir das nicht tun, wird auch alles neue Überwissen keinen entscheidenden Beitrag zu unserem Überleben leisten können.

PLANET α

Ein neues Ufer für die »Arche«

Die Welt wird, ohne daß sich ihre Bewohner das deutlich genug vor Augen halten, von Jahr zu Jahr mehr zu einer **Schicksalsgemeinschaft.** Politische und wirtschaftliche Krisen, zunehmende ökologische Katastrophen und das immer schnellere Laufen der beiden gegenläufigen Trends, nämlich der Globalisierung einerseits und der Regionalisierung andererseits, sorgen dabei für Verwirrung. Die Spannungen erhöhen sich.

Man sollte wohl meinen, daß die immer dichtere Informationsvernetzung der Welt eine Art *»universelles Weltverständnis«* herbeiführt – gestützt durch die Vereinten Nationen, die unter dem Zugzwang krisenbeseitigenden Handelns mehr Homogenität zu entwickeln scheinen. Der pragmatische Bedarf, Taten zu setzen, steigt angesichts sprunghaft vermehrter Spannungen, die durch die grenzensprengende Regionalisierung und damit auch durch die vielschichtigere **Partikularisierung der Konfliktherde** ein drastisch verändertes Zustandsbild bieten. Die über den Globus verstreuten potentiellen Brandherde schwelen permanent und lodern bei kleinsten äußeren Anlässen hell auf.

Hunderte Millionen von Menschen der stetig beängstigend wachsenden Weltbevölkerung leiden unter Armut, Arbeitslosigkeit, Hunger und Familienzerfall. Die Friedenshoffnungen, an der Schwelle zu den neunziger Jahren verstärkt vorhanden, schwinden wieder zusehends. Neue Spannungen zwischen den Generationen und zwischen den Geschlechtern tauchen auf, immer mehr Krisen entstehen durch soziale und ethnische Konflikte, durch das Erwachen eines verstärkten Rassismus, durch Drogenmißbrauch, organisiertes Verbrechen und das Anwachsen existentieller Ängste.

Es ist höchste Zeit zur Weltversöhnung. Konflikte kann und darf man nicht mehr länger durch Konfrontation lösen wollen. Der einzige Weg zur Versöhnung ist das **Suchen und Aufzeigen einer gemeinsamen Konsensebene:** nicht nur politisch, wirtschaftlich oder im verwaschenen Sinne »humanitär«. Die von so vielen Zukunftsforschern verkündete »Wendezeit« ist nichts, was wir hinnehmen, sondern etwas, das wir gestalten sollten. Der Zerfall großer äußerer Machtblöcke hat es bewiesen, daß Materialismus pur in direktem Weg von der Rüstungseskalation zum Systemkollaps führt.

Die soziale Ungerechtigkeit, die Verteilung der Güter dieser Welt betreffend, war noch nie im Verlauf der Geschichte so kraß wie in unserem sogenannten »sozialen Zeitalter«. **Macht und Materialismus – die »Ersatzreligionen«** vergangener Jahrzehnte – haben ganze Arbeit geleistet. *Alles deutet darauf hin, daß der Weltfluchtweg aus diesem Dilemma in die falsche Richtung führt: in Gewalt und Verzweiflung. Weit weg von der Vision einer neuen individuellen und globalen Ordnung.*

Selbst im Glaubensbereich stehen die Zeichen der Zeit auf Sturm. Fundamentalismen unterschiedlicher Couleur drohen die Gräben zwischen verschiedenen Glaubensgemeinschaften zu vertiefen. Ja selbst in den drei monotheistisch begründeten Religionen drohen die Brücken gegenseitigen Verstehens einzustürzen. Das liegt daran, daß immer das Trennende zuerst im Blickpunkt der Auseinandersetzungen steht und nie das Gemeinsame – der Grundkonsens bezüglich verbindender Werte, unverrückbarer Maßstäbe und moralischer Grundhaltungen.

Vor dem Bild der ewigen Prolongation der Nahost-Konflikte zwischen Moslems und Juden, der Gewaltausschreitungen zwischen evangelischen und katholischen Christen in Irland, wo das Reichen der Bruderhand, das versöhnende Wort durch explodierende Bomben ersetzt wurde, erscheint der Weg der Versöhnung dornenreich.

Dabei gab es oft schon so viele *Ansätze zur interreligiösen Versöhnung.* Anläßlich des »Parlaments der Religionen« in Chicago hat bereits 1893 Swami Vivekananda, Hinduist und Schüler Rama Krishnas, festgestellt, daß es im Grunde zwischen den Religionen der Welt keine Widersprüche und Konflikte geben dürfte, denn sie sind weder widersprüchlich noch antagonistisch; sie sind nichts anderes als *verschiedene Phasen der »einen, ewigen Religion«. Sein Wort »Die Religionen der Welt sind wie bunte Fenster, durch die das eine Licht Gottes durchscheint«*, zeugt von der Versöhnlichkeit, die angemessen wäre.

Über die asiatischen Religionen generell sagte Hajime Nakamura, einer der bedeutendsten Historiker des Buddhismus, daß das, was Vivekananda als die »eine, ewige Religion« bezeichnete, in der buddhistischen Tradition als »Shu« und das, was sich auf die einzelnen, etablierten Religionen der Welt bezieht, als »Kyo« bezeichnet wird. In allen wichtigen Religionen ist also so etwas wie ein Öffnungsrespekt enthalten. Rama Krishna selbst, Vivekanandas Lehrer, meinte: *»Kümmere dich nicht um Doktrinen, kümmere dich nicht um Dogmen, Sekten,*

Kirchen oder Tempel; sie bedeuten wenig im Vergleich zur Essenz des Daseins im Menschen, die wir Spiritualität nennen. Je weiter sie in einem Menschen entwickelt ist, desto entschlossener tritt er für das Gute ein.«

Verständnis beginnt dort, wo Menschen innere Defizite spüren und Werterlebnisse suchen. Das »Du sollst« in den Geboten der Religionen der Welt trägt in sich die Brücke zum fremden Bruder. Grundwerte fundieren das Leben, geben ihm festen Boden. Diejenigen, die beides suchen, brauchen das Ja zur Hoffnung! *»Das tiefste und erhabenste Gefühl, dessen wir fähig sind, ist das Erlebnis des Mystischen.« Albert Einstein war es, der das sagte, und er wies damit auf den heißen, glühenden Kern aller alten, großen Religionen: auf die Erfahrungen des Mysteriums, des Unsagbaren, des Unbedingten und Absoluten; des Unbegreifbaren und Verborgenen.*

DIE FORDERUNG NACH EINEM NEUEN WELTETHOS

Der getriebene Mensch von heute hat sich in eine Krise des Göttlichen bewegt. Im Rausche der Geschwindigkeit von Änderungen der Lebensbezüge hat er gewissermaßen die *Schallmauer der Transzendenz* durchbrochen, die Sinnsuche nach neuen Wirklichkeiten eingestellt. Das Leben ist heute durch die Kategorie erfüllter und nichterfüllter Möglichkeiten eingeengt. Daher haben auch Menschen, die von der Jagd nach dem Glück auf dieser Welt erschöpft sind, nicht die Kraft für Gedanken der Tiefe.

Damit geht ihnen, wie Kardinal König das in einem seiner Bücher sagte, *»Gott unterderhand verloren«*. Die Augen des

Geistes fallen uns zu. Der innere Sinn des Lebens ist in Frage gestellt, und der Mensch wird sich selbst fremd.

Dem Streben der Welt nach äußerer Einheit – dem einzigen Weg in eine mögliche Zukunft – gehört auch das Streben nach innerer Einheit gegenübergestellt. *Eine transzendente Realität ist der Nährboden für Toleranz, die der erste Schritt gegenseitigen Verstehens* ist und auch die Gesetze des Zusammenlebens bestimmt. **Die Technik definiert Toleranz trocken als** *»zulässige Abweichung von der Idealnorm«*. Daran sollten wir uns auch im mitmenschlichen Gegenseitigkeitsverhältnis halten. Viel weiter als diese *Minimalisierung des Miteinander* geht das *»Projekt Weltethos«*, das Hans Küng Anfang der neunziger Jahre entwickelte. Das Projekt umfaßt den Grundkonsens über gemeinsame Werte, Haltungen und Maßstäbe, die alle Menschen in ihren eigenen Traditionen wiederfinden können, wie etwa die *gemeinsame Verpflichtung auf eine Kultur der Gewaltlosigkeit, der Solidarität, der Toleranz und Partnerschaft von Mann und Frau.*

Die große Resonanz, die diese Initiative international bei Führungspersönlichkeiten in Politik, Wirtschaft und auch im Rahmen der verschiedenen Glaubensgemeinschaften gefunden hat, ist ermutigend. Sie beweist, daß das breite Verständnis für die *Verantwortung aller bei der Schaffung einer besseren Weltordnung* geweckt ist.

In der gegenwärtigen dramatischen Weltlage bedarf es, dringender denn je, einer Vision des friedlichen Zusammenlebens der Menschen aller Gruppierungen. Daß eine bessere Weltordnung durch Gesetze und internationale Konventionen nicht zukunftssicher geschaffen werden kann, haben uns zahlreiche schmerzhafte Erfahrungen der jüngsten Entwicklung gezeigt. *Die Forderung nach einem neuen Weltethos ist weder ideologisch begründet, noch zielt sie auf die Schaffung einer gemeinsamen und einheitlichen Weltreligion ab.*

Sie will chaotische Gefährdungen und Entwicklungen dadurch vermeiden helfen, daß es einen *gültigen Grundkonsens* bezüglich vorhandener **verbindender Werte, unverrückbarer Maßstäbe** und **persönlicher Grundhaltungen** gibt. Gewissermaßen *»die goldene Regel«*, seit Jahrtausenden in vielen religiösen und ethischen Traditionen festgehalten, ist das in der Bergpredigt verankerte Wort *»Was du nicht willst, daß man dir tu', das füg auch keinem anderen zu«*. Wenn das zur verpflichtenden Norm wird, ist die Hoffnung begründet, daß die Menschheit doch noch zu einer gemeinsam, sinnstiftenden Solidarität zusammenfindet.

Die Verpflichtung auf eine Kultur der Gewaltlosigkeit und Ehrfurcht vor allem Leben ist ein tragender Pfeiler dieses Gedankengebäudes. Die drei anderen Pfeiler sind Verpflichtung auf eine Kultur der Solidarität im Rahmen einer gerechten Wirtschaftsordnung, Verpflichtung auf eine Kultur der Toleranz und auf eine Kultur partnerschaftlicher Gleichberechtigung.

Es gibt natürlich viele Voraussetzungen, die notwendig sind, um diese idealistisch getragenen Vorstellungen in die Tat umzusetzen. Ein erster Schritt dazu wäre, wie Wolf Lepenies feststellte, durch ein selbstkritisch herbeigeführtes *»Ende der Überheblichkeit«* gegeben.

Wenn die Europäer über eine **»Krise der Moderne«** reden, dann meinen sie zumeist den drohenden Legitimationsverlust ihres eigenen Wertsystems, das allzu sehr darauf begründet war, in einem kulturellen Missionsdrang – um nicht zu sagen **Missionswahn** – die Europäisierung der Welt voranzutreiben. Als Krise wird heute empfunden, daß die außereuropäische

Kritik zunehmend wächst und nicht nur in der Wirtschaft, sondern auch auf dem Gebiet des Geistigen die Konkurrenzfähigkeit der Nichteuropäer gewaltig zunimmt.

Sehr treffend diagnostiziert Lepenies: »Europa war der Zeitgeber der Modernisierung; jetzt läuft es Gefahr, zum Zeitnehmer zu werden. Politische und ideologische Schuldzuweisungen sind dabei überflüssig, weil die Überheblichkeit der Moderne eine tiefsitzende, von allen Denkschulen geteilte europäische Ideologie ist.«

Das Dilemma wird dadurch vertieft, daß die europäischen Gesellschaften *»Belehrungskulturen«* geblieben sind und wenig Fähigkeiten und Bereitschaft zeigen, endlich auch zu *Lernkulturen* zu werden. Der »Rest der Welt« hört den Europäern nicht mehr ganz so gerne zu, wenn in der Belehrkommunikation diffuser kulturmissionarischer Geist, gepaart mit Residuen alter Kolonisationsgewohnheiten, zum Schwingen kommt.

Kräftigen Hohn über die jammernde Selbstkritik zum Thema Werteverfall ernten europäische »Weltveränderer« besonders in Malaysia und Singapur, wo die lauten Klagen über Werteverlust bissig kommentiert werden und das geradezu aggressiv installierte, eigene Wertebewußtsein dieser Weltregion hervorgehoben wird. Da nützt auch in der Argumentation die Feststellung nichts, daß **außereuropäische Kulturen und Religionen** infolge ihrer Fremdheit **keine Anschlußkompatibilität an die Moderne Europas** haben.

Pluralisierung ist ein in politischen Sonntagsreden gerne gebrauchtes Wort, aber wird aus Mangel an Verpflichtungscodes nicht verlebendigt.

Im Gegenteil: *»Closed Minds«, wie es die Amerikaner heute zeitnah richtig kritisieren, fixieren einen Ethnozentrismus alter*

Prägung inmitten der auf liberale Freiheitsentfaltung pochenden westlichen Fortschrittsdemokratien. Immer wieder wird das Schreckgespenst eines drohenden »Crash of Civilizations« von den Barrieristen auf ihre trennenden Mauern projiziert. Das sind noch immer die alten Ideen nationalistisch vernagelter Köpfe über Kulturtransfer-Unverträglichkeiten. Vieles, wie der Begriff der »Aufnordung«, stammt ja aus dem blutigen Ethnokabarett der Herrenmenschen-Ideologie. Aus ähnlicher Demagogenlade kommt die Verbreitungslüge, daß die Konflikte des ehemaligen Jugoslawien aus einem Zusammenprall der Kulturen und Religionen herrühren. In Wirklichkeit sind es jedoch politische »Puppenspieler«, die an den Fäden ziehen.

FUNDAMENTALISMUS – EIN MANGEL AN ICH-STÄRKE?

Die Bildung von Lerngemeinschaften in heterokulturellen Regionen der Welt wäre ein ganz wichtiger Schritt zur Schaffung solidarischer Verbundspotentiale. In diesem Licht kann segmentiert betriebene Entwicklungshilfe – Politik in ethnischen Krisenzonen – nicht viel anderes als eine Akzentuierung der Nichtlernfähigkeit in bezug auf das Verständnis gemeinschaftstragender Regeln bringen. Man darf sich auch nicht wundern, wenn mentalitätsübergreifende **Trotzreaktionen** zunehmen, wie sie durch neu aufbrechende Fundamentalismen dokumentiert werden.

Roland Brandauer hält es für das Ziel aller fundamentalistischen Bewegungen, die als Reaktion auf pluralistische, als »unerträglich offen« empfundene Systeme entstanden sind, wieder klare hierarchische Ordnungen zu schaffen. Im erweiterten

Sinn ist der Begriff des Fundamentalismus heute nicht allein an die religiöse Ausprägung gebunden, sondern ist übertragbar auch auf die Bereiche politischer, philosophischer und kulturkritischer Einstellungen. Brandauer meint in seiner wissenschaftlichen Arbeit, daß es sich bei *fundamentalistischer Disposition um Abwehrvorgänge gegen ein tiefsitzendes Gefühl von Unsicherheit handelt.* Die *Fixierung auf Verfestigungsrituale,* die durch Wiederholung stabilisierend wirken, ist im Sinne analytischer Betrachtung zweifellos als *neurotisches Verhaltensmuster* anzusehen. *Die Aggressivität ist dabei ein zentrales Kennzeichen des Fundamentalismus, der die Legitimität seiner Handlungen aus dem System heraus bezieht und erwiesenen Mangel an Ich-Stärke und äußerst geschwächtes Sicherheitsgefühl durch »Ausfallhandlungen« kompensiert. Dies kann bis zur Irrationalität der »Tötung aus Glaubensgründen« gehen.*

»Im Haß verbrüdert sich die Menschheit«, so charakterisiert in der »Weltwoche« der französische Philosoph Jean Baudrillard »die letzte wahre Empfindung in einer gleichgültig gewordenen Gesellschaft«. Er meint, daß der Haß zur einzig vitalen Ausdrucksform einer Gesellschaft wurde, die immer anonymer wird und den von außen diktierten Werten der Solidarität und des Zusammenlebens zunehmend gleichgültig gegenübersteht. *Die Polarität von Gewalt und Haß differenziert er, indem er meint, daß Gewalt Produkt der Unterdrückung sei, während Haß Ergebnis der Entleerung darstelle. Beides sind Abfallprodukte der sich endlos selbst reproduzierenden Städte und Megapolen. Sie sind deren »Sozialmüll«; schwerer zu entsorgen als der in Plastiksäcken und Containern.*

»Haß wird zum Abfall einer Gesellschaft, die ihren eigenen Werten gegenüber gleichgültig geworden ist und sich selbst in

Gleichgültigkeit und Haß ausbreitet.« *Das Thema »Entleerung« versinnbildlicht Baudrillard über »symbolische Gebäudekomplexe« wie das Forum Defense, die nur eine falsche Idee vom Zentrum markieren und um sich herum eine falsche Wirklichkeit erzeugen. Sie sind »Zerrbilder der urbanen Existenz«, verkommen zu Touristenattraktionen und Verkehrsknotenpunkten. So strahlen diese Denkmäler des Unnützen, der monumentalen Selbstbespiegelung ein sinnentleertes Pathos aus.*

Sie sind durch ihre Leere **Gegenvisionen zur Realität der Kompression,** des immer dichteren Zusammenballens von Millionen Menschen in Städten; ein Sozialprozeß, der nicht ohne Zunahme von Gewalt ablaufen kann. **Es gehört zu den neuen und sehr gefährlichen »Menschengesetzen«, einander in erzwungener Vermengung gegenseitig zu annullieren. Damit wird jede soziale Existenz fragwürdig.**

Ganz wunderbar weist Jean Baudrillard darauf hin, daß in überinformierten, überprotegierten, überausgestatteten Gesellschaften infolge der Überschreitung der kritischen Masse – ganz im Sinne der Physik – eine Form umgekehrter Energie entsteht, die bis zum **Zusammenbruch der Gravitation** gehen kann. Alle ansonsten positiven Leidenschaften der Attraktion, das soziale Miteinander schlechthin, werden zu negativen oder zumindest *»gleichgültigen Leidenschaften«. Alle Anziehung (Pulsion) wird zur Abstoßung (Repulsion).* Die totale Kommunikation der Überinformation, die erzwungene Transparenz in der Masse, bedroht alle menschlichen Abwehrkräfte. Es entsteht – auch rein körperlich – eine **vitale Immunreaktion,** die dazu neigt, bei Fortbestand tödlich zu enden.

Als Soziologe stützt sich Baudrillard am historischen Exempel: In der Geschichte hat leidenschaftliche Gewalt immer einen Gegenstand, einen Feind und damit einen Zweck; der Haß hingegen hat keinen. Er ist indifferent und nicht zielgerichtet. Er wird, wie viele moderne Krankheiten, aus der Autoaggression und der autoimmunen Pathologie genährt. Die Menschen scheinen eine Spezies zu sein, die, wenn man ihr die natürlichen Feinde entzieht und sie damit aus dem »Kampf ums Überleben« nimmt, zum Verschwinden oder zur Selbstzerstörung verurteilt ist.

Dem Haß steht eine neue Gewalt gegenüber, im Unterschied zu seiner aggressiven Mobilisierung auf konsequenter Aufweichung, Neutralisierung und Kontrolle beruhend. Eine *»Gewalt der weichen Vernichtung«*. Therapeutisch, genetisch, kommunikativ getarnt unter der Flagge erzwungenen Zusammenlebens segelnd, mit Hilfe von Drogen und medialer Regulierung jede »Radikalität« abschaffend. Eine Gewalt also, die sich selbst ein Ende setzt. Fast gewaltlos ...

Harmonisierungs- und Trennungsmuster verbreiten sich auf der Welt nicht gleichförmig. Während wirtschaftlich und technologisch die Globalisierung rasant voranschreitet, droht der Planet geistig-kulturell auseinanderzubrechen. Denn einer der wichtigsten gegenläufigen Effekte, die Regionalisierung, entfacht den Widerstand räumlich verankerter, lokaler und regionaler Kulturen. Ein Beispiel dafür bietet *die auseinanderfallende Heteromorphie Afrikas*, wo nach dem Zerfall alter Kolonialreiche ein buntes Muster an nationalistischen, diktatorischen, tribalistischen Staatensystemen aus dem Boden geschossen ist.

Zunächst einmal braucht Afrika zur Konstruktion eines neuen Weges die *»Dekolonialisierung des Denkens«*, wie Irmgard Kirchner das Anfangserfordernis des Schwarzen Kontinents auf einen eigenen Entwicklungsweg subsumiert. Seit mehreren hundert Jahren verbreiten sich die europäisch geprägten westlichen Ideen in der ganzen Welt. Weitergetragen durch Kolonisatoren, Missionare und Abenteurer. Die Vernetzung der Welt über Massenmedien beschleunigt heute diesen Prozeß so, daß die Absurdität des nicht mehr vorhandenen realen Hintergrunds immer stärker hervortritt. *Es ist einfach eine fremde Gedankenwelt, die Schwarzafrika systematisch aufoktroyiert wurde; ein Zivilisationsmodell Marke Ausbeutung mit verheerenden repressiven Folgen für die Entfaltungsmöglichkeit zeitgemäßer Eigeninitiativen. Auch die politischen Modelle der westlichen Gesellschaften sind für Afrika in der jetzigen Form nicht lösungsadäquat, denn sie entsprechen weitgehend dem Denken und den Interessen internationaler politischer »Fernsteuerer« und wirtschaftlicher Investoren.*

Quasi Wiredu, Professor an der Universität von Ghana – er lehrt heute in Tampa, Florida –, meint, daß zweifellos Afrika seit 1989 gewaltige Fortschritte in Richtung Demokratie gemacht habe, jedoch das *Mehrparteiensystem westlichen Zuschnitts keinesfalls das geeignete Regierungssystem für Afrika* sei. Auch der bekannteste afrikanische Historiker, Joseph Ki-Zerbo, sieht im gegenwärtigen politischen System Afrikas die Gefahr eines *»Pseudo-Multi-Parteiensystems«*. Oft würden, gewissermaßen *als Auflage der Geberländer, Parteien von Machthabern selbst gegründet* oder entstünden nur aufgrund ethnischer Gruppenzugehörigkeiten. *Keinesfalls aber erfüllen diese Parteien das Kriterium der politischen Echtheit* – da sie keinerlei Alternative ideologischer Optionen anböten. Ein wünschenswerter eigener Weg des Kontinents sei so nicht begehbar.

DAS GENERALKONZEPT ZUM ÜBERLEBEN DER MENSCHHEIT

In der Widersprüchlichkeit gleichzeitig divergenter Entwicklung weltweit – sprich Regionalisierung und gleichzeitiger Globalisierung – gibt es natürlich *viele Freiheits- und Unfreiheitsgrade eines gemeinsamen Weges*, der durch *diagonale Gerechtigkeit* bestimmt werden sollte. In Anbetracht des zunehmenden Problemstaus in aller Welt hat die *Unabhängige Kommission für Weltbevölkerung und Lebensqualität* ein radikales Konzept der positiven Veränderung gefordert, und zwar unter dem Druck der Zeit, der Entwicklungen und der Notwendigkeiten stehend.

Jacques Richardson, früher im Rahmen der UNESCO in führender Position tätig, gestaltete als engagierter Redakteur diesen Bericht, der Mitte 1996 unter dem Titel **»Caring for the Future«** erschien und es sich zum Ziel setzte, ein *Generalkonzept zum »Überleben« der Menschheit und des Planeten Erde* zu entwerfen. Dieses Konzept ist getragen von den Gedanken einer *nachhaltig erneuerbaren Ressourcensituation, vermehrter Sicherheit* in den *Sozialfeldern Arbeit und Gesundheit*, einer *ausreichenden Nahrungsversorgung*, einer *bewußten Populationspolitik* und natürlich eines *ökologischen Verbindlichkeitenplans.*

Umgesetzt werden müssen diese Herausforderungen der Zukunft auch mit Hilfe eines neuen Produktions- und Verbrauchermodells für eine globalisierte Weltwirtschaft. Natürlich gehören auch die **Tragfähigkeit des Planeten für wachsende Populationen**, die wichtigen **Probleme einer generellen Reproduktionsethik** und einer **ausgewogenen Stärkung der Frauenrechte** sowie schließlich die Forderung und Förderung eines von Verantwortung getragenen **Generationenpaktes** inkludiert. Da sich die Menschheit im Übergang zu einem Grundsatzwandel zu befinden scheint, muß jedes dieser Konzepte in allen Stufen der Entwicklung mit allen anderen Projektpunkten harmonisiert werden.

In den grundlegenden Schlüssen sind viele radikale Neuerungen enthalten, wie etwa die Empfehlung, daß der Sicherheitsrat der Vereinten Nationen neben der Friedenssicherung auch noch die Aufgabe übernehmen sollte, die sozioökonomische Sicherheit der Menschheit zu gewährleisten. Durchforstet werden sollten auch die vielen Formen der Wirtschaftshilfe mit eigennützigen Vorzeichen, die sehr oft nur Vorwand zu militärischer Unterstützung sind. Entmilitarisierungsprogramme sollten gebunden sein an wirtschaftliche Hilfsprogramme. *Universalisiert werden sollten bis zum Jahr 2000 die vier wichtigsten Rechtsgrundlagen: die zur Aufhebung der Diskriminierung von Frauen, die Konvention zur Wahrung von Kinderrechten, das Garantieabkommen für ökonomische, soziale und kulturelle Rechte und das Abkommen für zivile und politische Rechte.*

Ein ganz entscheidender Gesichtspunkt ist auch die *Entwicklung von Standardindikatoren für Lebensqualität.* Damit sollen eindeutig die **Mindestgrenzen** fixiert werden, womit das Ziel verbunden wäre, die Armut ein für allemal vom Planeten zu verbannen. *Ferner sollten Ombudsmänner für die Überwachung der Lebensqualität installiert werden,* um die garantierten Standards zu kontrollieren.

Die nächste Sorge gilt den natürlichen Ressourcen: Eine weltweit drohende Wasserkrise ist ohne eine *Entwicklung von Recyclingprogrammen* nicht zu vermeiden. Der *Ausstoß von Kohlendioxyd und anderen den Treibhauseffekt fördernden Gasen muß dringend weiter abgesenkt werden.*

Das erfordert einen *rapiden Wechsel der Produktionstechnologien* und natürlich auch der *Verbrauchergewohnheiten.* Der **Schritt zu erneuerbaren Energiequellen, also zu einer nachhaltigen Ressourcennutzung,** gehört, weit weniger halbherzig als bisher, getan. Forschungsfortschritte für die Anwendung von Solarenergie, photovoltaischer Energie, thermalen Energien und Biomasse-Energietechnologien bis hin zur möglichen Kernfusion gehören vorangetrieben; es muß alles unternommen werden, um *höhere Ebenen der Energieeffizienz* zu erreichen und gegenwärtige und vergangene Technologien, die auf der Nutzung von fossilen Energiequellen beruhen, langsam abzubauen.

Da die Wälder der Erde eine entscheidende Rolle für die Klimastabilisation spielen, ist die **Notwendigkeit neuer Strategien der Bewahrung und Aufforstung** dringend vonnöten, um das Ökosystem der Erde vor den Folgen raschen Fortschreitens der Ausbreitung von Wüsten zu bewahren. Natürlich gehört auch zur Wahrung existentieller Überlebenschancen des Planeten, die Verschmutzung der Meere und deren radikale Ausfischung zu vermeiden.

Die bisher viel zu zentralistisch und national geführte Sozialpolitik müßte generalisiert werden und im Verein mit privaten Initiativen ein *ausgeglichenes Sicherheitsnetzwerk* schaffen, das sozial ausgewogen ist und für die wichtigen öffentlichen Sozialleistungen *Erziehung, Gesundheit, Wohnen, Stadterneuerung* Lösungen anbietet, die, *stärker nach dem Subsidiaritätsprinzip verteilt, bessere lokale und regionale Wirksamkeit* erlangen.

Auf höchster Regierungs- und Verwaltungsebene muß die Verantwortung für die *Überwachung populationssteuernder Maßnahmen* liegen. Dazu gehört auch die *strenge Überwa-*

chung der Menschenrechtsabsicherung aller Maßnahmen inklusive der ethischen *Implikationsvoraussetzungen für biotechnologische Eingriffe.*

Ein sehr wichtiger Aspekt in der Arbeit der Kommission ist der Vorschlag eines neuen Zugangs im Bereich der *Regulierung von Arbeitsverteilung,* der *Anhebung des Niveaus von Erziehungssystemen* und auch die *Verpflichtung zu lebenslangem Lernen* sowie die Förderung durch entsprechende fiskalische Stützungsmaßnahmen. Gewaltige Herausforderung bedeutet die Tendenz zum Überwachstum der Millionenstädte – ein Inferno apokalyptischen Ausmaßes bahnt sich hier an.

Rasche Dezentralisation von Ballungsräumen gehört hier zu den dringend erforderlichen akuten Maßnahmen. Priorität in diesen Programmen sollten natürlich Städte an der kritischen Entwicklungsgrenze und besonders Armendistrikte haben. Im wirtschaftlichen Bereich empfiehlt die Kommission den Welthandelsorganisationen, rasch Maßnahmenpakete zu entwickeln, um Entwicklungsländern den schnellen Zugang zu hochindustrialisierten Märkten zu ermöglichen.

»GLOBAL BALANCING« – DAS SCHLÜSSELWORT

Alle diese Änderungen sind getragen von der Notwendigkeit, *massive Änderungen in das Bildungswesen zu tragen.* Neue Informationstechnologien sind gewiß imstande, höhere Flexibilitätsgrade zu erzielen und dem Bedarf eher Rechnung zu tragen als bisher. *Internationale Entwicklungsagenturen sollten Pilotprojekte für neue Ausbildungstechnologien fördern – inklusive Lehrertrainings* –, da durch den Wandel der Ausbildungssysteme *völlig neue edukative Techniken vonnöten* sein werden. Die UNESCO und andere dazu qualifizierte Organisationen sollten so rasch wie möglich eine effektive Strategie für neue Erziehungssysteme bis spätestens 2010 institutionalisiert haben. Um diese Entwicklung auch wirklich mit allen Kräften vorantreiben zu können, sollte die Dekade vom Jahr 2000 bis 2010 zum *Jahrzehnt der weltweiten Grunderziehung* proklamiert werden.

Auch im Gesundheitswesen muß ein grundlegender Strategiewandel durchgeführt werden: Die immer schwieriger werdende Finanzierung einer auf hochqualifizierten Krankenhäusern beruhenden kurativen Therapie macht es notwendig, die Systeme umzuformen und zu verlagern. Es gehört eine wohlausgewogene Verbindung von Erstversorgungskliniken, Heimpflegeprogrammen und *verstärkten Präventivinitiativen* in das Gesundheitswesen eingebaut.

Ebenfalls rasch definiert gehört ein verpflichtender *Kodex der Reproduktionsethik,* denn in der zu erwartenden Entwicklung der Gentechnologien müssen die Rechte der Würde des Individuums, der Rechtsgleichheit, der Nichtdiskrminierung, der Einbindung und der Solidarität gewahrt sein.

Zum *Thema Familienplanung* äußerte die Kommission die Meinung, daß *gestützte Familienplanungsprogramme* vermutlich effektiver seien als solche, die auf dem Gebrauch von Verhütungsmitteln beruhen. Ergänzend betont die Kommission die Wichtigkeit des veränderten Einflusses von vertiefter Information, besserer Erziehung und der Gewichtsverlagerung auf vermehrte Gesundheitsfürsorge, was dazu beitragen würde, daß *vertieftes Bewußtsein für ethische und sozial verantwortete Geburtenkontrolle sich verbreitet.* Neben der zentralen *Festschreibung der Frauenrechte* sollte sich die Menschheit auch auf eine *ausgewogene Gestaltung neuer Sozialkontrakte* stützen können. Das würde gleichzeitig auch die Entwicklung eines dringend benötigten, weltweit gültigen und verbindlichen Generationenpaktes sein. In diesem ist die Übergabe der Welt an die nächste Generation ein etwas pathetisch klingendes Vorhaben – an verantwortungsbewußten Umgang mit nachhaltigen Ressourcen, eine ausgewogene Ökobilanz und ökonomisch und sozial stabile Grundlage gebunden –, was zwar weit gegriffen, aber dringend nötig ist.

Für alle diese Bestrebungen und Vorhaben möchte ich einen neuen Begriff prägen: *»Global Balancing«*, und damit *»globale Ausgewogenheit«*, sowohl was die regionale als auch was die weltweite Harmonisierung betrifft, festschreiben.

Lebensqualität in globaler Ausgewogenheit ist gestützt auf eine allgemeinverbindliche Weltethik als *»Gralshüter« einer durchgehenden Moralität.* Das kann natürlich im guten Sinne nicht allein eine auf Furcht vor Sanktionen beruhende Moralität sein, sondern sie muß von einer weltweiten Spiritualität getragen werden. Gewissermaßen die **Moralität einer höheren Ordnung,** und nicht die eines primären, kindlichen Verbotsgehorsams.

Moralität in diesem Sinne muß daher bipolar sein: von zwei Imperativen geleitet, vom »Du sollst nicht« und vom noch viel schwieriger lebbaren »Du sollst«! Da die Menschheit an der Schwelle zum nächsten Jahrtausend infolge der Entwicklung zahlreicher neuer kommunikativer Verbindungsmedien eine Art höheres und breiteres Bewußtsein erreicht, ist anzunehmen – und das möge nicht als hoffnungslos optimistisches Theorem erscheinen –, daß die *Erlangung von globalen Bewußtseinsebenen im Rahmen des erfolgten evolutionären Sprungs der Erweiterung vorgesehen ist.*

Unser Stammbaum ist gleichzeitig ein Zeitbaum und läuft im Sinne der Theorie von Manfred Eigen in Hyperzyklen. Sich verändernde Relationen im Reich des Lebendigen sind nicht durch festgefügte lineare Entwürfe und auch nicht in, wohl veränderbaren, Kreis- oder Ellipsenbahnen darstellbar, wie etwa die kosmischen Umläufe der Gestirne, sondern sie sind **Stammbäume mit vielen Zweigen und charakteristischen Abzweigungen** (die Chaostheorie bezeichnet sie als »Bifurkationen«). Eine solche Mutation/Bifurkation kann durchaus plötzlich etwas Neues, vorher nie Dagewesenes in die Welt treten lassen, etwas, das die Gestalt des Sozialkörpers Menschheit grundlegend neu ordnet.

Friedrich Cramer, langjähriger Direktor im Max-Planck-Institut für experimentelle Medizin in Göttingen, dessen wissenschaftliches Spezialfach Chemie und Biochemie der Nukleinsäuren, Proteinbiosynthese und Zellerkennung ist, stellte fest, daß in Erkenntnis der Tatsache, daß sich der Evolutionsstammbaum der gesamten Tier-, Pflanzen- und Bakterienwelt ableiten läßt anhand der 5-S-RNS, einer Nukleinsäure, die bei der Biosynthese der Proteine eine wichtige Rolle spielt und in allen Lebewesen, bis hinauf zum Menschen, vorhanden ist, Entwicklungslinien erkennbar sind.

Der Zusammenhang der Arten ist für die heutige Wissenschaft ein offenes Buch, denn er läßt sich nicht nur qualitativ, sondern auch quantitativ an der Zahl der veränderten Basenpaare ablesen. *Diese Erkenntnis der neuen Molekularbiologie rehabilitiert Charles Darwins Beschreibung der evolvierenden Natur. Daran kann kein Zweifel mehr bestehen, denn das von ihm aufgestellte, operationelle Schema aus Zufall und Notwendigkeit löst weitgehend andere Entwicklungstheorien ab.*

DER »ZEITBAUM« IST GEBOREN

Damit ist Newtons Zeitbegriff Geschichte

Vor dem Ansatz der Artenevolution, im Sinne Darwins, muß eine *»molekulare Evolution«* von einfachen, ungeordneten Molekülen hin zur Zellstruktur vor sich gegangen sein. Zwischen der Entwicklung vom Urknall über die Galaxiensysteme, über die Planetensysteme, die zunächst wüste und leere Erde über die erste lebende Zelle, die irgendwann vor rund drei Milliarden Jahren aus den organischen gelösten Substanzen der »Ursuppe« entstand, bis zum durch technologische Mutationsstufen laufenden höheren Bewußtsein der hypervernetzten Informationswelt des Menschen gibt es noch eine Fülle von »missing links« der Erklärbarkeit.

Die von Cramer aufgestellte allgemeine Zeittheorie erlaubt das wesentlich weniger starre Arbeiten mit dem Zeitbegriff, als dies durch den Newtonschen Zeitbegriff der Dauer bisher möglich ist. Denn wie wir heute wissen, hat jedes System einen ihm eigenen geprägten Zeitmodus, eine Art Eigenzeit, und dennoch hängen alle diese Eigenzeiten in einem einzigen Kosmos zusammen. Die Zeit selbst hat offensichtlich, und das ist die gute Grundlegung ihrer neuen Erklärbarkeit durch Cramer, Verzweigungen, also Bifurkationen, die die evolutionären Stammbäume des Lebendigen mitbeeinflussen.

Diese Erklärung der biomolekularen Evolutionsprozesse von der Zelle bis zum Großorganismus nach der Theorie der Hyperzyklen entspricht der durch Heisenbergs Entwurf einer »Quantenmechanik« gelieferten Methode für das Verständnis der Physik von Elementarvorgängen.

Von unfaßbarer Vielfalt und Bedachtheit der Schöpfung getragen, laufen die Prozesse des Lebens ab. Denken wir doch an den menschlichen Embryo im Mutterleib, für den ein eigenes *»Entwicklungsprogramm«* festgeschrieben ist, das in seinen Genen verankert liegt. Dort gibt es nicht nur eine **räumliche Strukturinformation** für den künftigen Organismus, sondern auch das *exakte zeitliche Bauprogramm der Entwicklung* von der befruchteten Eizelle bis zum fertigen Lebewesen mit vielen Milliarden hochdifferenzierten Zellen und fein abgestimmten späteren Organfunktionen. Ein kaum faßbares zeitlich-topologisches Problem, das die Natur souverän löst.

Es ist zu hoffen, daß im evolutionären Repertoire auch der Lösungsschlüssel für die Hypervernetzung der Menschheit zu höherem Bewußtsein vorhanden ist. Es erscheint wahrscheinlich, daß ein solcher neuer Bewußtseinssprung, der die Menschheit als Ganzes betrifft, unter dem äußeren Druck apokalyptischer Veränderungen begünstigt wird.

Die Notwendigkeit des Zusammenschlusses angesichts drohender heraufkommender Gefahren wird von Eugen Drewermann in seiner *»Tiefenpsychologie und Exegese«* in die Vision der **Eucharistie als Mahl einer universellen Weltbruderschaft und eines gemeinsamen Teilens aller Güter projiziert.** In diese metaphorische Deutung könnte man auch die vielen Bilddarstellungen des letzten Abendmahls einordnen, die das gemeinsame Mahl des Erlösers mit den Aposteln vor seinem Tod in den Verkündigungsauftrag einordnen. Die *Brüderlichkeit des gemeinsamen Tisches* hat auch gleichzeitig appellativen Charakter für die Forderung nach grundlegender Brüderlichkeit der Menschen.

In Zeiten des Übergangs, in *transitorischen Zeiten,* verfällt die Menschheit immer wieder in Weltuntergangsängste. Die in vielen Mythologien durch die Zeiten weiterlebende Vorstellung apokalyptischer Gesetzmäßigkeiten geht von einer Weltdeutung aus, die den Weltenlauf zwischen Anfang und Ende, zwischen Schöpfung und Untergang nach dem Gesetz einer fortschreitenden, abbauenden Alterung eingeordnet sieht.

Das archetypische Material der Grundkonzeption, aus der die **Apokalyptik** zu allen Zeiten und in allen Zonen ihre Visionen ableitet, ist in den meisten Fällen auch in mythischen Symbolismen verankert. Das Grundschema sieht den Weltuntergang als kosmisches Zerbersten, als Kampf zwischen den Mächten des Guten und des Bösen sowie hernach als Aufgang einer neuen Welt. Inwieweit in den tradierten Mythen aller Kulturen des Erdkreises Nacherinnerungen der Sintflut mitverankert sind, wäre vertieft untersuchenswert.

Die persische Glaubenserwartung spricht am Ende der Zeit vom Sturz des Erzteufels Ariman; ein Bild, das, verwoben mit dem babylonischen Mythos von einer Schlacht zwischen dem höchsten Gott und dem »Drachen des Chaos«, auch in die jüdische Eschatologie Eingang fand und im **Phantasiebild dieses Gewaltherrschers der Endzeit** verankert blieb.

Schon Daniels Prophezeiung schildert »Antiochos« nicht nur als schreckenerregenden Herrscher, sondern als gehörntes Wesen, das »wuchs bis in des Himmels Höhe und warf etliche von den Sternen zur Erde und zertrat sie«.

In der Offenbarung selbst ist die Rolle des Antichristen unter zwei Tiere aufgespalten: einen großen roten Drachen mit sieben Köpfen (!) und zehn Hörnern, der am Himmel erscheint oder aus dem Meer aufsteigt, und ein zweites gehörntes Tier, das aus dem Abgrund heraufsteigt und »redete wie ein Drache« (!).

Der mittelalterliche Mensch empfand das Endzeitdrama nicht als prophetische Phantasie einer noch uneinordenbaren

Zukunft, sondern als unfehlbare Weissagung, mit deren Erfüllung er gewissermaßen stündlich zu rechnen hatte. Generation um Generation lebte in beständiger Furcht vor diesem alles vernichtenden Dämon und hielt nach den »Zeichen« Ausschau, die nach der prophetischen Überlieferung die endgültig letzte **»Zeit der Trübsal«** ankündigen und begleiten sollten.

Leider bot die Geschichte der Menschheit zu allen Zeiten solche Zeichen wie Bürgerkrieg, Brudermord, Flutkatastrophen, Dürreperioden, Hungersnöte und Seuchen sowie – was auch zu allen Zeiten leicht zu finden war – schlechte Regenten.

Wenn wir diese *Kulissenelemente sich ankündigender Weltuntergänge* in unsere Zeit übertragen, haben wir keine Mühe, die Jahrtausendwende, die ja auch, leicht vorverschoben, mit dem Wechsel vom Zeitalter der Fische ins Zeitalter des Wassermanns verbunden war, für eine echte Endzeit zu halten. Dem irdischen Sündenregister wurden zudem in den letzten Jahrzehnten des ausklingenden Jahrhunderts einige neue, menschbewirkte Katastrophen hinzugefügt: atomare Verseuchung, ökologische Schändung und eine Fülle von blutigen Auseinandersetzungen auf technologisch abgehobener, jedoch moralisch tiefer liegender Ebene.

Apokalyptiker sehen den Weltuntergang als gegebene, unausweichliche Tatsache, während Visionäre die Hoffnung in sich tragen, durch die Apokalypse vor Augen Veränderungsimpulse zum Besseren zu stimulieren. Ermüdend dabei ist die lange stumpf und ohne Erkennen weiterbeschrittene Rampe ins Nichts, mit nicht einmal marginalen Änderungen der Ausgangsbedingungen – womit sich die Zielhoffnungen wenigstens ein wenig entfalten könnten.

Früher kam dem Millennarismus, dem Glauben an ein *»tausendjähriges Reich«*, eine recht klar umschriebene Bedeutung zu: In der frühen Christenzeit war es unter Bezugnahme auf die »Offenbarung des Johannes« der Gedanke, Jesus Christus werde nach seiner zweiten Wiederkehr ein messianisches Königreich auf Erden errichten und noch vor dem Jüngsten Gericht regieren.

In der heutigen Interpretation durch verschiedene Wissenschaftler ist der Begriff des Millenarismus zum Ausdruck einer bestimmten Form der Heilserwartung geworden. Norman Cohn hat sich in »Das neue irdische Paradies« mit dem von Anthropologen, Soziologen und Historikern umgedeuteten Begriff tiefer auseinandergesetzt.

LEONARD BERNSTEINS BEKENNTNIS:

»Beethovens Neunte ist klingende Brüderlichkeit«

Die Errettungsphilosophie stützt sich auf die Feststellung, daß sie kollektiv zu sehen ist, da sie von den Gläubigen als gemeinschaftliche Errettung erlebt werden wird. Sie ist aber auch irdisch zuzuordnen, da sie sich auf dieser Erde und nicht in einem außerirdischen Himmel ereignen wird; sie ist wohl unmittelbar bevorstehend, da sie bald kommen und überraschend hereinbrechen wird, und sie ist sowohl vollständig, da die neue Ordnung nicht nur das Leben auf Erden verbessern, sondern auch Bestehendes vervollkommnen wird, als auch wunderbar, da **übernatürliche Kräfte** sie vollziehen werden.

Was sind diese Kräfte, und woher werden sie gespeist? Sie wachsen in uns an der Aufgabe. Wie dies geschehen kann, exempliert Leonard Bernstein in berührender Weise in seinem Buch »Erkenntnisse«, in dem er zur Aufführung von Beethovens Neunter Sinfonie (hier bezieht er sich vor allem aufs Finale) sagte: »Es ist schlechthin unspielbar, solange wir nicht den ganzen Weg mit ihm gehen, in kindlichem Glauben, in der Sicherheit, daß es eine Unsterblichkeit gibt, wie sie nur Kinder (oder das Genie) besitzen – es ist unspielbar, solange wir nicht mit ihm gehen, wenn er ausruft ›Brüder!‹, ›Töchter!‹, ›Freude!‹, ›Millionen!‹, ›Gott!‹, aber vor allem ›Brüder!‹. Das vor allem ist sein kindlicher Aufschrei. Dem müssen wir glauben, um ihn spielen zu können.

Das ist der Grund, warum wir in dieser zynischen Welt von der wunderlichen, unzeitgemäßen Vorstellung verzaubert werden, daß alle Menschen auf Erden als Kinder Gottes zusammenleben können – wenn wir es von Beethoven ausgesprochen hören. Es ist der unwiderstehliche Zauber seines Glaubens, der die Idee und die Musik unzerstörbar macht. – Und ich glaube fest daran, daß einzig die Beziehung zu diesem Glauben die Auffassung eines Dirigenten ausmacht. Die Begabung, sich mit Beethoven, dem zauberhaften Kind, dem unschuldigen Geist der Gnade, zu identifizieren, macht es einem möglich, die Musik wiederzugeben. Nur soweit diese Identifikation gelingt, ergeben sich die Lösungen aller anderen Probleme von Rhythmus und Orchestration – und das ist der Schlüssel zu meinem Rätsel von den Konzerten in Boston und Wien. Wie war das Verhältnis von Hoffnung zur Verzweiflung, das ich in Boston oder Wien fühlte? Wie lang waren meine Arme in der einen Stadt oder der anderen – lang genug, um ›meine Brüder‹ – das Orchester oder nur die Gruppe der Celli oder alle, auch den Chor – ›umschlungen‹ zu halten? Wie sehr gelang es mir selbst, mich wieder kindhaft werden zu lassen? Wie vertrauensvoll war ich? Wie sehr bereit, die Zweifel abzutun? Wie verzweifelt wegen Vietnam, Israel, der Sowjetunion, einem eben erst verlorenen Freund? Wie hoffnungsvoll ... für die Farbigen Afrikas, für Friede! Brüder! ... Es läßt sich wohl nicht schöner ausdrücken als mit diesen lichten, schwingenden Worten, was wir brauchen, um uns **mit unserem kindlichen Ich einzubringen in eine lösende, ja geradezu erlösende Hoffnung.**

Die Gegenvision dazu liefert Huxley, der in »Schöne neue Welt« und »Wiedersehen mit der schönen neuen Welt« postuliert, daß sich so lange nichts an der Leistungsfähigkeit totalitärer Strukturen ändern werde, wie nicht durch eine große, *Dezentralisierung und Selbsthilfe* erstrebende Volksbewegung die gegenwärtige Tendenz zur hybriden Allmacht aufgehalten werden könne.

Huxley ortet keine Anzeichen dafür, daß in ausreichend kurzer Zeit ein solcher einigender **Strom des Guten** in Gang kommt. Er sieht eher die Vision vor sich, daß ein **neuer Totalitarismus** einfach ein *Versklavungssystem höherer Ordnung* sein könnte. Zielpunkt einer solchen Gegenideologie wäre eine Welt, die von ihren Beherrschern zu nichts gezwungen werden muß, weil sie die eigene Sklaverei liebt.

Als beklemmendes Beispiel für die neue Ära führt Huxley den Befruchtungsraum der Brut- und Normzentrale Berlin-Dahlem an, auf deren Eingangstür der Wahlspruch des neuen Weltstaats »Gemeinschaftlichkeit, Einheitlichkeit, Beständigkeit« steht.

300 Befruchter standen über ihre Instrumente gebeugt, als der Brut- und Normdirektor den Saal betrat. Er führte eine Gruppe sehr unerfahrener Studenten durch das Haus und ermahnte sie, von ihrer künftigen Arbeit keine zu genauen Vorstellungen zu erwarten, um brauchbare und zufriedene Mitglieder der Gesellschaft werden zu können.

»Die kleinen Einzelheiten sind es bekanntlich, die tüchtig und glücklich machen«, so sagte er. *»Gesamtüberblicke sind für den Geist nur von Übel. Nicht Philosophen, sondern Hobbybastler und Briefmarkensammler bilden das Rückgrat der Menschheit …«* In der nun folgenden Führung wohnten sie der Befruchtung ovariumwarmer Eier durch Spermatozoen bei, **sahen, wie die befruchteten Eier in die Brutöfen kamen und nach Alphas, Betas, Gammas, Deltas und Epsilons selektiert wurden.** »Wir arbeiten hier nach dem Bokanowsky-Verfahren«, erklärte der Direktor, »ein evolutionäres Verfahren, ein Ei – ein Embryo – ein erwachsener Mensch, das ist das Natürliche. Ein bokanowskysiertes Ei dagegen knospt, sproßt und teilt sich. Acht bis 96 Knospen – und jede Knospe entwickelt sich zu einem voll ausgebildeten Embryo. Jeder Embryo zu einem voll entwickelten Menschen. 96 Menschenleben entstehen zu lassen, wo früher nur eines entstand: das ist Fortschritt …«

DER »GLÄSERNE MENSCH«

Genetisch überprüft und repariert

Gerd Gerken prophezeit in seinen »Trends 2015«, daß die Hoffnung, mittels Gentechnik die anstehenden Probleme unseres Planeten – Hungersnöte, Energieknappheit, Umweltschutz, Krankheitsbekämpfung, Altern – in den Griff zu bekommen, sich letztendlich gegen die weitverbreitete Angst vor Genmanipulation durchsetzen wird.

In spätestens zehn Jahren wird der Einsatz von Gentechnologie in der Landwirtschaft flächendeckend gewiß zum Mittel der Wahl, denn auf diese Weise werden wir nicht nur mehr Nahrungsmittel schaffen können, sondern auch schadstoffärmere und gesündere Lebensmittel. Den Sprung von rund sechs Milliarden Menschen von heute auf 14 Milliarden Menschen in nur etwas mehr als 50 Jahren können wir sonst ohne verheerende Hungersnöte und Populationsdezimierungen nicht schaffen.

In der Medizin wird es genetische Krebstherapien geben – das ist schon heute ein großer Hoffnungsschimmer für viele Betroffene. Aber auch in der zielgerechten Bekämpfung anderer Krankheiten werden gentechnisch hergestellte Arzneimittel infolge ihrer Zielgenauigkeit und Nebenwirkungsfreiheit den Sieg davontragen. Die Beipackzettel werden deutlich kürzer werden ...

Noch dominieren dabei die Ängste. Die Ängste vor einem gewaltigen »Gen-Gau«, der noch die Schreckensbilder der atomaren Gaus vergrößern könnte. Das Horrorszenario begründet sich auf der Science-fiction-Ebene des »Entkommens« genmanipulierter Substanzen aus Labors und ihrer verheerenden Wanderung über die Erde. Große Angst herrscht auch vor einer drohenden Verkümmerung der natürlichen Artenvielfalt durch den Einsatz von *Gentechnik;* denn sie *wird es uns ermöglichen, Arten beliebig nach »vorne« oder »zurück« zu züchten.*

Eine künstliche Artenvielfalt, wie es sie auf dem Planeten vermutlich noch nie gab, könnte Schrecken oder Fortschritt dieser Entwicklung sein. Größer noch ist die Angst vor dem sogenannten »gläsernen Menschen«, einem Menschen, der transparent durch Gendiagnostik wird für die Überprüfung seiner Fähigkeiten und Talente, aber auch von Krankheiten und Defekten. Für die gesund erhaltende Prognostik in der Medizin wird das ein unschätzbarer Vorteil sein, für sich entwickelnde »Züchtungskorrekturen«, menschlich gesehen, ein gewaltiges Risiko.

Die Vorstellung einer tiefergreifenden genetischen Manipulation menschlichen Erbguts ist, wie wir heute wissen, von wohl über mehrere Generationen laufenden, irreversiblen »Umprogrammierungen« begleitet. Das Verändern von Identitäten würde im Sinne des immer leichter realisierbaren Unmachbaren in die Ambulanzstunden einer Tagesklinik fallen.

Die Verteidiger des Eingreifens in die Selbststeuerung der Evolution führen es als Entlastungsargument an, daß wir durch unser Herausnehmen aus der biologischen Auslese ein viel negativer akzentuiertes genetisches Dilemma der Akkumulation von Absteigerfaktoren eingeleitet haben.

Die *»Handicap-These«* wird vom amerikanischen Genetiker Hermann J. Muller vehement vertreten. Dieser ist der Meinung, daß bereits heute in jedem Menschen mindestens acht genetisch nachteilige Erbanlagen stecken. Sollten durch eine Anhäufung verschiedenartiger Zufallszusammenwürfelungen diese genetischen Negativentwicklungen zunehmen, dann steuert die Menschheit auf einen *genetischen Suizid* zu, da bereits Neugeborene auf mechanische oder medikamentöse Prothesen angewiesen sein würden; auf Starbrillen oder orthopädische Operationen, um normale Beweglichkeit zu erlangen.

So pessimistisch diese Prophezeiungen auch klingen mögen, so tröstlich ist das neue Bewußtsein, daß wir mit Hilfe einer verantworteten gentechnischen »Reparaturmedizin« wirksame Gegensteuerungen vornehmen können. *Eine der wichtigsten Zukunftsaufgaben des Menschen wird es sein, Superordner der in richtige Bahnen laufenden evolutionären Entwicklungen zu werden.*

Diese Aufgabe können wir nur dann erfüllen, wenn wir geistig auf eine Stufe gereift sind, die dem bisherigen Homo sapiens das Erreichen einer *zweiten evolutionären Hochentwicklungsstufe* gewährleistet. Dann können wir sicherlich auch mit angehobenem Verantwortungsbewußtsein und sozial tief verankerten ethischen Normen die auf uns zukommenden Problementscheidungen treffen.

Die neue Theoriebildung im Rahmen der Ethik der Medizin formuliert zunächst einmal ein Bündel von vier Grundprinzipien: nämlich Wohltun, Nichtschaden, Respekt vor der Autonomie des Individuums und Gerechtigkeit, die den Entscheidungsrahmen für Tun oder Nichttun in diesem subtilen Bereich bilden.

Wie Walter Schaubb, Moraltheologe und Mediziner, im Rahmen eines Symposiums für Medizinethik feststellte, sind angesichts der stürmischen Entwicklungen, die durch den Einsatz neuer, erweiterter Technologien in der Medizin ermöglicht wurden, gewissermaßen die **Grenzen des bisherigen traditionellen hippokratischen Ethos gesprengt,** so daß eine Neuformulierung ethischer Grundlagen für die Medizin dringend geboten scheint. Die Fragestellungen sind vielschichtig, denn im Humanbereich tauchen ethische Entscheidungsschwellen bereits bei der Grundlagenforschung auf und vertiefen sich in den Bereichen Diagnose und Therapie.

In der Grundlagenforschung geht es darum, daß im Rahmen der Forschung das Menschenleben primär so respektiert werden muß, daß es niemals als bloßes Mittel zum Zweck dienen darf. **Auch in den frühesten Lebensphasen sind sogenannte »verbrauchende« Experimente mit dem Menschen ethisch ebenso abzulehnen wie Menschenzüchtung, Klonen und Eingriffe in die Persönlichkeitsstruktur.**

Das Grundrecht der Wissenschafts- und Forschungsfreiheit hat, wie Günter Virt meint, dort seine Grenze, wo es um das Grundrecht des Lebens anderer Menschen geht. Im diagnostischen Bereich öffnet natürlich die Gentechnologie Möglichkeiten verbesserter gezielter Gesundheitsvorsorge; sie birgt aber im Sinne des »gläsernen Menschen« die Gefahr, daß Daten eines genetischen Screenings über nicht lückenlos eingehaltenen Datenschutz für mißbräuchliche Verwendungen zugänglich werden.

In einem wichtigen Einsatzgebiet, nämlich in der *pränatalen Diagnose,* kann ein wertvoller Beitrag dazu geleistet werden, besorgte Eltern zu beruhigen. Jeder Zwang der Gesellschaft zur pränatalen Diagnostik (er gehört vermutlich zu den Projekten künftiger »Rigidokraturen«) ist aus ethischen Gründen strikt abzulehnen.

Bei der auf die Heilung von genetisch bedingten Schäden ausgerichteten Gentherapie zur Beeinflussung von Krankheiten erhebt sich die Begleitfrage, ob die gezielte, einem Individuum geltende gentherapeutische Methodik nicht auch Folgewirkungen auf das *Recht der noch ungeborenen Nachkommen auf Wahrung ihrer genetisch festgeschriebenen Individualität* beinhaltet. Wir würden uns in diesem Falle in den Risikobereich fundamentaler Fremdbestimmung und *»biologischer Nötigung«* – ein sicher häufiger werdendes Delikt der Zukunft – begeben.

KEIN »MANN OHNE EIGENSCHAFTEN«: DER HOMO SAPIENS SUPRASAPIENS

Trendpropheten, allen voran Gerd Gerken, prophezeien den Weg in die Zukunft als Entnormungsweg. Danach hat der Mensch der Zukunft ein neues Naturverständnis, indem er sich vom Dogma der Unberührtheit verabschiedet und Natur mit den Instrumenten der Hochtechnologie neu substituiert. Das könnte vom »Verschließen des Ozonlochs« durch Raumtechnologien bis zur Ökosteuerung der Meeresbiologie gehen und natürlich über die »Reparatur« der Pollutionsschäden an Wäldern, an der gasförmigen Biosphäre und an den Wasservorräten der Erde.

Der Mensch von übermorgen könnte sich in *selbstgeschaffenen »künstlichen Naturlandschaften«* von den Beschwernissen des Dichtestreßlebens in der Megalopolis erholen. Er könnte das explosiv zunehmende Müllproblem mit neu zu entwickelnden radikalen Müllentsorgungstechnologien und Recyclingverfahren von der Welt wegfegen.

Natürlich könnte er auch ethisch vertretbare Populationsbegrenzungen in Angriff nehmen. Durch Genreparatur eine »qualitative Merkmalsanhebung« bei Neugeborenen bewirken, humane, von Liebe getragene Sexualität von der Fortpflanzungsschiene abtrennen und dieser die Ebene kontrollierter Optimierung zuweisen.

Er könnte durch ein Verschmelzen der großen Weltreligionen zu einer suprareligiösen Supraspiritualität mit gemeinsam verpflichtender Allmachtsrespektierung eines universalen Schöpfungsgottes die durch Fundamentalismen verhärteten Religionskriege ein für allemal aus der Menschheitsgeschichte streichen.

Eine Art »egoistischer Altruismus« – die Synthese aus biologisch in uns allen einprogrammiertem Ego-Benefitstreben und der Akzeptanz, das Ich nur im Wir einer größeren Solidargemeinschaft richtig leben zu können – wird sein Denken und Handeln öffnen für »globale Liebe« und solidarische Wir-Verantwortung.

Die Flucht in die »virtuelle Realität« unseres postindustriellen Technologiezeitalters wird wohl nur eine Zwischenphase sein auf der Entwicklung zu einem postvirtuellen Realismus neuer Prägung. Er wird den Freiraum der Alternierung zwischen widersprüchlichen Wirklichkeitsebenen in sich tragen und daher den Homo sapiens suprasapiens gleichzeitig in verschiedenen Raum-Zeit-Ebenen leben lassen.

Durch die immer stärkere Verschmelzung von Biochemie und -physik mit elektronischen Steuerungsprozessen sind die kommenden Jahrzehnte von revolutionärer »Biomation« gekennzeichnet. Die Vernetzung von Hochtechnologie mit Hochinformatik und die Programmierung dieser Prozesse durch extrem angehobene »Brainware« menschlicher Supraintelligenz wird sich selbst moderierende Entwicklungen ungeahnten Ausmaßes einleiten.

Den Versuchen, einer hilflos angesetzten Restrukturierung archaischer Arbeitsprinzipien zum Durchbruch zu verhelfen, wird von neuen kooperierenden, leistungszentrierten Arbeitsgruppen durch die Schnelligkeit der Entwicklung der Teppich unter den Füßen weggezogen werden. Zur Entwicklung von zukunftswirksamen Sozialsystemen wird es nicht des Nachdenkens, sondern des Vordenkens bedürfen …

Dieser auf entdogmatisierter Transzendenz aufgebaute Sprung in eine neue Geistigkeit läßt unter dem Kompressionsdruck einer »Endzeitrevolution« einen neuen Menschen entstehen:

DEN
HOMO SAPIENS SUPRASAPIENS:
ER IST
- *SUPRATECHNOLOGISCH,*
- *SUPRAÖKOLOGISCH,*
- *SUPRASPIRITUELL.*

Es ist anzunehmen, daß wir damit die erste Stufe kompatibler extraterrestrischer Intelligenz erreichen werden.

LITERATURVERZEICHNIS

Allport, Susan: The Search for the Cellular Basis of Memory. Explorers of the Black Box, New York 1986
Arquilla, John: Dubious Battles, Washington 1992
Asimov, Isaac: Choice of Catastrophes, New York 1979
Asimov, Isaac: Forward the Foundation, New York 1993
Barnes, V. E.: Comets and the Origin of Tektites, Abstr. 52nd annual Meet. Meteoritics Soc. Vienna, Geochem. Inst. Univ. Wien, Wien 1989
Baudrillard, Jean: Im Haß verbrüdert sich die Menschheit, in: »Die Weltwoche« Nr. 48, 1995
Baumgardner, John R.: July 1987 Geophysical Investigation of Noahs Ark, Erzurum (Türkei) 1987
Berkowitz, Bruce D./Goodman, Allan E.: Strategic Intelligence, Princeton 1991
Edgerton, Robert B.: Sick Societies, New York 1992
Berlitz, Charles: Weltuntergang 1999, München 1981
Berlitz, Charles: Die Suche nach der Arche Noah, München 1991
Bertholet, Alfred: Wörterbuch der Religionen, Stuttgart 1985
Bocian, Martin, Lexikon der biblischen Personen, Stuttgart 1989
Bossel, Hartmut: Umweltwissen. Daten, Fakten, Zusammenhänge, Berlin/Heidelberg/New York 1990
Brandauer, Roland: Fundamentalistischer Verarbeitungsmodus – als Variation der Modi der narzißtischen (Selbst-)Kompensierung, Diplomarbeit am Institut für Psychologie Univ. Salzburg 1995
Bühler, R. W.: Meteorite, Basel 1988
Caduff, G. A.: Antike Sintflutsagen, Göttingen 1986
Calvin, William H.: Wie aus Neuronen Bewußtsein entsteht. Die Symphonie des Denkens, München 1993
Charlesworth, Max: Bioethics in a Liberal Society, Cambridge 1993
Cohn, Norman: Das neue irdische Paradies, Reinbek bei Hamburg 1988
Craig, Gordon: Warten auf die Barbaren, in: »Warten auf die Barbaren«, Frankfurt 1989
Cramer, Friedrich: Der Zeitbaum. Grundlegung einer allgemeinen Zeittheorie, Frankfurt/Leipzig 1993
Dahrendorf, Ralf: Moralischer Kapitalismus?, in: »Focus« 12/1996
Drewermann, Eugen: Tiefenpsychologie und Exegese, Band II, Wunder, Vision, Weissagung, Apokalypse, Geschichte, Gleichnis, Olten 1991
Dror, Yehezkel: Ist die Erde noch regierbar? Ein Bericht an den Club of Rome, München 1995
Eccles, John C.: Die Evolution des Gehirns. Die Erschaffung des Selbst, München 1993
Fiennes, Richard: Man, Nature and Disease, London 1964

Fischer, Julie: The Road from Rio: Sustainable Development and the Non-Governmental Movements in the Third World, Westport 1993
Földy, Reginald/Hill, Othmar: Das Mittelmäßigkeitskartell. Die Verschwörung der Kleinkarierten, München 1994
Földy, Reginald: Der Göttersturz. Folgt der postindustriellen Gesellschaft nun auch die postpolitische Gesellschaft?, in: Erwin Ringel: »Ich bitt' Euch höflich, seid's keine Trottel«. Politverdrossenheit und österreichische Identität, Wien 1993
Földy, Reginald: Ohne Elite geht es nicht. Die Illusion von der Gleichheit, München 1990
Fröhlich, Werner D./Zitzlsberger, Rolf/Franzmann, Bodo: Die verstellte Welt, Frankfurt 1988
Fukuyama, Francis: The End of the History and the Last Man, New York 1992
Gates, Bill: Der Weg nach vorn. Die Zukunft der Informationsgesellschaft, Hamburg 1995
Gerken, Gerd/Konitzer, Michael A.: Trends 2015. Ideen, Fakten, Perspektiven, Bern/München/Wien 1995
Gleick, James: Chaos – Die Ordnung des Universums, München 1988
Göncz, Arpád: The Word in Human Communication, in: Litterae, Zeitschrift der österr. Akademie der Wissenschaften und Künste, 6/1/1996, Salzburg
Gruen, Arno: Der Wahnsinn der Normalität. Realismus als Krankheit: Eine grundlegende Theorie zur menschlichen Destruktivität, München 1989
Guéhenno, Jean Marie: Das Ende der Demokratie, München 1994
Harnad, Steven (Hrsg.): Categorial Perception. The Groundwork of Cognition, Cambridge 1987
Harrison, Bennet: Lean and Mean: The Changing Landscape of Corporate Power in the Age of Flexibility, New York 1994
Hernstein International Management Institute: Symposium »Zukunft der Arbeit« (veranstaltet von der Forschergruppe »Alternative Österreich« des Instituts für Interdisziplinäre Forschung und Fortbildung [IFF] der Universitäten Innsbruck, Klagenfurt und Wien sowie vom International Management Institute Hernstein; Zitate aus Beiträgen von: Peter Heintel, Luise Gubitzer, Erich Kitzmüller, Paul Horn, Rolf Schwendter, Heinz-Dieter Haustein, Harald Mandl, Eva Schmetterer, Sibylle Fritsch, Inge Rowhani, Helga Stattler, Hans-Peter Studer, Peter Fleissner, Reginald Földy, Wassily Leontief, Claudia von Werlhof), 4.–6.12.1995, Hernstein, Niederösterreich.
Hochschule Linz für Künstlerische und Industrielle Gestaltung: Kunstprojekt »Arche 10061«, Linz 1995
Hoffmann, Hilmar: Warten auf die Barbaren. Essays über die Zukunft des geistigen Europa, Frankfurt 1988
Huemer, Peter: Die Zerstörung des Privaten (Spectrum »Die Presse« 16.3. 1996)

Huxley, Aldous: Schöne neue Welt/Wiedersehen mit der Schönen neuen Welt, München/Zürich 1992
Independent Commission on Population and Quality of Life: Caring for the Future. A Radical Agenda for Positive Change, Oxford University Press, 1996
Jantsch, Erich: Die Selbstorganisation des Universums. Vom Urknall bis zum menschlichen Geist, München 1982
Joyce, James Avery: The War Machine, New York 1982
Karner, Helmut F.: Willkommen in der neuen Welt der Arbeit, in: Trend Spezial 3/94, Wien 1994
Klüver, Reymer: Zeitbombe Mensch. Überbevölkerung und Überlebenschance, München 1993
Kotkin, Joel: Stämme der Macht. Der Erfolg weltweiter Clans in Wirtschaft und Politik, Reinbek bei Hamburg 1996
Küng, Hans: Ja zum Weltethos. Perspektiven für die Suche nach Orientierung, München/Zürich 1995
Lahodynsky, Otmar: Alptraum Megalopolis, in: »Die Presse« 12.6.1996
Le Bon, Gustave: Psychologie der Massen, Stuttgart 1982
Leakey, Richard E.: The Making of Mankind, New York 1981
Lenk, Hans: Abdanken der Ethik in der Wissenschaft und Universität in Europa?, in: »Warten auf die Barbaren«, Frankfurt 1989
Lepenies, Wolf: Das Ende der Überheblichkeit, in: »Die Zeit« Nr. 48, 1995
Lin Ching Wen: Overcrowding Creates Taiwan Middle Class Exodus, in: Free China Journal, 5.10.1990
Lurker, Manfred: Wörterbuch der Symbolik, Stuttgart 1988
Luttwak, Edward/Köhl, Stuart: The Dictionary of Modern War, New York 1991
Maturana, Humberto R./Varela, Francisco J.: Der Baum der Erkenntnis. Wie wir die Welt durch unsere Wahrnehmung erschaffen. Die biologischen Wurzeln des Erkennens, Bern/München/Wien 1987
Meadows, Donella und Dennis/Randers, Jörgen: Die neuen Grenzen des Wachstums, Stuttgart 1992
Morris, John: Adventure of Ararat, San Diego 1973
Müller-Funk, Wolfgang: Jenseits der Utopie, in: Spectrum »Die Presse« 30.12. 1995
Naisbitt, John: Megatrend Asien, Wien 1995
Nowotny, Georg: Nur die Harten kommen durch, in: Cash Flow 3/96
Pagels, Heinz: The Dreams of Reason, New York 1988
Petri, Horst: Lieblose Zeiten. Psychoanalytische Essays über Tötungstrieb und Hoffnung, Göttingen 1996
Pinna, Lorenzo: Fünf Hypothesen zum Untergang der Welt, München 1996
Popper, Karl/Eccles, John C.: Das Ich und sein Gehirn, München 1987
Postman, Neil: Keine Götter mehr. Das Ende der Erziehung, Berlin 1995
Postman, Neil: Wir amüsieren uns zu Tode. Urteilsbildung im Zeitalter der Unterhaltungsindustrie, Frankfurt 1991

Radermacher, Franz Josef: Tanz auf dem Vulkan. Wenn die Zahl der Erdenbewohner nicht sinkt, droht das Chaos, in: »Die Zeit« Nr. 48, 1995
Reich, Robert B.: Die neue Weltwirtschaft. Das Ende der nationalen Ökonomie, Frankfurt/Berlin 1993
Riedl, Rupert: Die Strategie der Genesis, München 1984
Rifkin, Jeremy: Das Ende der Arbeit und ihre Zukunft, Frankfurt/New York 1995
Rust, Holger: Trends. Das Geschäft mit der Zukunft, Wien 1995
Schaupp, Walter: Begriffsbestimmung der Medizin-Ethik (Workshop 30.9. 1995), Wien
Schoeck, Helmut: Das Recht auf Ungleichheit, München 1988
Schulmeyer, Gerhard: Wer im Boot ist, soll auch noch reich werden, in: »Standard« 8.3.1996, Wien
Steuerer, Jakob: Das Ende der Schraubenköpfe, in: Spectrum »Die Presse« 12.8.1995, Wien
Studenteninitiative Wirtschaft & Umwelt: Globales Bevölkerungswachstum. Exponentiell ins Chaos?, Münster 1995
Suess, E.: Die Sintfluth, in: »Das Antlitz der Erde«, Prag/Leipzig 1885
Suess, H.: Radiocarbon in Tree Rings, Bologna 1988
Taylor, Gordon Rattray: Das Selbstmordprogramm. Zukunft oder Untergang der Menschheit, Frankfurt 1971
Time Life Bücher: Auf den Spuren uralter Mythen. Geheimnisse des Unbekannten, Amsterdam 1992
Toffler, Alvin und Heidi: Überleben im 21. Jahrhundert, Stuttgart 1994
Tollmann, Alexander & Edith: Und die Sintflut gab es doch. Vom Mythos zur historischen Wahrheit, München 1993
Virt, Günter: Ethische Probleme der Gentechnologie (Institut für Moraltheologie, Universität Wien), Wien 1992
v. Weizsäcker, Ernst Ulrich/Amory, B./Lovins, Hunter L.: Faktor Vier. Doppelter Wohlstand – halbierter Naturverbrauch. Der neue Bericht an den Club of Rome, München 1995
Wills, Christopher: Das vorauseilende Gehirn. Die Evolution der menschlichen Sonderstellung, Frankfurt 1996

Sachregister

Personenregister

Bitte beachten Sie
die folgenden Seiten

Hinter jedem Spitzenjob lauert die Neidgenossenschaft der Kleinkarierten

Qualität und Effizienz der Mitarbeiter eines Unternehmens werden nicht zuletzt von den Schwachen und Neidischen bestimmt, die den »Durchstartern« im Wege stehen.

Wirtschaftsverlag Langen Müller Herbig

Hinter einem erfolgreichen Mann steht meist eine Frau, hinter dem strahlenden Helden sein Schildträger.

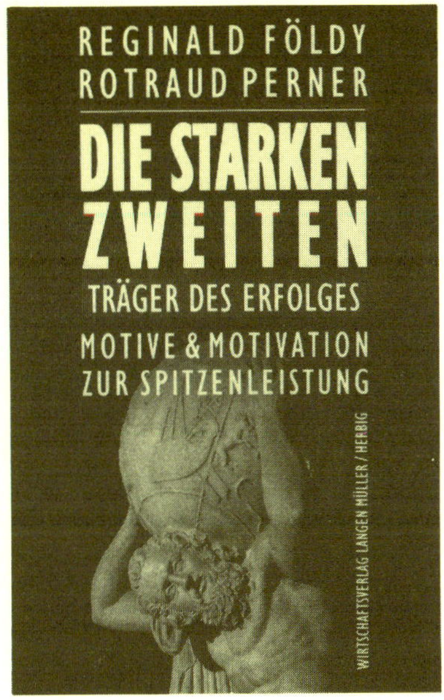

Die »starken Zweiten« stehen nie im Vordergrund, aber sie bewirken in Wahrheit den Erfolg. Das Buch ist ein Feuerwerk der Klarstellungen.

Wirtschaftsverlag Langen Müller Herbig

Eine Streitschrift wider die Gleichmacherei

Immer waren es Eliten, die die Menschheit zu neuen Ufern führten. Nur Eliten versprechen Dynamik, aber auch Eliten müssen sich ständig erneuern.

Wirtschaftsverlag Langen Müller Herbig